智·慧·商·业
创新型人才培养系列教材

消费者行为分析

第2版 微课版

孟迪云 / 主编

邹浩 尹玉林 / 副主编

人民邮电出版社

北 京

图书在版编目（CIP）数据

消费者行为分析：微课版 / 孟迪云主编. -- 2版
. -- 北京：人民邮电出版社，2023.11
智慧商业创新型人才培养系列教材
ISBN 978-7-115-62228-0

Ⅰ. ①消… Ⅱ. ①孟… Ⅲ. ①消费者行为论－高等职
业教育－教材 Ⅳ. ①F713.55

中国国家版本馆CIP数据核字(2023)第121665号

内 容 提 要

  在以消费者为中心的商业时代，对消费者行为进行深入分析并加以应用，是企业获得竞争优势和长期可持续发展的必然选择。本书聚焦于"如何影响消费者"这一核心问题，以消费者行为认知、影响因素和购买决策过程三大模块重构教学内容，从认识消费者和消费者行为出发，深度剖析了影响消费者行为的内外因素，包括消费者的需要和动机，消费者的心理活动，消费者的个性、自我概念和生活方式，消费群体，外部环境，产品，广告与营销等，并详细解析了消费者购买决策和消费者购后行为，强调"做中学、做中悟"，重点培养读者在营销实战中对消费者心理和行为规律的运用能力，以及营销策略的科学决策能力。

  本书既可作为高等职业院校电子商务、市场营销、工商管理等财经商贸类相关专业的教学用书，也适合各行各业市场营销人员、运营人员、客服人员、销售人员、管理人员等阅读学习。

 ◆ 主　　编　孟迪云

  副 主 编　邹　浩　尹玉林

  责任编辑　崔　伟

  责任印制　王　郁　彭志环

 ◆ 人民邮电出版社出版发行　　北京市丰台区成寿寺路 11 号

  邮编　100164　电子邮件　315@ptpress.com.cn

  网址　https://www.ptpress.com.cn

  三河市兴达印务有限公司印刷

 ◆ 开本：787×1092　1/16

  印张：14　　　　　　　　　　2023 年 11 月第 2 版

  字数：340 千字　　　　　　　2025 年 5 月河北第 4 次印刷

定价：52.00 元

读者服务热线：(010)81055256　印装质量热线：(010)81055316
反盗版热线：(010)81055315

前言
FOREWORD

市场是企业竞争的前沿阵地，从营销学的角度来看，市场是消费者的集合，因此企业实施营销活动的关键点在于全面了解消费者，从而采取有效的措施刺激消费者产生购买行为。这就要求企业要以市场为导向，认真研究消费者心理及其行为规律，以消费者为中心来制定企业总体战略和市场策略，一切活动都要围绕消费者来进行，从而实现短期卓越绩效与长期可持续竞争优势。

消费者行为看似简单，实际过程却非常复杂，它会受到多方因素的影响。为了帮助读者深刻理解消费者行为的特点和过程，掌握影响消费者行为的内外因素，我们精心策划并编写了《消费者行为分析》，该书受到了广大院校教师和读者的广泛好评。但是，市场是不断发展变化的，网络和信息技术的发展催生了很多新的消费模式，新消费模式带动新消费力量。在这种背景下，消费者行为的特点、影响因素、行为模型和决策过程等都呈现出不同的特点。

党的二十大报告指出，实践没有止境，理论创新也没有止境。我们要紧跟时代步伐，顺应实践发展，以满腔热忱对待一切新生事物，不断拓展认知的广度和深度，以新的理论指导新的实践。本书编写团队认真贯彻党的二十大精神，以落实立德树人为根本任务，立足新发展阶段、贯彻新发展理念，在吸纳创新创业领域最新教学研究成果的基础上将价值塑造、知识传授和能力培养三者融合，对第1版教材内容进行了修订。

1. 基于任务驱动优化了课程内容结构

本书基于工作任务导向，以消费者行为认知、影响因素和购买决策过程三大模块重构教学内容，形成10个项目教学单元和24个教学任务。每个项目教学单元按照"引导案例"→"学习知识"→"头脑风暴"→"应用实战"→"课后练习"的逻辑顺序安排教学环节，新增的"头脑风暴"和"应用实战"栏目注重教学内容的互动性和实践性，这样的内容设计可以带领读者实现从任务感知到知识积累、思维策划、实战体验、总结提升的全过程，激发读者的学习兴趣和自主学习的潜能，理实一体分阶段、按步骤培养科学营销决策的能力。

2. 基于时代特征动态更新了课程内容

本书根据市场发展变化新增了部分内容，包括数字经济环境中消费者行为的特点、中国文化对消费决策的影响、新媒体营销策略等，更加符合当前的市场环境，学习价值更高。同时，本书深挖消费者行为领域的新现象、新特征、新规律，大量融入电子商务产业的最新营销实践和实例，针对消费者在互联网时代多重因素作用下所呈现出的不同购买决策做深入浅出的分析，突出消费者行为规律在营销实战中的应用，提高读者在营销决策分析上的科学性和准确性。

3. 基于数字技术手段丰富了课程资源

本书配备丰富的课程资源，读者扫描封面上的二维码即可观看微课视频，扫描正文中的二维码可观看相关知识点的动画；教师登录人邮教育社区（www.ryjiaoyu.com）可下载相关教学资源。此外，编者团队开发了配套的在线开放课程（登录智慧职教平台，搜索湖南科技职业学院的"消费者行为分析"课程），提供了丰富的数字化教学资源。相关信息可联系编者（287193718@qq.com）获取。

本书由湖南科技职业学院孟迪云担任主编并负责教材整体设计，由湖南大众传媒职业技术学院邹浩、湖南科技职业学院尹玉林担任副主编。项目一由孟迪云和尹玉林编写；项目二由湖南大众传媒职业技术学院何清泉编写；项目三由湖南大众传媒职业技术学院李婷婷编写；项目四由湖南大众传媒职业技术学院吴胜辉编写；项目五由湖南大众传媒职业技术学院李皇嘉编写；项目六由湖南科技职业学院于非非、王慧编写；项目七由湖南科技职业学院周静云编写；项目八由湖南科技职业学院蔡蕙编写；项目九由湖南科技职业学院李建平、孙玮编写；项目十由湖南科技职业学院张嵘编写。另外，感谢京东物流集团在案例更新与数字化教学资源建设上给予的大力支持，在此向他们的精心付出表示最诚挚的感谢！

尽管我们在编写过程中力求准确、完善，但书中难免存在不足之处，敬请广大读者批评指正。

编　者

2023年8月

目录
CONTENTS

项目一

消费者行为分析：洞悉消费过程规律性的钥匙

知识目标

- 掌握消费者及消费者行为的概念及特点。
- 了解电子商务环境下消费者行为的特点。
- 了解新零售环境下消费者行为的特点。
- 了解数字经济环境下消费者行为的特点。
- 掌握消费者行为分析的内容、原则与方法。

能力目标

- 能够在不同的环境下分析消费者行为的特点。
- 能够根据实际情况灵活运用消费者行为分析的方法。

素养目标

- 贯彻新发展理念，着力推进高质量发展，推动构建新发展格局。
- 紧跟时代步伐，以满腔热忱对待一切新生事物，不断拓展认识的广度和深度。

引导案例

直播场景中的购物，不一样的消费行为

直播营销具有专业选品、商品展示直观、实时互动等多个特征，并且其场景设置和主播的推销语言具有较强的引导性。例如，主播会在直播间发放红包，引导观众抢红包并购物；主播会为直播间添加各种贴片，在贴片中写明各种福利，刺激观众在直播间下单；主播还会通过各种推销语言来刺激观众下单，如"这款商品已经累计销售超过10万件，好评率98%""今天这款商品在直播间买一送一，相当于你花一套的钱，买到两套同款"。

很多消费者在观看直播的时候都会忍不住下单，直播行业也一直在刷新成交额纪录。对一些消费者来说，观看直播、在直播间购物已经成为他们生活中不可缺少的一部分。

【解析】

消费者在直播间购物与在线下实体店购物、传统电子商务平台购物产生的购物体验不同。对在直播间下单的消费者来说，他们很可能是因为以下原因而产生购买行为。

（1）求廉心理。一些消费者在购物时更趋向于选择价格低廉的商品，而很多直播间能够为消费者提供更具价格优势的商品。

（2）从众心理。在直播间中一些高销量、高流量的商品会让消费者在潜意识中觉得这款商品非常受欢迎，现在不购买就亏了。于是，一些消费者不管自己是否需要这款商品，都会花钱购买。

（3）紧张的氛围刺激。情绪会引发人们产生冲动消费，在直播间中，主播对商品富有激情的讲解和展示、直播间中紧张的抢购氛围都会调动消费者的情绪，令消费者产生下单欲望。

（4）情感支持。一些消费者会由于特定的情感产生消费行为。例如，在特殊时期为了支援湖北经济重启，央视新闻新媒体策划了以"谢谢你为湖北拼单"为主题的网络直播营销活动，倡议网友通过购买湖北产品，助力湖北经济回暖。很多消费者在直播中下单。

随着社会的发展与科技的进步，消费者的个性、心理与需求不断地发生变化。在网络和信息技术的影响下，分析消费者行为的特点，探讨新环境下消费者行为的规律，满足消费者多样化、个性化的需求，具有十分重要的意义。当下，企业要想在激烈的市场竞争中立于不败之地，就需要深入了解消费者行为的特点和规律，懂得如何分析消费者行为，想方设法地来满足消费者的各种需求。

学习知识

任务一 认识消费者和消费者行为

消费者行为是人类社会中较为普遍的一种行为活动，在千差万别的消费者行为中，存在着某些规律性的联系。随着经济全球化和信息技术的不断发展，消费者行为呈现出许多新的特点，消费者的需求偏好与行为特点给企业提供了新的市场机会，同时也带来了新的挑战。在这种环境下，了解消费者行为的特点和规律，掌握分析消费者行为的方法就显得尤为重要。

一、认识消费者

从法律意义上讲，消费者是以个人消费为目的而购买或使用产品和接受服务的个体社会成员，是消耗产品或劳务使用价值的个体，是产品或服务的最终使用者。

作为消费者，其需要具备图1-1所示的条件。

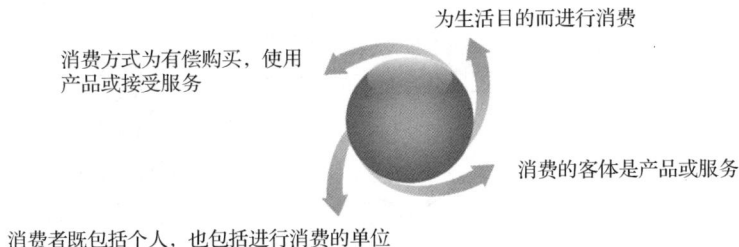

为生活目的而进行消费

消费方式为有偿购买，使用产品或接受服务

消费的客体是产品或服务

消费者既包括个人，也包括进行消费的单位

图1-1 消费者具备的条件

在市场中，消费者通常是指非营利性购买产品或者接受服务的人。需要是消费的根源，消费是由需要引起的，消费者购买产品和接受服务的目的是满足自己的各种需要。任何人只要购买产品或接受服务不是为了再次转手，也不是为了专门从事产品交易活动，就是消费者。

消费者是市场的主体和核心，是决定企业生存和发展的基础，企业的经营活动都是以消费者为中心展开的。消费者作为消费行为的主体，企业需要对其进行全面、深入的研究，准确把握其心理和行为。下面将从不同的角度来分析消费者的类型。

1. 从消费需求角度分析

消费者对某种产品或服务都存在现实或潜在的需求。根据消费者对产品需求的表现不同，可以将消费者分为现实消费者、潜在消费者与非消费者3种类型。

（1）现实消费者

现实消费者是指对某种产品或服务有需求，并且产生了实际消费行为的消费者，包括一般消费者和惠顾消费者。

- 一般消费者：在市场营销中，只要消费过企业的产品或服务，就属于本企业的一般消费者。

- 惠顾消费者：经常购买本企业的产品或服务，对品牌忠诚、对产品有着特殊的情结，忠于企业，是企业的基本消费队伍。这支队伍是企业生存与发展的根本，企业要高度重视并着重培养。

（2）潜在消费者

潜在消费者是指对某种产品或服务产生了注意、记忆、思维和想象，形成了局部购买欲，有购买需求，但还未采取实际行动，在未来某一时期内很有可能产生消费行为的消费者。这类消费者数量庞大、分布面广，是企业的潜在资源。企业可以通过一些营销手段来开发潜在消费者，以保持或提高市场占有率。

（3）非消费者

非消费者是指当前或将来都不可能需要、购买和使用某种产品或服务的人。

当然，消费者可以是某种产品的现实消费者，也可以是其他产品的潜在消费者，还可以是另一种产品的非消费者，其可以同时拥有不相冲突的多重身份。

2. 从消费角色角度分析

在消费过程中，消费者所扮演的角色是不同的，目前有许多不同的分类，常见的是将消费者角色分为5种，即提议者、影响者、决策者、购买者和使用者，如图1-2所示。

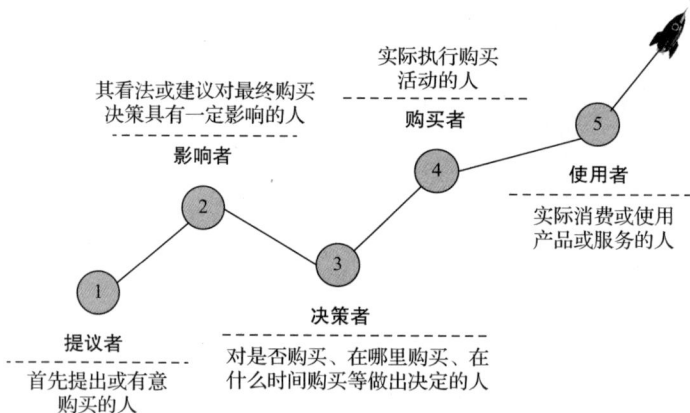

图1-2　消费者在消费过程中扮演的不同角色

消费者可以同时扮演多个角色，而某一购买决策往往会涉及多个参与者。企业应善于区分和认识这些角色，这对设计产品、确定产品信息、选择促销手段和方式具有非常重要的意义。

3. 从网络消费角度分析

在网络购物情境中，根据消费者对产品的购买兴趣或忠诚度，企业可以将消费者分为随意客户、潜在客户、意向客户、真实客户和忠实客户。

当一个消费者只是浏览网站时，他可能是基于某种原因来到该网站的，我们称之为随意客户。当消费者进行多次浏览并完成注册后，就成了潜在客户。消费者注册后并未采取任何购买行动，或只是把产品放入购物车并未完成购买流程，则成为意向客户。只有当消费者成功完成购买后，才成为实际意义上的真实客户，如果这类消费者发生了多次购买，就成了忠实客户。当然，由于某些原因，真实客户也有可能转化成流失客户。

🎓 **头脑风暴**

张铭向爸爸、妈妈提出要购买一台笔记本电脑用于学习，在爸爸表示赞同的情况下，妈妈也同意了。随后爸爸去电子城买回了笔记本电脑，张铭收到后开始使用笔记本电脑进行学习。

在以上消费过程中，张铭、爸爸、妈妈扮演的分别是什么角色？

▎二、认识消费者行为

消费者行为是指消费者为获取、使用、处置产品或服务所采取的各种行动，包括先于且决定这些行动的决策过程。

动画 1-1

消费者行为与产品或服务的交换密切地联系在一起。在市场经济条件下，企业研究消费者行为是着眼于与消费者建立和发展长期的交换关系。为此，企业不仅需要了解消费者是如何获取产品与服务的，还需要了解消费者是如何消费产品以及产品在用完之后是如何被处置的。消费者的消费体验、处置旧产品的方式和感受均会影响其下一轮购买，这会对企业和消费者之间的长期交换关系产生直接的作用。

消费者行为是一个整体，也是一个过程。对消费者行为的研究应该从了解消费者在获取产品或服务之前的意愿、评价和选择活动开始，重视消费者在获取产品或服务后对其使用和处置等活动，这样对消费者行为的研究才能更加深化，对消费者行为的理解也才会更趋于完整。

消费者行为主要由两部分构成：一是消费者的购买决策过程，即消费态度的形成过程，具体是指消费者在使用和处置所购买的产品或服务之前的心理活动和行为倾向；二是消费者的行动，即消费者购买决策的实践过程。在现实中，两者相互渗透、互相影响，共同构成消费者行为的完整过程。

因此，我们可以将消费者行为理解为消费者在搜寻、评估、购买、使用和处置一项产品或服务时所做出的决策过程，以及表现出来的各种行为，包括消费者的需求心理、购买动机、消费意愿及各种行为表现。在消费者行为中，最主要的行为表现就是购买行为。

影响消费者行为的因素主要如图1-3所示。

社会环境的影响，特别是社会需要、心理需要受这种影响很大

需要是消费者购买的直接动因，包括生理需要、社会需要和心理需要

影响消费者行为的因素

产品本身的特点及产品的购买、保养和维修条件，这些在不同程度上诱发或影响消费者的购买行为

可支配收入水平和产品价格水平。一般消费总额和可支配收入水平是同方向变化的，产品价格直接影响消费者的购买动机

图1-3　影响消费者行为的因素

▎三、了解消费者行为的特点

消费者行为是心理活动过程的产物。人的行为与心理是密切联系的，行为是心理活动的外

在表现，是在一定的心理活动指导下进行的；而心理是调节与控制行为的内部过程，往往要通过行为表现出来。任何一次消费活动既包含消费者的心理活动，又包含消费者的行为，而消费者的心理活动是消费者行为的基础。在消费者行为中，消费者所有的表情、动作等都是复杂心理活动的自然流露。

在不同的环境下，消费者行为表现出的特点有所不同，各有侧重。随着互联网的快速发展，现在很多消费者改变了传统的购物方式，他们在网络环境下购物，不受时间、地域等条件的限制，也不受店面环境及营销人员的影响，追求个性化定制服务，其购物理性增强，消费需求呈现多样化特点。

1. 传统环境下消费者行为的特点

一般来说，消费者行为具有多样性、复杂性、可诱导性、发展性、示范性和目的性等特点。

（1）多样性

消费者因受年龄、性别、职业、收入、文化程度等影响，其需求存在很大的差异，对产品的要求也各不相同。而且随着社会经济的发展，消费者的消费习惯、消费观念、消费心理也在不断发生变化，从而导致消费者行为具有多样性。不同的消费者有不同的消费需求、不同的偏好及不同的选择产品的方式，从而决定着不同的消费行为。

（2）复杂性

消费者在购买产品的过程中，通常要经历收集信息、产品评价、慎重决策、用后评价等多个阶段。只有在广泛了解产品功能、特点的基础上，消费者才能做出购买决策。消费者行为会受到各种变化因素的影响，具有复杂性。

（3）可诱导性

有时消费者并不能清楚地意识到自己的需求，企业可以通过提供合适的产品来诱导其产生消费需求，或通过广告宣传或营销推广等促销手段来激发消费者的购买欲望，这表明消费者行为具有可诱导性。

（4）发展性

随着社会的发展和人们生活水平的提高，消费需求也在不断地变化。过去只要能买到产品就行了，现在人们追求的是所购产品的艺术价值和欣赏价值；过去亲力亲为的事情，现在可以由专业的服务人员提供服务；等等。这种新的需要在不断地产生，而且永无止境，也就是说消费者行为具有发展性。

（5）示范性

消费者的行为方式不仅受自身收入水平、消费习惯的影响，还受周围人的影响。每个人的行为方式都受其他人的影响，同样也对其他人产生不同程度的影响。一部分消费者不轻易尝试新产品，他们愿意跟随先锋型消费者的足迹，只购买成熟型的产品。这些先锋型消费者能够对消费者行为起示范作用。

（6）目的性

消费者行为并不是一种漫无目的的行为，有的以提高生产效率或提高生活质量为目标，有的追求"革新性"的改进与提高，关心实质性的进步。因为消费者行为都是在一定的目标引导下受各种动机驱使的，所以具有明显的目的性。

消费者行为是一个持续的过程，包括购买前（需要认知、信息搜寻）、购买时（选定、购买）、购买后（使用、评价、处置）等整个消费过程。消费者行为还是多种因素相互作用的动态过程，认知、感情和环境都是影响或决定消费者行为的关键因素，但这些因素并不是孤立地发挥作用，它们之间存在着一种交互作用的关系。任何一种因素的变化都会引起其他因素的变化，进而影响到消费者行为的变化。任何一个因素同时也被其他因素影响或决定，消费者行为的变化也同样导致其他因素的变化，这样消费者行为就表现为认知、感情、环境、行为等因素之间交互作用的动态变化过程。

2. 电子商务环境下消费者行为的特点

电子商务通常是指在全球各地广泛的商业贸易活动中，在互联网开放的网络环境下，基于浏览器/服务器应用方式，买卖双方在网络空间进行的各种商贸活动，实现消费者的网上购物、商户之间的网上交易与在线电子支付，以及各种商务活动、交易活动、金融活动和相关综合服务活动的一种新型的商业运营模式。

电子商务在各国及不同的领域有着不同的定义，但其关键依然是依靠电子设备和网络技术进行的商业模式。电子商务高速发展，不仅包括购物的主要内涵，还包括物流配送等附带服务。

电子商务建立在先进的信息技术平台上，其活动空间不再是传统、有形的实体店面，而是虚拟的网络空间。用户通过电子商务平台上的文字、图片、视频等对产品进行了解、选择和购买。电子商务可以提供网上交易和管理等全程服务，具有广告宣传、咨询洽谈、网上订购、网上支付、电子账户、服务传递、意见征询、交易管理等多种功能。

在电子商务环境下，越来越多的人意识到网上交易的便捷性。通过网上交易，消费者的选择范围更大，购物时间更自由，支付及物流更方便。企业通过网上交易可以快速提高产品销量，扩大市场占有率。

在电子商务模式下，消费者行为相对于传统商业模式表现出以下新特点。

（1）个性化的消费需求

在电子商务环境下，消费群体中的数目可以细分到单个消费者，丰富的产品能够充分满足消费者的个性化需求。在全球网络互联的当今世界，消费者选择产品的范围趋于全球化，其追求产品设计多样化，满足欲望的需求在不断提高，为了满足欲望而产生了购买动机。每个消费者都是一个细小的消费市场，个性化消费已经成为消费的主流。

（2）消费者选择范围扩大

由于互联网具有无限的信息存储空间，因此消费者有了更大的选择空间，在选择产品时不受时间、地域和其他条件的限制，可以自由地、大范围地甚至全球性地挑选自己满意的产品，不会因为信息缺乏、地域限制、商家说服等因素而被迫选择自己不喜欢的产品。

（3）消费者需求的差异性

不同的网络消费者因所处的环境不同，有不同的消费需求，即便在同一需求层次上，其需求也有所不同。网络消费者来自世界各地，不同的国家或地区、语言和生活习惯，会产生明显的需求差异。因此，企业要想获得更好的效益，就必须在产品的构思、设计、制造，以及产品的包装、运输、销售等各个环节认真思考这些差异，针对不同消费者的特点采取相应的措施和方法。

（4）消费主动性增强

在电子商务模式下，消费者会主动表达对产品或服务的需求和愿望。一方面，受商家的被动服务影响比较小，消费者可以自主地收集产品信息，并选择购买；另一方面，消费者还可以充分发挥自己的想象力和创造力，积极、主动地参与产品的设计、制作过程，通过创造性消费来展示自己的个性，体现自身价值。这样消费者可以减少购买风险，增加对产品的信任度和心理上的满足感。

消费者可以轻松实现产品定制，自主选择付款方式与物流方式，还可以进行产品组合或拆单购买等。

（5）消费者的互动意识增强

消费者可以直接参与产品生产和流通，与生产者直接进行沟通，共同构成商业的流通循环。另外，消费者还可以收集其他消费者的使用评价信息，通过与其他消费者的互动更多地了解产品信息。消费者通过对产品信息进行整理、加工、分析与比较，可以减少顾虑和担心，增强购买信心。

（6）消费者行为偏理性化

在电子商务环境下，消费者面对的是各种电子商务平台。为了避免嘈杂的环境和各种影响与诱惑，消费者可以根据自己的需求主动寻找适合自己的产品或服务，不再被动地接受商家的推荐。消费者可以主动表达对产品或服务的购买欲望，横向地比较价格，理智地选择品牌，理性地规范自己的消费行为。

（7）消费者的忠诚度下降

由于电子商务中消费者对自己需求的认识更加深入、细致，并能通过互联网获得更多的信息和灵活的选择机会，因此在电子商务活动中购物反而会显得更加现实。消费者更关注自己所需要产品的效用，同时其追求新产品、新时尚的能力和购买冲动都会加强，消费者更容易接受新观念、新知识，崇尚新事物，追逐新潮流。但与此同时，互联网的使用成本越来越低，导致消费者的转换成本也随之降低，从而造成消费者的忠诚度下降。

3. 新零售环境下消费者行为的特点

在零售行业刚起步时，消费者主要追求货真价实，但随着电子商务的兴起，消费者开始追求便利化。在新零售环境下，消费者所关注的不仅仅是货真价实和便利化，他们更加注重自身体验。因此，新零售行业转变了以往的营销思维和模式，开始以消费者体验为中心，准确把握消费群体的兴趣偏好和价值观念，通过娱乐性、分享性的方式将产品或品牌营销内容融入其中，以引发消费者的情感共鸣和价值认同。

在新零售环境下，消费者行为的特点如下。

（1）渠道选择多样化

新零售模式注重线上线下相结合，不同的消费者可以根据自身诉求选择适合自己的零售渠道。例如，一些喜欢购买具有较高品牌辨识度产品的消费者，可以通过线上线下对比来选择适合自己的购买渠道。对于需要切身体验的产品，消费者更倾向于线下实体店选购，以便通过触摸与体验产品来更准确地判断产品是否适合自己。

从当前消费者选择行为来看，大部分消费者主要根据产品本身的特质来选择更适宜的购买渠道，消费者消费诉求的个性化、多元化特点使新零售渠道呈现多样化发展，而且每种渠道都找到了自己的布局方向和发展空间，新零售市场消费渠道多样化发展为消费者提供了更大的选择空间。

（2）消费注重品质化

随着经济的快速发展和生活水平的不断提高，人们越来越注重生活品质。在消费过程中，人们更加青睐能够提升生活质量的产品，更愿意选择高品质的产品或服务。例如，护肤类、食品类的产品通常以"草本精华""纯天然""无添加"等作为主要卖点来吸引消费者的眼球，激发他们的购买欲望，从而影响消费者的消费心理与消费行为。不少商家也因为这些卖点契合了消费者对健康养生等品质生活的深度诉求，从而获得了不错的经济效益。

（3）消费形态移动化

移动互联网的迅猛发展推动了消费形态的移动化，越来越多的消费者青睐通过智能手机等移动终端选购各种产品或服务。移动化、碎片化已成为新常态下消费市场的重要特质，因此整个零售行业都需要迅速做出反应和调整，以更好地适应消费移动化的发展趋势。

（4）消费者渴望参与、注重体验

随着市场环境的变化和科技的日益成熟，消费者由以往的被动接收逐渐向主动创造的方向发展，消费者参与的欲望越来越强，当爱好、身份、标签相似的同伴可以非常方便地通过网络聚集在一起时，他们会自觉形成社群，积极参与到整个价值链的各个环节，与企业一起参与内容创造、产品设计、决策参谋、体验分享及品牌传播等。

随着消费观念的变化，单一的产品及服务已经不能完全满足消费者对自我价值的认可，只有将产品和服务真真切切地融入消费者的生活，才能满足消费者在精神层面对产品或服务的需求，引起消费群体情感的共鸣。

案例链接

盒马，打造极致体验服务

盒马是阿里巴巴集团旗下以数据和技术驱动的新零售平台，它以实体门店为核心，采用"线上电商＋线下经营"的经营模式，有效地将生鲜超市、餐饮体验、线上仓储融合起来，形成了超市＋餐饮＋线上App＋物流的生态。

体验之一：传送滑道抬头望

在门店内，内顶上的传送滑道是一道别致的风景，传送带不停歇地运转，它连接着产品陈列区和后仓，用于快速传送消费者在线上App订购的产品。

接收到线上订单后，工作人员立即使用专用拣货袋开始拣货，拣好的货物就通过滑道输送到下一个工作人员。依次拣货完成后，最终货物被传送到后仓进行打包和配送。

传送滑道的设计不仅节省了大量的人力、物力，还很高效。同时，线上订单传输到后仓进行打包，也不会影响线下消费者的现场体验。线上线下两条线并行运作，互不干扰。

体验之二：生猛海鲜任你摸

水产区海鲜品种繁多，个个活蹦乱跳，消费者能现场体验挑选鲜活海鲜的过程。这种场面在带给人们视觉冲击的同时，也让消费者产生了极强的参与感，有利于激发他们的消费欲望和冲动，提升消费者的满意度。

体验之三：现场烹饪放肆吃

现场烹饪+现场就餐，这是盒马与普通超市最大的区别之一。

消费者可以将现场挑选好的海鲜交给餐饮区后厨加工，直接在门店用餐，这让消费者感觉特别新颖。盒马的就餐区围绕消费者用餐的场景进行体验设计，让盒马由超市转化成餐饮空间。

消费者在线下体验成功后，可以通过线上App支付，以获赠电子优惠券。这样，盒马就将线下客流量转化到线上，形成了完美的引流闭环体验。

体验之四：3千米范围内30分钟送货上门

盒马宣称门店附近3千米范围内30分钟送货上门，为消费者提供快速的外卖配送服务。

【案例解析】新零售是一种线上线下相结合的互动式消费体验服务，它更加注重消费者的购物体验。盒马的新零售运营模式充分运用了大数据、人工智能、物联网等技术，将人、货、场进行了最佳匹配，给消费者带来了全新的消费体验。

首先，盒马打破了传统零售的商品结构，它注重消费者的现场体验感，基于"吃"这个场景来进行定位，围绕消费者在"吃"这个场景中的消费需求，为消费者提供"零售+现场加工+堂食+外卖"的服务组合。盒马为消费者提供的不仅仅是商品，更是一种消费观念和生活方式，这种新鲜、即时的消费体验能有效吸引年轻消费者。

其次，传统商超主要从线下获取利润，盒马的新零售运营模式重构了零售形式，实现了线下与线上的高度融合，线上以网络销售为主，线下以现场体验为主，为消费者提供随时随地、不同场景下的消费服务，为消费者创造了更好的消费体验，大大提升了消费者的满意度。

最后，盒马将物流仓储前置到门店，让物流仓储与门店共享库存和物流基础设施，实现了卖场和仓库的统一。仓储前置到门店的模式有效扩大了商品的配送范围，让盒马的服务能够覆盖更多的消费群体。

此外，这种前置仓的模式还有效地提高了商品的配送效率，降低了配送成本。3千米范围内30分钟配送保证了商品的新鲜度，解决了加工后的商品不易存储的问题，有利于提升消费者的消费体验。

4. 数字经济环境下消费者行为的特点

随着我国数字化水平的不断提高，数字经济得到显著发展，多种数字产品和数字服务得以应用。在数字经济环境下，消费者的消费行为也表现出不同的特点。

（1）消费内容更加多元化

在数字经济环境下，消费者的消费内容更加多元化。数字技术的发展推动了数字交易平台、电子支付的蓬勃发展，网约车、外卖、在线教育、在线医疗等消费形式也获得快速发展，调整并优化了消费结构；同时，全球速卖通、天猫国际、京东国际等跨境电商平台持续发展，让消费者足不出户就可以实现"全球购买"，有效丰富了消费者的消费内容。

数字消费是数字产业化和产业数字化在消费领域的具体体现，也是数字经济和传统经济融合的体现，数字经济的发展丰富了消费形式，拓宽了消费渠道，促进了消费品质的迭代升级，使消费者可以有更多、更优的消费选择。

（2）消费者追求个性化、特色化消费

互联网技术、大数据技术以及人工智能技术等各类新技术的发展与应用，充分激发了消费者消费个性化、特色化的需求，消费者更加追求个性化、特色化的商品和服务。

此外，在各类新技术的支持下，企业也能更加方便地对消费者个性化、特色化的需求数据进行收集与分析，以更好地满足消费者个性化、特色化的需求。同时，消费者也可以与企业进行沟通，向企业充分表达自己的个性化、特色化需求，企业根据消费者的需求设计和生产商品，从而实现个性化精准定制，使商品的生产供给与消费者的需求实现无缝对接，在一定程度上有效解决商品供需双方信息不对称的问题。

（3）消费者行为的不确定性提高

依托网络技术的不断升级，消费者能接收到更多的信息，消费者需要花费时间和精力来识别对自己有用的信息，这些海量的信息在一定程度上加大了信息的不对称性，会让消费者做出不符合自己需求的消费行为。此外，在直播"带货"的影响下，消费者更容易产生冲动消费。

（4）消费者更加追求体验式消费

大数据、虚拟现实（Virtual Reality，VR）、增强现实（Augmented Reality，AR）等技术在一定程度上影响着消费者的消费决策。在消费过程中，消费者在关注商品品质的同时也越来越关注消费过程中所获得的体验，新技术的发展给消费者带来了全新的体验，更好地满足了消费者多元化的需求。

（5）社交消费需求增加

在传统经济环境下，消费者的消费行为通常产生于个人或家庭。在数字经济环境下，网络让消费者形成网状结构的虚拟社会，在同一个虚拟社会中的消费者通常会形成类似的价值取向、消费习惯和消费行为，也就是形成社交消费。在各类社交圈中，所有人可以是消费者，也可以是宣传者、卖方，人们分享的内容会对圈内其他成员的消费行为产生重要影响，尤其是圈内的关键意见领袖（Key Opinion Leader，KOL），很多消费者也更加愿意跟随KOL来购买商品。

企业要积极生产、提供与网络社交群体特征相一致的商品，并充分运用各类社交媒体、社群来宣传和销售商品，借助KOL的影响力影响消费者的消费行为。

任务二 认识消费者行为分析

消费者行为分析主要是对消费者群体进行具体的用户画像，包括行为取向、偏好轨迹等。企业对消费者行为进行分析，主要研究消费者的需求偏好，从而为产品决策和运营模式提供具体的方向和思路。

一、消费者行为分析的意义

消费者行为是一个整体、一个过程。深入、系统地分析研究消费者的心理活动规律和行为方式，有助于企业科学地进行经营决策。

消费者行为分析的意义主要表现在以下几个方面。

1. 有助于企业根据消费者需求制订相应的市场营销策略

企业的营销策略是建立在对消费者行为分析理解的基础上的。深入研究消费者行为，可以使企业管理者获得消费者行为知识，并以此为依据制订出切实可行的营销策略，提升市场营销活动效果，使企业获得更好的效益。从图1-4所示的几个方面可以看出，消费者行为研究决定了企业营销策略的制订。

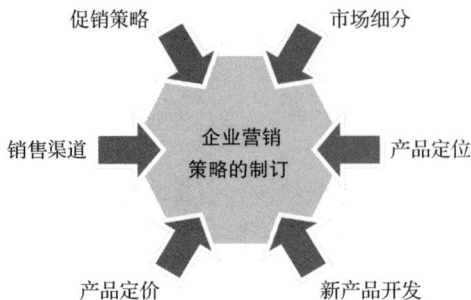

图1-4　影响企业营销策略制订的因素

（1）市场细分

市场细分是企业制订营销策略的基础，实质上就是将整体市场进行细分，找出具有相同或类似需求的消费者群体。每一个细分市场都有独立的需求，企业要找到目标市场，根据目标市场的需求特点制订并实施相应的营销策略，使目标市场消费者的独特需求得到最大程度的满足。

（2）产品定位

产品定位是企业根据市场竞争状况和自身资源条件形成和发展自身产品的差异化特征，使产品在消费者心目中获得一个优于竞争对手的位置。企业只有了解产品在目标消费者心目中的位置，了解产品或品牌是如何被消费者认知和接受的，才能进行有效的产品定位，进而制订出有效的营销策略，提高企业的市场竞争力。

（3）新产品开发

新产品开发是在对消费者欲望和需求进行分析的基础上，确定消费者所需的特殊产品特征，并据此寻找机会，有针对性地开发新产品。对消费者行为的分析研究是检验新产品能否被接受和如何进一步完善的重要依据和途径。

（4）产品定价

产品定价是企业根据消费者行为理论预测产品价格变化可能对消费者造成的影响，如果产品定价与消费者的承受能力脱节，或者与消费者对产品价值的感知脱节，再好的产品也难以打开市场，所以说产品定价是以分析研究消费者行为为基础的。

（5）销售渠道

选择销售渠道的目的是让消费者在需要的时候能够顺利地买到产品。有效的渠道决策是建立在消费者在何处购买、如何购买的信息基础之上的，只有通过对消费者行为分析研究，掌握目标消费者的购买习惯和偏好，才能有针对性地选择销售渠道，最大限度地提高产品的销量。

（6）促销策略

促销策略的制订也是以分析消费者行为为前提的，只有在透彻了解消费者行为和心理特征之后，才能在促销方面达到更好的效果。

2. 为保护消费者权益和制定相关政策措施提供依据

建立在消费者行为分析基础上的法律和政策措施有助于保护消费者权益。对消费者权益的保护离不开对消费者行为的分析研究，消费者在购买、使用产品或接受服务时，享有人身和财产不受侵害、知悉真实情况、自主选择和公平交易等多项权利，相关部门可以通过制订消费政策来保护消费者的合法权益。

3. 有助于消费者做出明智的购买决策，采取理性的消费行为

分析研究消费者行为对于消费者自身来说同样具有十分重要的意义。消费者掌握丰富的消费者行为知识可以更准确地识别影响自身消费行为的因素，避免进入消费误区，改善消费行为；准确地理解和把握商家的诱导性营销策略，从而采取更加理性的消费行为。

二、消费者行为分析的内容

消费者行为分析的内容主要是分析影响消费者的消费心理和消费行为的各种因素，以及消费者的各种消费心理和行为现象，揭示消费行为的发展和变化规律。

动画 1-2

1. 分析消费者的需求与动机

心理学研究表明，人的行为出发点和原动力就是人的需求。要想了解消费者的消费行为，首先要分析消费者的需求。需求产生动机，动机指导行为，行为最终又影响需求。

2. 分析消费者的购买决策过程

在日常生活中，消费者的购买决策过程主要包括问题确认、信息搜寻、方案评价、购买决策和购买后的行为五个方面。了解消费者是如何进行购买决策的，是消费者行为分析要解决的根本问题。企业如果能够了解消费者的购买决策过程及其影响因素，就可以通过影响和控制这些因素来影响消费者的购买行为，从而达到提高产品销量的目的。

3. 分析影响消费者购买行为的个人因素、环境因素和营销因素

影响消费者购买行为的因素复杂多样，并且在不断发生变化，因此消费者行为也呈现出发展与变化的形态，具体表现如下。

（1）影响消费者决策的个人因素

兴趣、能力、态度、学习和个性等方面的不同决定了消费者不同的购买动机、购买方式和购买习惯。另外，消费者的文化水平、职业、性别、经济状况，以及自我意识与生活方式等因素也影响他们的消费行为。研究消费者的个性心理特征及心理活动，有助于企业了解社会消费现象，预测消费趋向，为制订企业发展策略提供依据。

（2）影响消费者决策的环境因素

影响消费者心理和行为的环境因素也是多方面的，主要有社会因素、家庭因素、群体因素和社会时尚等。从这些角度来研究消费者行为规律，可以更科学地解释消费者行为，为消费者行为预测提供切合实际的依据。

（3）影响消费者决策的营销因素

影响消费者决策的营销因素包括与产品有关的因素及与产品营销组合有关的因素。与产品有关的因素包括产品定位、产品命名、商标设计和产品包装等，与产品营销组合有关的因素包括促销、广告、定价和服务等方面。

头脑风暴

某企业计划在一个商业区开设一个商店，该区域内有地铁站、公交站和多幢写字楼。你认为这个商店中应该重点销售哪些商品，并说明理由。

三、消费者行为分析的原则

消费者行为分析需要遵循以下原则。

1. 客观性原则

客观性原则是指消费者行为分析研究者在搜集资料、分析资料及得出结论的过程中，不能掺杂任何主观因素。研究者对消费者心理和行为的分析研究，必须严格按其本来面貌加以考察，客观地进行分析，不能脱离实际、主观臆断。

2. 发展性原则

发展性原则是在事物产生、延续、变动的连续过程中研究消费者心理现象。影响消费者行为的因素有很多，一切事物都处于不断的变化中，消费者的消费观念、消费动机、消费趋向也在不断地变化，我们要用发展的眼光来分析研究消费者的行为和心理现象，遵循发展性原则，不断探寻消费者心理与行为规律，从而为企业制订市场营销策略提供依据。

3. 科学性原则

科学性原则是在对消费者行为进行分析研究时，必须采用科学的方法，建立具有科学特色的体系，这主要体现为在不同的范围内如何科学地选择和抽取样本，如何正确运用定量资料和定性资料总结和分析问题。

4. 全面性原则

消费者在消费过程中存在各种各样的影响因素，如需求、动机、态度等都会影响其购买决策，这些因素既相互联系，又相互制约，因此分析研究消费者行为必须坚持全面性原则，不能就一种现象谈一种现象或就一个问题谈一个问题，而应全面、系统地进行分析研究。

5. 联系性原则

联系性原则是指在消费者行为分析研究过程中要综合考虑相关因素。世界上的一切事物和现象都不是孤立存在的，都与其他事物存在着一定的联系，影响和制约消费者的消费心理与消费者行为的内部因素和外部因素也是互相联系的，所以消费者行为分析研究应遵循联系性原则。

四、消费者行为分析的常用方法

消费者行为分析作为一门独立的学科，在具体的研究领域，所运用的研究方法有自身的侧重点或特点。消费者行为分析的常用方法主要有以下几种。

1. 观察法

观察法是消费者行为分析中最基本的研究方法，是指研究者在自然状态下，通过有目的、有计划地观察消费者的语言、行动和表情等方面，分析其内在原因，进而发现消费者心理现象及行为规律的研究方法。

观察法多用于研究产品商标、广告、包装和橱窗设计的效果，产品价格对购买的影响，新产品对消费者的吸引力，以及企业的销售方法对消费者的影响，等等。

2. 实验法

实验法是研究者有目的地严格控制或创设一定的条件，以引起消费者某种心理或行为变化的研究方法。实验法分为实验室实验法和自然实验法两种形式，如表1-1所示。

表1-1 实验法的两种形式

类型	定义	应用
实验室实验法	在实验室内利用一定的设施，控制一定的条件，并借助专门的实验仪器进行研究的一种方法	运用实验室中音像、图片和文字等广告媒体，测定消费者对不同形式广告的记忆效果
自然实验法	在各种消费环境中有目的、有计划地创造某些条件或变更某些条件，给消费者的心理和行为活动施加某些刺激和诱导，从中了解消费者的消费心理和行为的一种方法	企业通过在销售现场举办的产品展销会、新产品展示会，各种方法的试销等，借以分析消费者的反应

3. 问卷法

问卷法是调查者事先设计好调查问卷内容，向被调查者提出问题，并由被调查者予以回答，从中分析研究被调查者的消费心理和消费行为的一种方法。在网络信息时代，我们通常采用在线调查的方法，通过互联网及其调查系统把调查的内容和分析方法在线化、智能化，根据调查项目选择合适的被调查者，只有符合条件的用户才能收到邀请、填写答卷，以保证调查数据的准确性和调查结果的真实性。

4. 综合调查法

综合调查法是指研究者在消费活动中采取多种手段取得有关资料，通过整理分析间接地了解各类消费者行为的方法。

综合调查法的形式丰富多样，具体包括邀请各种类型的消费者进行座谈、举办新产品展销会、进行产品商标广告的设计征稿、设置征询意见箱、在销售产品时附带消费者信息征询卡，以及特邀消费者对产品进行点评等。综合调查法常用于研究环境、职业对消费心理和消费者行为的影响，也常用于调查消费者对某一问题、某一事件所持的态度。

5. 资料分析法

资料分析法主要是指研究者通过分析消费者的消费心理和消费行为的一些资料（如社会购买力调查报告、家庭收支调查报告、研究机构公布的统计资料等）来掌握消费心理和消费者行为的一种方法。这种方法主要是在掌握大量的数据资料后，借助实验和统计学的方法，揭示消费者的心理需求和行为规律等。

6. 自我体验法

自我体验法是指研究者通过对自己的消费心理和消费行为的反思与分析来了解消费者的心理活动和购买行为的研究方法。研究者本身也是消费者，虽然不同消费者的心理和行为现象各不相同，但消费者也存在共性特征，尤其是一般的购买心理和购买行为过程基本上趋于一致。

📖 应用实战 ●●●●●·

初步体验消费者行为分析

一、实训目标

通过观察和分析身边人的消费行为，直观地感知消费行为的产生过程，了解消费行为的特点。

二、实训背景

观察、记录3～5位同学在线上、线下的购物经历，访问并分析他们的购物心理和消费行为。

三、实训步骤

1. 学习并了解消费者行为分析的概念、消费者行为的特点，以及消费者行为分析的内容、原则和常用方法等知识。

2. 选择3～5名受访对象。

3. 准备5～7个访谈问题，并设计访谈记录表格。访谈问题要能够反映消费者行为的某些方面，访谈记录表格可参考表1-2和表1-3。

表1-2　线上购物访谈记录表

访谈问题	受访对象1	受访对象2	受访对象3	受访对象4	受访对象5
你喜欢在哪个电商平台购物？为什么选择这个电商平台？					
此次购物活动中，你购买了什么？					
在购物过程中，什么因素促使你最终购买该商品？					

表1-3　线下购物访谈记录表

访谈问题	受访对象1	受访对象2	受访对象3	受访对象4	受访对象5
你习惯在哪些线下场所购物？为什么？					
此次购物活动中，你购买了什么？					
这次消费活动的目的是什么？					

4. 访问受访对象，记录、分析访问结果，根据得出的结论撰写一份消费者行为分析报告。

四、实训总结

学生自我总结	
教师总结	

📖 课后练习 ••••••

一、简答题

1. 什么是消费者行为？消费者由哪两部分构成？
2. 简述电子商务环境下消费者行为的特点。
3. 简述新零售环境下消费者行为的特点。
4. 消费者行为分析的内容有哪些？

二、案例分析题

在新零售概念的带动下，便利店的发展和经营模式也在悄悄地发生变化。其中，像鸵鸟便利店这样的新型便利店成了又一个火爆的互联网产业。

当传统零售企业纷纷转型、拥抱新零售时，鸵鸟团队看中了社区新型便利店的广阔市场，运用"线上下单，线下取货"的新零售运营模式，通过创建线上小程序平台来整合线下零售实体店，开启全渠道销售。从订货到结算，消费者可以实现以移动端为核心的全自助式购物。在门店里，消费者可以人脸识别支付，不用再排队结算；在家里，消费者可以选择"线上选购—线下自提/送货上门"的服务方式，不仅能在网上购买便利店内的产品，还能现场体验，并仔细挑选。另外，鸵鸟便利店运用人脸识别技术，消费者只需2秒就能完成支付，获得比移动支付更便捷的购物体验。

现在商品种类繁多，消费者可能会花费很长时间来搜索商品，但最终仍无从选择，而鸵鸟便利店提出的"便利严选"概念可以帮助消费者很好地解决这个问题。

鸵鸟便利店通过运用大数据技术来筛选消费者的消费记录，选择多数消费者普遍喜爱的一种品牌进行销售，且每一品类只有一个品牌出售，这样做可以减轻消费者的选择压力，帮助消费者节省选择时间，让消费者真正实现便利消费。

在鲜食上，鸵鸟便利店与供应商紧密联系，严格挑选食材，食材只要稍微有一些不健康就不会进行销售。鲜食会当天售罄，以保证食材的新鲜度。

另外，鸵鸟便利店还根据不同消费者的消费场景及消费偏好设计出不同的便利店形态，打造"便利店+"情景。

阅读以上材料，结合本项目所学的知识，分析鸵鸟便利店的运营在哪些方面符合新零售环境下消费者的购物需求。

消费者的需要和动机：消费者行为的内在驱动力

知识目标

- 掌握消费者需要的类型和内容。
- 掌握挖掘消费者需要的方法。
- 理解动机作用的过程及唤起动机的因素。
- 掌握消费动机的类型和特征。
- 掌握激发消费动机的营销策略。

能力目标

- 能够运用不同的方法挖掘消费者需要。
- 能够运用营销策略激发消费者的消费动机。

素养目标

- 坚持解放思想、实事求是、与时俱进、求真务实，一切从实际出发。

引导案例

怕上火，喝王老吉，激发隐性消费动机

王老吉凉茶是广州王老吉药业股份有限公司（以下简称"王老吉"）的代表性产品。以前凉茶一直被人们看作药物，而王老吉将其推出的凉茶定位为"预防上火的饮料"，从而将王老吉凉茶与传统凉茶区分开来。

王老吉善于抓住大众消费的动机，以广告营销策略影响消费者的行为。其广告选用消费者认为日常生活中易上火的场景，如吃火锅、吃烧烤、吃油炸食品、通宵看球赛等，广告画面中的人们在开心享受上述活动的同时，纷纷畅饮王老吉凉茶，配合"怕上火，喝王老吉"的广告语，促使消费者产生购买王老吉凉茶的动机。

【解析】

王老吉的品牌定位和广告宣传充分挖掘了消费者的消费动机。在口渴时，一些消费者可能只是由于生理性需要，产生购买饮品的动机，但到超市看到红罐王老吉，在王老吉广告的影响下，便想到为了预防上火不如来罐王老吉。原本的消费动机出现了转移，从生理性动机转化为追求健康的动机。大众消费者一般都有这种健康理念，购买动机被广告宣传充分地激发出来，原来可能是很多消费者的隐性动机，通过外界条件刺激便转化为显性动机，促使消费者产生购买行为。

任何消费者行为都是在某种动机的驱使下满足某些特定的需要或欲望，需要和动机与消费者行为有着密切的联系，它们是影响消费者行为诸多因素中重要且特殊的因素，也是推动消费者行为的根本动力。通过分析研究消费者的需要和动机，商家可以有针对性地激发消费者的购买欲望，从而有效地影响消费者的购买行为。

学习知识

任务一　挖掘消费者需要

消费者需要是推动消费者产生各种消费行为最基本的内在原因，是消费行为发生前的一种心理倾向。消费者需要是指消费者生理和心理上的匮乏状态，即感到缺少些什么，从而想获得它们的状态。

▌一、消费者需要的类型

消费者需要是指消费者某种生理或心理体验的缺乏状态，并直接表现为

动画 2-1

消费者对获取以产品或劳务形式存在的消费对象的要求和欲望。只有当消费者的缺乏感达到某种迫切的程度时，需要才会被激发，并促使消费者采取某种消费行为。需要并不总是处于唤醒状态，如果需要没有被唤醒或者没有被充分意识到，也不会转化为实际的消费行为。

需要通常与人的活动紧密地联系在一起，人们购买产品或接受服务都是为了满足某种需要。一种需要被满足后，又会产生新的需要，这样一直处于交替的循环中。消费者需要的含义主要体现在以下几个方面，如图2-1所示。

任何需要都是有对象的

需要是不断发展的

需要的对象与满足方式是有区别的

需要促进行为产生，但需要和行为之间还存在动机、驱动力、诱因等中间变量

需要并不总是处于唤醒状态

图2-1 消费者需要的含义

1. **按照需要的起源，消费者需要可分为生理性需要和社会性需要**

- 生理性需要：个体为维持和发展而产生的对客观事物的需求和欲望，如饮食、睡眠、运动、排泄等。生理性需要是人类最原始、最基本的需要。
- 社会性需要：人类在社会生活中形成的为维护社会的存在和发展而产生的需要，如求知、求美、友谊、荣誉、社交等。社会性需要是人类所特有的。

2. **按照需要的对象，消费者需要可分为物质需要和精神需要**

- 物质需要：消费者为了参加社会活动，进行社会交往而产生的对客观事物的需求和欲望，包括对与衣、食、住、行有关的物品的需要。
- 精神需要：人们为了改善和提高自身素质，对精神生活和精神产品的需求和欲望，主要包括人们对认知、审美、交往、道德、自尊、创造等方面的需要，具体表现为对艺术、知识、美、认识、追求真理、满足兴趣爱好及亲情、友情等方面的需要。这类需要主要是由心理上的匮乏感引起的。

3. **按照需要的层次，消费者需要可分为生理需要、安全需要、社会需要、尊重需要和自我实现需要**

美国心理学家马斯洛提出需要层次论，认为人类的基本需要有五种，按照对个体的重要程度从低级到高级依次排列如下。

- 生理需要：人类为了维持生命的需要，如对食物、氧气、水、睡眠等的需要是最重要、最基本的需要。马斯洛认为，当生理需要未被满足时，对这些事物的需要将占据重要地位，其他层次的需要都无足轻重。随着社会经济的发展，解决温饱等生理需要已经不再是大多数消费者的首要问题。
- 安全需要：人类为了在生理及心理方面免受伤害，获得保护、照顾和安全感的需要，体现在人类追求对生活和环境的控制力，包括对秩序、规则、健康等的追求。当生理需要被满足之后，人们开始关注产品对身体的影响，有时安全需要也可以被情境启动。例如，当雾霾来袭时，人们通常会对健康产生担忧，开始寻求净化空气方面的产品。

- 社会需要：人们希望给予或接受他人的友谊、关怀和爱护，得到某些群体的承认、接纳和重视，体现为人们对爱情、友情、亲情、归属感和被接受的需要。日常使用的社交媒体，如微信、微博等，都是为了满足人们自身的社会需要。

- 尊重需要：人们希望获得荣誉，受到尊重，博得好评，得到一定社会地位的需要。当人们在一定程度上满足了社会需要后，会进一步追求被尊重的需要。这时，个人价值的内在和外在认同都显得至关重要，如昂贵的奢侈品，就是为了满足人们被尊重的需要的。

- 自我实现需要：人们希望充分发挥自己的潜能，实现自己的理想和抱负的需要，这是一种超越尊重需要的更高层次的需要。根据马斯洛的论述，只有极少数的成功人士能够经历这种自我实现的"巅峰体验"。例如，耐克的广告以"梦想"为主题，鼓励人们不畏艰险、勇敢追求自己的梦想，不断挑战人类的极限，直到成为一个伟大的人。这就突破了传统运动用品只注重功能性上的诉求，"Just do it"（想做就做）指引人们勇于追寻梦想，坚持实现梦想。

生理需要和安全需要是人类低层次的基本需要，社会需要和尊重需要是在基本需要得到满足的基础上的较高层次的精神需要，而自我实现需要是最高层次的发展需要。一般来说，低层次的需要得到满足后，就会向更高层次的需要发展。这五种需要并不是每个人都能满足的，越是高层次的需要，满足的人数越少。同一时期、同一个体可能存在多种需要，因为人的行为往往是受多种需要支配的，但每一时期都有一种需要占据支配地位。

马斯洛需要层次论对分析研究消费者心理、行为具有重要的指导意义。首先，它对企业针对消费者需要特点制订市场策略具有重要价值。该理论对企业的营销有一定的指导作用。企业在设计、开发产品时，重视产品核心价值的同时也不能忽视为消费者提供附加价值，因为核心价值更多地与消费者的某些基本需要相联系，而附加价值主要与更高层次的需要相联系，越是满足高层次需要的产品，企业越有机会创造产品差异。其次，它有利于企业做好市场预测，根据消费者不同层次的需要确定目标市场、产品定位等。总之，马斯洛需要层次理论为企业营销及市场预测提供了基础和依据，如图2-2所示。

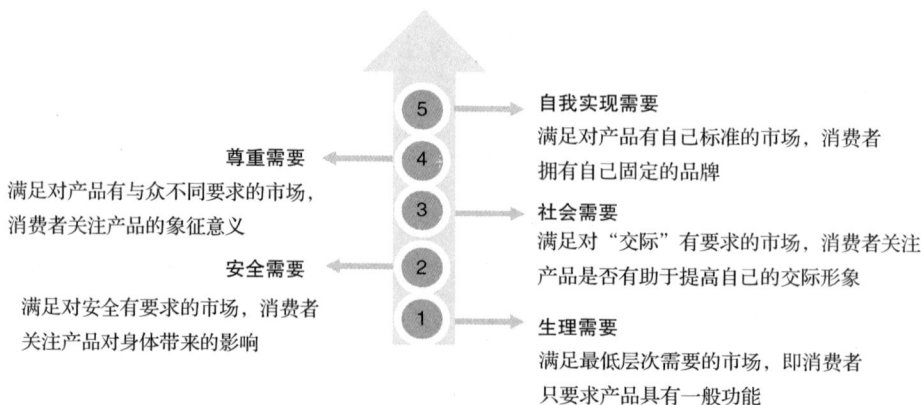

图2-2　马斯洛需要层次论为企业营销及市场预测提供基础和依据

小罐茶多泡装，满足消费者个性化需求

传统茶叶的包装给人的第一印象就是简洁、内敛，或者是水墨丹青风格，或者是飘逸书法风格。而小罐茶革新了茶叶的传统包装风格，在包装与推广等方面追求年轻、时尚和科技感，令人耳目一新。

小罐茶推出的"多泡装"系列产品重点覆盖龙井茶、滇红茶、大红袍、普洱茶、铁观音和茉莉花茶6个品种。在品质要求上，"多泡装"系列产品同样坚持所有原料从原产地采收，延续制茶大师监制的方法，坚持从鲜叶、毛茶到成品茶的3次农残检测和6道精选，全面保障茶叶的品质。

在产品形态上，"多泡装"系列产品统一为50克大容量铁罐包装（除大红袍为40克），能够让消费者自由选取适量的茶叶进行冲泡。在保鲜方面，"多泡装"系列产品的包装运用了无缝罐体工艺和"双重密封"设计，即运用充氮保鲜（普洱熟茶、大红袍除外）及罐盖的密封垫保鲜技术，有效隔离茶叶，避免其与外界氧气、水分接触，发生变质。

【案例解析】小罐茶"多泡装"不只代表着一款产品，更意味着对大罐包装茶叶做了一次系统性创新。相比于以前的茶产品，它更多地满足了消费者的个性化需求。

茶叶市场庞大，小罐茶"多泡装"系列产品的创新设计不仅满足了消费者对品位、包装、规格、品质等方面的个性化需求，同时还解决了茶叶的保鲜存储问题，满足了消费者不同层次、多方位的需求，从而获得众多消费者的喜爱。

二、消费者需要的内容

根据消费者购买产品或服务时所希望获得的满足感，消费者需要的内容可以概括为以下几个方面，如图2-3所示。

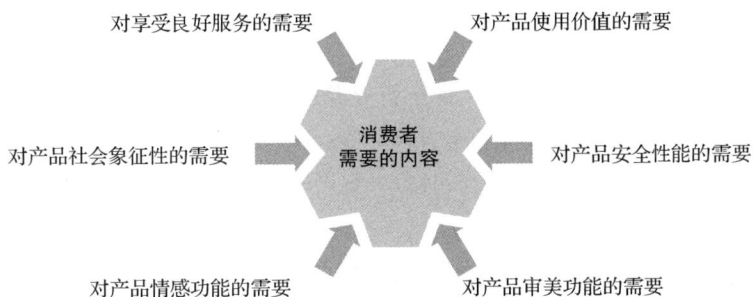

图2-3 消费者需要的内容

1. 对产品使用价值的需要

产品的使用价值是消费者需要的最基本内容，是产品被生产和销售的基本条件。使用价值是产品能够满足人们某种需要的属性，大多数产品都具有一定的使用价值，即能给消费者带来一定的效用。

2. 对产品安全性能的需要

消费者要求所使用的产品必须卫生洁净、安全可靠，不能危害身体健康。对一些环保意识

较强的消费者来说，其对产品安全性的需要还包括产品在生产、销售、使用过程中不对环境造成污染，或者有利于保护环境。

3. 对产品审美功能的需要

消费者对产品审美功能的需要，就是对产品的工艺设计、造型、色彩、装潢、整体风格等审美价值方面的要求。在消费活动中，消费者对产品审美功能的要求是一种持久性的、普遍存在的心理需要。消费者不仅要求产品具有实用性，还要求产品具有较高的审美价值。

4. 对产品情感功能的需要

消费者要求产品蕴含浓厚的感情色彩，能够表现个人的情绪状态，成为人际交往中感情沟通的媒介，并通过购买和使用产品获得情感的补偿、追求和寄托。消费者作为富有情绪体验的个体，在消费过程中将喜怒哀乐等情绪映射到消费对象上，即要求自己所使用的产品与自身的情绪体验相吻合，互为呼应，以求得情感的平衡。

5. 对产品社会象征性的需要

消费者要求产品体现和象征一定的社会意义，使购买并拥有该产品能够显示出自己的某些社会特性，如身份、地位、财富、尊严等，从而获得心理上的满足。大多数人都有扩大自身影响、提高声望和社会地位的需要，也有得到社会承认、受人尊重的需要。

6. 对享受良好服务的需要

消费者要求在购买和使用产品的过程中享受到良好的服务，良好的服务可以使消费者获得尊重、情感交流、个人价值认定等多方面的心理满足。

随着社会的发展和人们生活质量的提高，消费者的消费需要也在与时俱进，过去只要能买到产品，发挥其使用价值、满足自身基本需求即可，如今不仅要求"买到"，更希望"买好"，满足自身更多方面、更高要求的需要。

▌三、挖掘消费者需要的方法

在实际消费过程中，除了有限的一部分消费者知道、愿意并且能够告诉企业自己的需要外，很大一部分消费者的需要是无法直接从消费者口中得知的。因此，企业如果想赢得消费者并占领市场，深层挖掘消费者的需要就显得尤为重要。掌握消费者真正的需要，有利于企业做出正确的决策。

挖掘消费者需要的方法分为两种，即定性方法和定量方法。

1. 定性方法

定性方法是依据一定的理论与经验，直接抓住事物特征的主要方面，而暂时忽略同质性在数量上的差异。使用定性方法研究消费者需要，得出的结论一般都是结论性、方向性的。下面介绍几种常用的定性研究方法及其在挖掘消费者需要中的应用。

（1）访谈法

访谈法是一种一对一的访问形式，由调查者按照特定的主题对消费者进行深入的访问，用以揭示消费者对某一问题的潜在动机、态度和情感。访问可以有特定的提纲，也可以是开放式的，常用于探索性的调查。调查者通过对话的形式，可以引导消费者主动表达在产品或服务使用场景中的一些需要，也可以通过他们对消费活动的态度和情感来判断他们的潜在需要。

除了事先拟定好访谈提纲以外，还可以通过阶梯式提问来深化对消费者需要的认识。例如，消费者购买跑步机，锻炼身体是最直接的目标，其最终结果是强身健体、节约医疗开支；通过锻炼身体，消费者实现减肥、健美的目标；通过健美塑形，消费者进而实现婚姻幸福、事业成功的目标。消费者购买跑步机的多层次动机如图2-4所示。

塑形成功，消费者最终实现婚姻幸福、事业成功的目标

购买跑步机，实现强身健体的目标，直接结果是节约医疗开支

其次是实现减肥、健美的目标，并以此为桥梁实现更高层次的目标

图2-4 消费者购买跑步机的多层次动机

人们追求的终极目标就是幸福，只是每个人对幸福的理解不同，所以获取幸福的方式也不尽相同。调查者通过深度访谈，可以推断出消费者在追求幸福的道路上有哪些不同层次的需要。

（2）焦点小组法

焦点小组法是针对一小组人的访问，调查者围绕特定的主题引导小组成员发表意见，并且相互讨论，小组成员可以各抒己见、自由讨论。

焦点小组法的优势在于消费者之间的互动能让调查者获得在个人访谈中无法获得的信息，如消费者在其他被采访人发言时的态度和反应，并且消费者之间的讨论范围往往更加宽泛，能够激发调查者的创新思路。

（3）投射法

投射在心理学上是指个人把自己的思想、态度、愿望、情绪和特征等不自觉地反映于外界事物或他人的一种心理作用。投射法就是一种间接搜集有关个人态度、动机及人格结构方面信息的调研测试方法。在使用投射法的过程中，运用一些访问技巧可以避免消费者的回答受到社会期许的影响，能够间接地了解消费者的真实想法。

投射法的优点在于调查者的意图和目的藏而不露，被测试者一般不知道测试的真实目的，他们的反应和行为能够把内心隐蔽的想法表现出来，这能减少被测试者伪装自己的可能性，使测试结果更加真实。投射测试一般对被测试者的回答或反应不做任何限制，对于被测试者而言是完全自由的。

投射法可以分为很多类型，如词语联想测试法、句子故事完成法、漫画测试法、照片归类法、叙述故事法、第三人称法等。

虽然投射法具有诸多优点，但结果分析比较困难，一般是凭分析者的经验主观推断，缺乏客观标准，其科学性有待进一步考察。

2. 定量方法

定量方法是通过数据来反映消费者对某项产品或服务的需要有多大。定性方法有助于企业探索消费者的需要，而定量方法有利于验证判断的正确性。也就是说，企业在定性研究中发掘用户的需要，往往需要定量方法提供客观的证据来进行检验。

消费者研究的宗旨是"解释、预测和操纵消费者心理与行为"，而"解释""预测""操纵"这三层目的是逐步递进的关系，即基于解释消费者心理与行为的能力，才能预测其变化；通过预测其变化，才能进一步考虑操纵消费者心理和行为。对应这三层目的，有3种不同层次的定量研究方法，如图2-5所示。

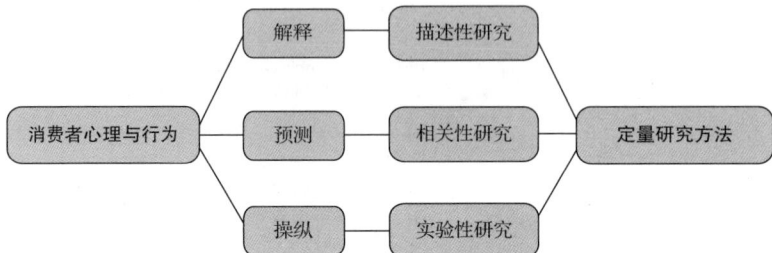

图2-5　消费者研究的目的与3种定量研究方法

（1）描述性研究

描述性研究是对消费者需要的现状进行的研究，如市场份额、消费者满意度、品牌忠诚度等，都是企业一直追踪的描述性统计数据。描述性研究几乎是所有企业都必须进行的数据统计，本身也能反映许多消费者的需要。

描述性研究可以解释消费者需要，即回答"是什么"的问题。企业只有更加精准地预测消费者需要，才能促进企业发展，提高市场占有率。

（2）相关性研究

相关性研究旨在揭示变量之间的关系，它能够回答"何时、何地、何种条件下发生"等问题。就现在的大数据应用而言，其本质就是一种相关性研究，采用海量数据来揭示变量的趋势、规律和相互联系。

相关性研究在企业中的应用范畴非常广泛，它能帮助企业预测需要的变化，即实现消费者研究中"预测"的目的，但无法决定"因果关系"。也就是说，知道了两个变量之间存在相互关系，企业可以通过一个变量的变化来预测另一个变量的变化，但由于不知道这两个变量之间谁是"因"、谁是"果"，因此企业无法通过操纵其中的一个变量来改变另一个变量。

可以这样说，相关性研究可以解释消费者的需要和什么变量相互关联，却无法告诉我们消费者的需要如何启动或如何抑制。

（3）实验性研究

实验性研究指研究者有意识地操纵、改变一个或多个变量，控制其他无关变量，然后观察结果变化，以验证变量之间因果关系的一种研究方法。按照对无关变量的控制程度，实验性研究可以分为随机控制实验、田野实验和自然实验，如图2-6所示。

尽管随机控制实验的变量操控的测量较为精密，有助于得到更加可靠的因果关系，但其外部适用性常常会受到质疑。而田野实验是在真实环境中通过变量操控影响人们的真实反应，这样的研究结果更具有现实意义。

随机控制实验
一般发生在实验室中，将所有的参与者按照随机原则分配到不同的实验组中，以期通过随机化平衡个体及环境差异，仅保留研究者希望操纵的变量差异。这种实验对实验环境控制最严格，研究结果最接近因果关系

实验性研究

田野实验
要求实验参与者在各实验组之间随机分配，但原因变量的操纵和结果变量的测量都是在真实环境中进行的，这对实验者设计、控制和统筹资源的能力要求更高，其优势也显而易见

自然实验
研究自然发生的、无法被研究者随机化操纵的变量对消费者需要的影响，如社会、政治、经济变化、时事等

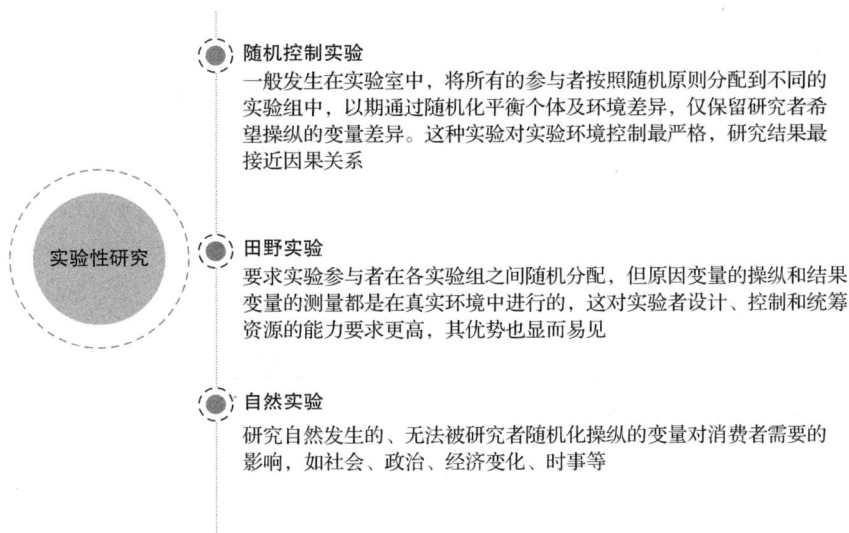

图2-6 实验性研究的3种方法

对于科技企业，尤其是互联网公司而言，田野实验更是优化用户体验、提高企业效益的利器。过去只能通过问卷调查和实验室监测开展的研究，现在通过测试消费者的真实反应即可得到结论。

在消费者研究领域，自然实验常用于检验国家政策对消费者需要的影响，例如，我国的限塑令对消费者日常生活习惯的影响等。这些研究问题中的原因变量并非研究者可以主动控制的，但对消费需要的影响不可小觑。

定性和定量研究方法在帮助企业挖掘消费者需要上各有利弊，只有了解它们之间的差异和各自的局限与优势，才能针对特定的消费者需要场景选择合适的研究方法。定性研究与定量研究的对比如表2-1所示。

表2-1 定性研究与定量研究的对比

研究范畴	定性研究	定量研究
研究目的	探索性的，研究目标较为宽泛	检验具体假设
方法	观察和解释	测量和检验
数据收集	非结构性的，开放式回答	结构化的，封闭式回答
对调研者的依赖	调研者与参与者密切接触	调研者的参与度较低
结果解读	相对主观	相对客观
样本量要求	需要样本数量较小	需要较大数量的样本才可以得出结论

头脑风暴

"狗不理"包子是天津著名的传统小吃。正宗的"狗不理"包子肉馅松散，肥而不腻，清香适口，外形美观。然而在天津备受欢迎的"狗不理"包子，却在杭州遇冷。杭州的"狗不理"包子店虽然位于商业黄金地段，客流量却非常少。导致这种情况的原因是什么？

任务二　唤醒消费者的动机

任何消费者行为都是有目的的，这些目的的实质是满足自己的某种需要，当需要未得到满足时就会内心紧张，产生一种内在驱动力，在外界诱因的激活下转化成具体的动机，继而在动机的驱使下采取行动来实现目标。

▌一、动机作用的过程

动机是个体采取行为的内在驱动力，是促使消费者行为发生，并为消费者行为提供目的和方向的动力，它是由于需要没有得到满足而产生的紧张状态引起的。

动画2-2

动机的形成需要具备一定的条件，它是在需要的基础上产生的。需要只是一种潜在的驱动力量，表现为某种愿望、意向。一旦有某种与需要相适宜的目标物出现时，在外界条件的刺激下，作为潜在驱动力的需要就会被激活，从而转化为动机，如图2-7所示。

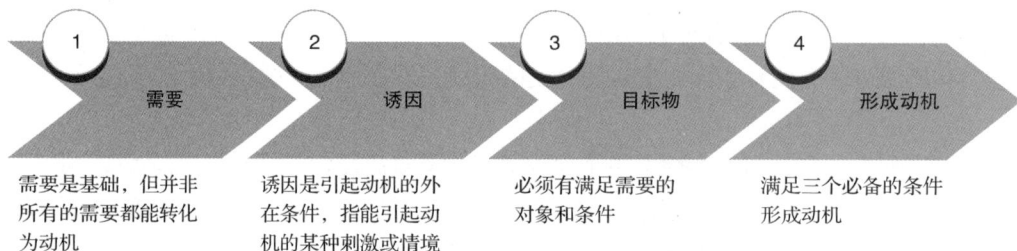

1 需要	2 诱因	3 目标物	4 形成动机
需要是基础，但并非所有的需要都能转化为动机	诱因是引起动机的外在条件，指能引起动机的某种刺激或情境	必须有满足需要的对象和条件	满足三个必备的条件形成动机

图2-7　动机形成的条件

需要和动机存在紧密的联系，需要可以引发动机。动机引导人们采取特定的行动，如果需要得到满足，此轮过程即告终结，又会产生新一轮的需要；如果需要未得到满足，紧张状态没有得到缓解，那么紧张状态就会持续存在，在一定的外界条件刺激下转化成行为，如此形成循环的过程，如图2-8所示。

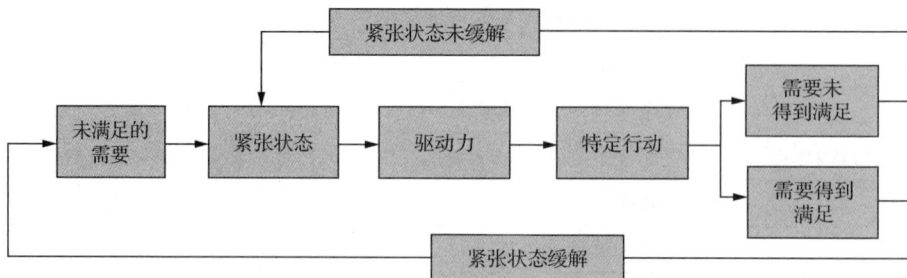

图2-8　动机作用的过程

购买动机是由需要引起的，但购买动机在转化为行为的过程中会受很多因素的影响。需要不同于动机，主要表现在以下几个方面。

首先，并不是所有的需要都能引发个体的行为，只有处于唤醒状态的需要才能驱使个体采取行动。需要的唤醒可以来自内在条件，也可以来自外部刺激。

其次，需要只是指明了行为的大致方向，而没有明确界定满足需要的方式或途径。例如，当消费者感到饥饿需要食物时，是选择蛋糕还是饼干，需要并没有给予明确的指示，而是取决于个体的动机。

再次，在某些情况下，需要只是引起人体自动调节机制发挥作用，而不一定能引起某种行为动机。例如，气温稍微有所降低让消费者感到不适，产生多穿衣的需要，但消费者的体温可以自动调节，以适应气温的小幅波动。

最后，有时即使没有内在的需要，仅靠外部刺激也可能会导致动机的产生。例如，当消费者看到一件漂亮的衣服时，可能自己并不缺少衣服，但由于特别喜欢，也会产生购买动机，产生购买行为。

此外，有时消费者还会故意隐藏自己真实的购买动机，所以直接询问消费者购买或不购买产品的原因是无法探明其内心真正原因的，只能通过心理学中的一些方法与技巧才能挖掘出真正的原因。

二、唤起动机的因素

很多时候消费者有消费需求，但可能他们自己并不知道，说不出来或者不愿意说，这时就需要挖掘消费者的需求，唤醒其购买动机。动机是消费者行为的直接动力，在市场营销中，营销人员要善于激发和调动消费者的消费动机。

要唤起消费者的购买动机，主要依靠内部刺激和外部刺激的共同影响。内部刺激主要指生理上、情绪上及认知的唤起，而外部刺激主要指来自外部环境刺激的唤起。

1. 生理因素

生理上的唤起通常是非自愿性的，来自生理上的变化。例如，因为体温下降而感到寒冷、因为血糖降低而感到饥饿等，这种生理上的变化会引起消费者的紧张感，继而使他们产生购买某种产品的动机。

2. 情绪因素

在情绪方面，商家可以利用消费者的想象促使其采取某些购买行为，以降低令人不舒服的紧张程度。例如，化妆品广告经常让消费者想象自己如果用过之后会变得更有魅力、更加自信，使其处于一种强烈的想要实现这种想象的情绪中，进而采取实现该目标的购买行为。

3. 认知因素

有时一些不经意的念头会促使消费者在认知上感受到某种需要的存在，从而激发其购买动机，促成购买行为。例如，每逢情人节，很多商家会大肆宣传浪漫情人节的各种消费项目，唤起消费者在认知上的消费需要，激发并唤起人们的消费动机。

4. 环境因素

消费者的有些需要是被环境刺激而引发的，所以商家可以利用环境刺激唤起他们的购买动机。优雅舒适的购物环境能够强烈刺激消费者的感官，唤起他们的无意注意，强化他们的有意注意，使他们产生购买动机。商家可以通过这些方面营造良好的购物环境：制造强烈的视觉冲击；播放适宜的音乐，调节消费者的购物心情和速度；带给消费者清新的嗅觉刺激；给消费者提供良好的触觉感受。

案例链接 ● ● ● ● ●

迎合消费趋势，锐澳微醺抢占"独饮市场"

锐澳是国内知名的预调鸡尾酒品牌，它采用鲜榨冷冻技术提纯果汁，满足成年消费者的需求。

微醺系列是锐澳推出的一款酒精度很低的鸡尾酒，有白桃白兰地风味、乳酸菌伏特加风味、葡萄白兰地风味、柠檬朗姆风味等多种风味，每一种风味都充满了梦幻色彩，搭配3°酒精，一个人一瓶刚刚好。

锐澳微醺系列定位的是"一个人的小酒"，一上市就获得许多年轻消费者的青睐，精致的外观、适宜的口感，引发消费者强烈的好奇心与尝鲜的欲望。预调酒过去的饮用场景大多是年轻人聚会，而锐澳微醺突破了预调酒品类发展的局限，这种创新模式更能迎合年轻人的消费趋势，积极、大胆地唤起了消费者的消费动机。

【案例解析】锐澳微醺以"一个人的小酒"为定位，瞄准独饮场景，通过产品创新来挖掘新的消费场景，是对预调酒行业品类的突破。

"一个人的小酒"，其目标是成为"年轻人独处时刻的陪伴者/酒"。

锐澳微醺正是从商品的特点、消费者的情绪及环境等因素出发，利用广告宣传产品特色，创设独饮场景，成功地激发了消费者的购买动机。

三、消费动机的类型

由于消费者需要与刺激因素的多样性，消费者产生的购买动机也具有复杂多样性。动机的分类可以根据消费动机的性质、动机在行为中的作用及动机的表现形式等来划分。

1. 根据动机的性质分类

根据性质，消费动机可分为生理性消费动机和心理性消费动机，如图2-9所示。

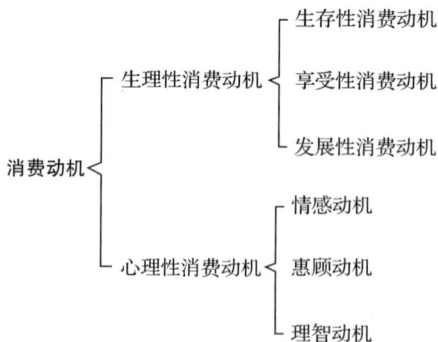

图2-9　消费动机按性质分类

（1）生理性消费动机

生理性消费动机是指消费者为了维持和延续生命的需要而产生的购买动机。人们为了维持生命的延续，保证身体健康、精力充沛，以便从事正常的社会活动，都会产生对衣食住行等的生理需要，如饥则求食、渴则求饮、病则求医等。

生理性消费动机又可细分为生存性消费动机、享受性消费动机和发展性消费动机。

- 生存性消费动机：消费者为了满足其生存需要而产生的购买动机。
- 享受性消费动机：消费者基于对享受资料的需求而产生的购买动机。
- 发展性消费动机：为满足个体的发展需求而引起的购买动机，如培训进修、强身健体等。

（2）心理性消费动机

心理性消费动机是由人们的认识、情感、意志等心理过程引起的行为动机，可以细分为情感动机、惠顾动机和理智动机。

- 情感动机：由人的喜怒哀乐及道德感、群体感、美感等高级情感引起的动机。动机购买需求是否得到满足直接影响消费者对产品的态度，并伴随着消费者的情绪体验，这些不同的情绪体验在不同的消费者身上表现出不同的购买动机。
- 惠顾动机：基于情感和理智的经验，对特定商店、产品或品牌产生特殊信任和偏好，使消费者习惯地重复购买的一种动机。
- 理智动机：消费者经过对各种需要、不同产品满足需要的效果和价格进行认真思考后产生的动机，即人们在对产品客观认识的基础上经过分析与比较而产生的动机。

2. 根据动机在行为中的作用分类

根据在行为中的作用，消费动机可以分为主导动机和辅助动机。在引起复杂行为的各种不同的动机中，有的动机强烈而稳定，在活动中起主导和支配的作用，属于主导动机；有的动机则起辅助作用，只是对主导动机的一种补充，属于辅助动机。

3. 根据动机存在的形式分类

根据存在的形式，消费动机可以分为显性动机和潜在动机。

- 显性动机：动机清晰明确，对当前的行为构成直接的影响。
- 潜在动机：动机不清晰明确，在内在和外部条件成熟时才能浮现出来，并对行为产生影响。

4. 消费者的具体购买动机分类

由于消费者的兴趣、爱好、性格和经济条件不同，需要多种多样，所以就具体的产品而言，购买动机往往是具体的，其中包括以下动机。

- 求实购买动机：以追求产品和服务的实用价值为主要目的的购买动机。在这种动机的支配下，消费者选购产品时特别重视产品的质量和功效。
- 求新购买动机：消费者以追求时尚、新奇、刺激、个性为主导倾向的购买动机。在这种动机的支配下，消费者喜欢选择时尚、流行、引领潮流的产品或服务，注重产品的款式、色泽、流行性、独特性与新颖性。
- 求美购买动机：以产品的美感和艺术价值为追求目标，消费者注重产品的造型、色彩、款式与艺术价值，重视产品的风格和个性，讲究产品的造型美、装潢美和艺术美。
- 求名购买动机：消费者通过购买特殊产品，借以显示和提高自己的身份、地位、品位而形成的购买动机。这一动机以追求名牌为主要特征，其形成原因比较复杂，除了显示身份、地位、富有和表现自我的作用外，还隐含着减少购买风险、简化决策程序和节约购买时间等多方面的考虑因素。

- 求廉购买动机：消费者以追求产品、服务的价格低廉为主导倾向的一种消费动机。消费者以价格低廉为第一考虑因素，通常宁愿多花费体力和精力，多方面了解与比较价格差异，选择价格便宜的产品。

- 从众购买动机：消费者在购买产品时自觉不自觉地跟随他人的购买行为，与他人保持步调一致的购买动机。从众是一种普遍的社会现象，其形成原因多种多样，有出于仰慕、艳羡和获得认可而产生的动机，也有惧怕风险、保守而产生的动机，还有缺乏主见、随大流或随波逐流而产生的动机。

- 求便购买动机：消费者追求快捷、方便的生活方式而形成的购买动机。在这种动机的支配下，消费者对时间与效率特别重视，特别关心能否快捷、方便地买到产品，对购买的产品也有使用、携带、维修方便等方面的要求，如网上购物、电视购物等。

- 求安全购买动机：为了人身与家庭财产的安全，消费者需要购买相应的产品，以应对具有危险性的事情发生，或者在产品的使用过程中希望其性能安全可靠。

- 习惯性动机：由于兴趣爱好、生活习惯或职业需要等原因，人们往往对某些产品表现出特殊的兴趣，成为购买这类产品的消费动机，如养花、钓鱼等。

- 储备性动机：消费者主要出于储备产品的价值或使用价值的目的而产生的消费动机，如购买首饰、名贵工艺品等。

- 馈赠动机：人们为了表达某种情感，增进双方的友谊，或为了纪念某件事情，或出于某种风俗习惯，或为了某种利益的交换等而产生的购买动机。

- 补偿性动机：由于有些动机不能转化为现实的消费行为，经过较长的时间并且消费者具备了相应的条件后才出现的消费动机，这时的动机表现为一种补偿性。

- 攀比性动机：以争强好胜或攀比为目的的购买动机。消费者购买产品不是为了实用，而是为了表现得比别人强。这类消费者在购买产品时，主要受广告宣传、他人购买行为的影响，通常不考虑自己的实际情况，盲目追求高档、新潮的事物。

- 求心理平衡动机：消费者因存在某些方面的不足，要通过消费产品来弥补这些不足之处，以取得心理平衡的消费动机。

当然，除了以上购买动机外，还有求速、尊重、留念、健康、隐私等其他具体的购买动机。另外，消费者的购买动机也会随时间、地点、条件等的变化而发生变化。总之，分析和研究消费者购买动机的类型与特征，可以帮助企业有针对性地做好营销工作，对促进消费者的购买行为有十分关键的作用。

案例链接

小米有品的"新奇酷"，满足差异化消费需要

小米有品是小米公司旗下的电商平台，致力于为消费者提供优选精致商品。小米有品坚持依从小米产品观进行选品及育品，为消费者提供"新奇酷"的好产品。

例如，小米有品推出的一款智能化垃圾桶产品，它能通过伸手感应开盖，当垃圾装满时，使用者按一下按钮，垃圾桶就能自动封袋打包，同时自动套上一个新的袋子。因为解决了封袋问题，该产品一经推出就销售火爆。又如，小米有品推出的一款花洒，该花洒采用小孔物理增

压技术，在低压情况下也能喷出强劲有力的水花；此外，它增加了旋转控钮，使用者单手即可控制水量，打破了传统淋浴器水量难以把控的问题。该款产品使用方便，能满足消费者多场景的需求，一经上市就获得众多好评。再如，小米有品推出的一款超声波眼镜清洗机，该清洗机内置优质陶瓷片，有效将电能转化为超声波，每秒45 000次超声波扫频清洗，同时在声压作用下膨胀破裂，产生上千帕的冲击力冲刷表面灰尘污渍，达到更好的洁净效果。

对追求科技感和高品质、个性化产品的消费者来说，小米有品已经成为他们常用的购物渠道之一。

【案例解析】小米有品的"新奇酷"表现在两个方面：一方面是产品的创新、差异化与科技感；另一方面，小米有品能满足消费者追求创新、奇特的消费需求，让品牌与新一代、年轻化消费群体产生恰到好处的关系。

例如，一些传统电器的按钮较多，但很多按钮几乎没有被用过。新时代的年轻消费群体不再为原来复杂、多余的功能买单，他们更喜欢创新，追求刚刚好。

小米有品坚持"少即是多"的原则，基于满足新时代消费者差异化的消费需要，以及对品质与创新的追求，激发消费者不同的购买动机，最终赢得了市场。

四、激发消费动机的营销策略

在了解消费者真实购买动机的基础上，企业制订相应的营销策略，可以提高商品销量，提升企业效益。

1. 发现消费者购买动机

消费者并不是在购买产品，而是使需要得到满足或使问题得到解决。例如，当消费者购买香水类产品时，他们是在购买"氛围、希望和使自己特别的感觉"；当消费者购买一套名牌时装时，他会告诉别人"它很流行""它看起来很适合我""它质地不错"等，但也存在一些他不愿意承认或未意识到的动机，如"它能显示我的富有和成功""它使我显得更年轻、更有魅力""它使我更有自信"等，这说明行为和动机之间存在有意识的公开承认的关系和无意识或不愿承认的关系。因此，企业所做的产品传播活动必须与消费者的购买动机一致，要充分挖掘消费者的隐性动机。

营销的首要任务是确定影响目标市场的动机组合。显性动机可以通过直接询问的方式确定。对于这种动机，直接诉求类广告的吸引更为有效，如"怕上火，喝王老吉"。而确定隐性动机则较复杂，可以通过一些动机研究技巧（如投射技术等）来确定。对于隐性动机，间接诉求类广告的吸引更为有效，如"钻石恒久远，一颗永留传"。

2. 基于多重动机的营销策略

一旦找到影响目标市场的动机组合，企业就要围绕相应的动机制订营销策略。在现实生活中，购买行为往往是在多个动机的共同驱使下进行的，是有意识和无意识的动机总和的结果。

动机总和一般分为以下两种情况。

一种情况是几种动机共同作用于购买行为，多重动机累加使购买动机得到强化，推动消费者产生更为强大的购买力量，从而更容易实现购买行为。

另一种情况是多重动机中有的动机促进购买行为，有的动机阻碍购买行为，即存在相互抵触的动机，这时动机总和不是所有动机的累加，而是相互抵消，但只要相抵后不为零，就说明动机还是有的。如果促进购买行为的因素之和大于阻碍购买行为的因素之和，就会推动购买行为的发生；如果促进购买行为的因素之和小于阻碍购买行为的因素之和，就会阻碍购买行为的发生；如果动机总和处于平衡状态，可能使消费者徘徊于买与不买之间，这时就需要外界的助力，营销者要想方设法地刺激消费者的购买动机、削弱各种阻碍购买行为因素的力量，使消费者向产生购买行为的方向倾斜。

如果存在的多种购买动机都很重要，产品就必须具备不止一种功能，那么广告也必须向消费者传递多重利益。通常，显性动机是消费者觉察的或者愿意讨论的，广告可以直接迎合消费者追求的产品质量、产品功能等显性动机，一般显性利益较易传达。隐性动机一般是消费者不愿承认的，需要营销者采用间接的沟通方式，产品广告最好采用双重诉求方式，直接诉求侧重于产品品质，间接诉求则集中于消费者所追求的地位、理念和个性等。

🎓 头脑风暴

现代社会，人们开始追求个性、品质、自由，对旅游服务有了更高的要求，原生态、深体验、高品质的旅游服务成了新时代旅游者的核心诉求，自驾游成为众多旅游爱好者的选择。你认为一些旅游者选择自驾游的动机是什么？

📖 应用实战

挖掘消费者对汉服的消费需要和动机

一、实训目标

了解并掌握消费者需要、动机的基本概念和理论，能够分析消费者行为背后的需要和动机，并根据分析结果制订有效的营销策略。

二、实训背景

汉服是中国的传统服饰，在传统文化复兴的推动下，越来越多的人，尤其是年轻人身着汉服穿梭在人群中，汉服正在成为一种流行的文化风潮。某品牌服饰企业计划在市场上推出自己品牌的汉服，请同学们5~10个人为一组，对汉服市场进行消费者需要和动机分析，为该品牌制订营销策略提供支持。

三、实训步骤

1. 选用合适的调研方式，如网络调研、实地调研等，寻找目前市场上比较受消费者欢迎的汉服品牌，对比分析这些品牌汉服的主要卖点、主要销售渠道、宣传方式、消费者评价等，并将收集到的资料和分析结果填入表2-2。

表2-2　受消费者欢迎汉服品牌信息对比分析

对比项目	品牌1	品牌2	品牌3	品牌4	品牌5	……
主要卖点						
主要销售渠道						
宣传方式						
消费者评价						
……						

2. 以马斯洛需要层次论为基础，分析汉服在当下流行的原因，即它满足了消费者哪个层次的需要。

3. 访问3～5位购买过汉服的消费者，询问他们购买汉服的动机，挖掘消费者的潜在需要。

4. 根据收集到的资料撰写一份消费者购买汉服的需要和动机分析报告，并在报告中为该品牌提出一些营销建议。

四、实训总结

学生自我总结	
教师总结	

📖 课后练习 ●●●●●

一、简答题

1. 消费者需要的内容及类型有哪些？
2. 简述挖掘消费者需要的方法。
3. 简述激发消费动机的营销策略。

二、案例分析题

现在已经进入大数据时代，大数据给各行各业带来了深刻的改变。作为快消品领域的翘楚，伊利集团多年来运用大数据技术不断洞察消费者在乳制品上需要的变化，坚持以消费者为中心，不断地创新产品，以满足不同消费者的不同需要，引领企业可持续发展。

为了充分了解消费者的需要，伊利集团打造了能够实时洞察消费者需要的大数据雷达平台，收集并积累了大量消费者数据。同时，该大数据平台的数据能够实现实时更新，能够让伊利集团全景、全时段地精准获取消费者在各个消费场景留下的数据，确保伊利集团与消费者保持连接。通过运用大数据雷达平台进行数据分析，伊利集团可以全面挖掘和分析消费者的消费习惯和行为，指导产品研发和开展精准营销。

通过分析全球酸奶市场的发展趋势，以及国内消费者的消费需要，结合大数据整合分析，伊利集团发现消费者对高品质常温酸奶有着很高的需要，于是就以此为研发方向，推出了第一款原味安慕希酸奶。随后，通过采集和分析海量的网络数据，伊利集团对消费者新的需要进行深度挖掘，了解到消费者在常温酸奶的口味上期待更多的味觉体验。于是，伊利集团把握市场先机，相继推出蓝莓、香草、草莓、燕麦黄桃、芒果百香果等多种口味的安慕希酸奶，这些产品都获得了消费者的喜爱。

通过运用大数据技术，伊利集团发现随着人们生活方式的变化，乳品的饮用场景已经从室内拓展到了户外。基于这一大数据洞察结果，伊利集团又对安慕希酸奶的包装进行了创新，在早期利乐钻包装的基础上推出了利乐冠、聚酯瓶装（PET瓶）等包装形式的安慕希酸奶，以便消费者将未喝完的安慕希酸奶装进背包里随身携带，而无须担心洒漏。借助大数据分析，伊利集团不断对产品进行优化升级，使安慕希产品保持畅销和常销，成为乳品消费市场的"宠儿"。

阅读以上材料，结合本项目所学的知识，分析企业为什么要挖掘消费者的需要，伊利集团是如何挖掘消费者的需要的。

项目三

消费者的心理活动：消费者行为的心理动因

知识目标

- 了解消费者知觉的特征、形成过程，以及消费者学习的特征和途径。
- 掌握加深消费者的记忆和刺激记忆提取的策略。
- 掌握态度对消费者购买行为的影响，以及消费者态度的形成与改变。
- 掌握情绪如何作用于消费者购买行为，以及激发消费者购买情绪的策略。

能力目标

- 能够根据具体情况运用加深消费者的记忆和刺激记忆提取的策略。
- 能够灵活运用激发消费者购买情绪的各种策略。

素养目标

- 以科学的态度对待科学，以真理的精神追求真理。
- 坚持系统观念，用普遍联系的、全面系统的、发展变化的观点观察事物。

引导案例

软饮料瓶体广告的情绪营销

随着生活水平的不断提高，消费者不仅追求饮料的口感，还追求饮料所标榜的个性。尤其是年轻消费者，他们深受网络文化的影响，情绪变化较快，更加喜欢标榜个性，所以瓶体广告情绪营销在软饮料领域流行开来。

味全每日C在瓶身上设置了各类能触动人们情绪的文案，如"你眼里有光芒""环游世界""今天不加班"等（见图3-1），借瓶体广告在某些方面与消费者的心灵达成共鸣，不仅做到了与消费者"面对面"进行沟通，还给消费者提供了一个购买味全每日C饮料的理由。

图3-1　味全每日C瓶体广告

【解析】

情绪是主观认知的表达，是需求的外化。情绪营销是指产品宣传充分满足消费者的情感需要，抓住与消费者心情共通的意义空间，让消费者在购买产品的同时充分抒发内心的情感，并让消费者的情绪在内向传播、人际传播、群体传播等不同传播类型中实现交流与回响，从而加强个体认知与群体归属感。

瓶体广告营销满足了年轻消费者彰显个性的需求，激发了消费群体的情感共鸣，准确地把握发展变化着的消费者诉求，拉近与消费者的距离，激发消费者的积极情绪，最终影响消费者的决策和购买行为。

消费者行为由诸多因素决定，包括社会环境、文化倾向、生理与心理的结构变化等。本项目将从消费者的心理活动讲起，从知觉、学习、记忆、态度及情绪等方面来分析消费者行为的心理动因。它们既是支配消费者行为的重要因素，也是企业制订和实施营销策略的基本依据。

学习知识

任务一　消费者的知觉、学习与记忆

一、认知消费者的知觉

　　知觉是个体选择、组织和理解外界刺激，形成对客观世界的有意义的和相互联系的反映，可以理解为"个体如何看待周围的世界"。消费者知觉是指消费者将由外部输入的各种各样的刺激加以选择、组织及解释，并给予有意义及完整图像的过程。

动画 3-1

（一）知觉的特征

　　消费者知觉是消费者对消费对象的主动反映过程。这一过程受到消费对象特征和个人主观因素的影响，表现出某些独有的活动特性，具体表现在选择性、整体性、理解性与恒常性等方面。

　　1. 知觉的选择性

　　人在知觉过程中把知觉对象从背景中区分出来优先加以清晰反映的特性就是知觉的选择性。人们在面对丰富多彩的客观事物时，总是有选择地注意某一事物或事物的某种特征，这一事物或特征就称为知觉对象，其他部分称为知觉背景。

　　知觉对象和知觉背景在一定的条件下可以相互转换，当消费者的注意力从一个对象转向另一个对象时，原来的知觉对象和知觉背景就会互换。知觉对象就会从知觉背景中凸显出来，被认识得更鲜明、更清晰。影响知觉选择性的因素有刺激的变化、对比、位置、运动、大小程度、强度、反复等，知觉选择性还受经验、情绪、动机、兴趣、需要等主观因素的影响。

　　2. 知觉的整体性

　　知觉的整体性是指虽然知觉对象由不同部分、不同属性组成，但人们并不把知觉对象感知为若干相对独立的部分，而趋向于感知为一个统一的整体。消费者在认知商品的过程中，经常根据消费对象各个部分的组合方式进行整体性知觉。他们通过把某种商品的商标、价格、质量、款式、包装等因素联系在一起，形成对该商品的整体印象。整体性知觉可以加快人们对事物的认知过程，同时让其获得完整、圆满、稳定的心理感受。

　　3. 知觉的理解性

　　知觉的理解性是指在知觉过程中，人们会利用过去获得的有关知识经验对知觉对象进行加工理解，并用语言将其特性表示出来。也就是说，消费者利用以往积累的知识经验对各种感觉到的信息加以选择和解释，认知为可以理解的、确定的事物。在知觉过程中，知识经验是关键，知识经验充足，有利于全面、深刻地认识知觉事物。

　　4. 知觉的恒常性

　　知觉的恒常性是指由于受知识经验的影响，当知觉条件发生变化时，人们对事物的知觉印象仍然保持相对稳定或者不变的特性。知觉的恒常性通常表现为亮度恒常性、大小恒常性、声音恒常性、形状恒常性等。这一特性使消费者能够避免外部因素的干扰，在复杂多变的市场环境中保持对某些商品的一贯认知。例如，一些传统老字号、知名品牌之所以能够长期保有市场份额而不被新产品所替代，其中很大一个原因就是消费者对它们形成了恒常性知觉，无论在任何场合，都能准确无误地加以识别，并受惯性驱使进行连续购买。

在消费活动中，知觉能够有效地影响消费者的购买行为，其表现如下。

第一，知觉能够引导消费者选择所需的商品。消费者凭借知觉的选择性注意到包装精美或设计巧妙的自己所需的某种商品，搜寻到目标商品后进而购买。

第二，知觉能够带动消费者做出合理的购买决策。知觉能够促使消费者利用已有的知识经验全面、深刻地感知商品的实际功能、价格、质量，以及商品对于自身需求的满足程度，从而做出相对理性的购买决策。

第三，知觉能够使消费者对商品产生某种特殊情感，对商品形成相对稳定的印象，进而使其产生喜爱或厌恶的心理，影响消费者购买行为的实施。

面对客观世界，消费者总是在知觉的基础上采取行动，企业可以通过知觉来影响消费者最终的购买行为，因此企业了解消费者的个体知觉要比了解客观的世界更重要。

案例链接

李宁YOUNG，用全新店铺形象激发消费者认同感

李宁YOUNG是李宁集团旗下的专业运动童装品牌，为了彰显李宁YOUNG的独特形象，李宁集团推出了李宁YOUNG 3.0城市店铺。

李宁YOUNG 3.0城市店铺以专业运动精神为设计理念，店铺门头为像素模块形状，并融入田径场跑道纹路勾勒出的YOUNG标志，代表传统专业运动之魂与新兴运动之美的结合。店内设计以专业运动为基础，融合了儿童板报化的童真趣味，运用管道、旋转塔、胶囊舱体等打造出"科技实验室"的氛围，并综合运用旧跑马灯与新媒介动画来展示各种运动轮廓、分解动作、文字图形等，为消费者创造交互感。

店铺内的多功能区及专业运动体验区以场景化设计区分专业运动类产品、潮流生活类产品和小童类产品，产品分区更加符合消费者的选购思路，有效提升了消费者在零售终端的购物体验。

【案例解析】感官营销是指融入消费者的五种感官体验（触觉、视觉、味觉、嗅觉和听觉）并且影响消费者感知、判断和行为的营销方式。在五感中，视觉感是最核心的感受，也是消费者对产品产生第一印象的来源。颜色、线条、光线、造型等都是可以激发人们视觉感的元素。人们总是更加喜欢和向往美观的事物，充满魅力的外观是让产品或店铺吸引消费者靠近的第一要素，也是基本要素。因此，企业可以利用光、色、形状等元素为消费者打造别具视觉体验的空间，从而加深消费者对产品和品牌的记忆。

头脑风暴

什么是感觉？感觉和知觉是否相同？说一说你的理由。

（二）知觉的形成过程

消费者知觉的形成过程分为3个阶段：展露、注意和解释。只有经历这3个阶段，信息才能存储到消费者的记忆中，并有效地影响消费者的行为。

1. 展露

展露是指将刺激物展现在消费者的感觉神经范围内，使其感官有机会被激活。当刺激物被置于个人相关的环境中时，展露就已经发生。例如，超市的商品货架陈列，消费者可以随意触摸；路牌广告画面都处于消费者可以看到的地方。

展露只是把刺激物置于人们的感觉器官有能力感受的范围内，但并不意味着人们一定会感受到刺激，进而获得相关的感觉信息。例如，在公交站台候车时，尽管有许多广告牌会展露在我们面前，但我们可能对其视而不见，或者只注意到其中的某个广告。还有，当人们在看电视或网络视频时经常会出现跳台和快进行为，以致很多广告信息并未被目标观众看到。

一般而言，企业为了应对消费者故意避开广告的行为，采用了很多方式。例如，在视频播放前强制消费者观看广告，或者将广告信息与综艺节目或电影、电视剧结合起来，让消费者在欣赏节目或影视剧的同时接触广告信息，如冠名综艺节目广告、影视剧的植入广告等。

2. 注意

注意是指消费者对展露于其感觉器官前的刺激物做出进一步的加工和处理，有选择性地关注某些刺激物而忽略另外一些刺激物，因此可以说注意是对特定刺激的投入程度。展露和注意与营销信息传播的成效密切相关。例如，当我们浏览网页新闻时，屏幕两侧的广告已经展露在我们的视觉范围内，我们既可以选择点击查看，也可以选择"视而不见"。

消费者在认知商品的过程中，往往会表现出不同的注意倾向，所以可以将注意分为两种：有意注意和无意注意。

- 有意注意：自觉的、有预期目的的，必要时还需要一定意志努力的注意。也就是说，消费者主动寻找一些与其个人相关的信息。对自己感兴趣的信息，消费者就会特别留意。因此，如何在广告中让消费者认为产品和服务信息与其自身有关，以便引起他们的注意，对于企业来说至关重要。

- 无意注意：一种没有目的、不需要意志努力、不由自主地指向某一对象的注意。一般消费者的无意注意来自一些令其惊讶、新奇、感到威胁或意外的信息。因此，企业在营销过程中，可以利用一些强烈的对比或出乎意料的画面和声音来引发消费者的无意注意。

无意注意和有意注意既相互联系，又能相互转换。当消费者对某一事物的无意注意次数较多时，其对该事物的无意注意就可能会转换为有意注意；当消费者对某一事物长时间有意注意后，就容易产生疲劳，有可能将有意注意转换为无意注意。

3. 解释

展露和注意就像过滤器一样将足够重要的感官刺激传送到大脑皮层，消费者需要对这些刺激物赋予意义才能形成知觉的结果。对感官刺激物赋予意义这一步被称为解释。

对于完全相同的客观刺激，不同的人会给出不同的解释。对于同样的商品，消费者的知觉也可能完全不同。例如，有的人非常爱吃肯德基，有的人却认为是垃圾食品避犹不及。消费者两极化的评价说明知觉解释的重要性。影响知觉解释的因素主要有消费者对刺激物的组织方式、消费者既有的经验图式，以及社会环境的象征意义。

（1）消费者对刺激物的组织方式

对刺激物的组织主要是指人们倾向于将刺激物作为一个有意义的整体去看待。格式塔（Gestalt）心理学派的观点提供了对刺激物的组织应遵循的三项原则，分别为完形原则、相似性原则和主角背景原则。

- 完形原则：人们倾向于把不完整的对象感知为完整的对象。在图3-2（a）中，你能看到一个白色的等边三角形，事实上这个三角形是我们在大脑中将它补充完成的，它并不真实存在。
- 相似性原则：人们倾向于对物理特性相似的刺激进行归类。对于图3-2（b），你会认为应该横向进行分组。物以类聚是人类的一种认知习惯。
- 主角背景原则：人们会将刺激物的某个部分置于焦点位置，视为主角；而将其他部分置于相对次要的位置，视为背景，因此注意焦点的变化有可能导致主角和背景的切换，并导致不同的知觉。图3-2（c）让人很难同时注意到高脚杯和人脸，因为它们互为背景，看到的是高脚杯还是人脸取决于你的焦点放在哪里。

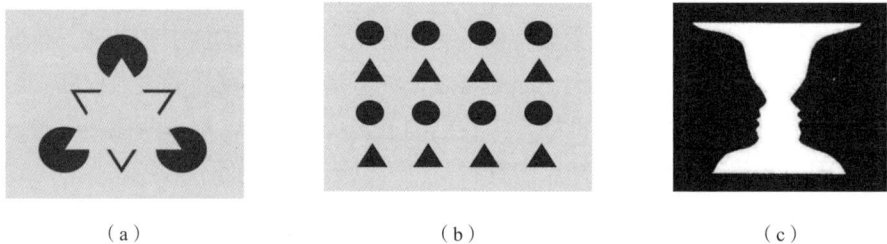

（a） （b） （c）

图3-2 格式塔心理学

（2）消费者既有的经验图式

图式（Schema）是指消费者会根据自己过去的经验来解读和理解当前遇到的事物，就是对刺激物进行组织之后，根据储存在头脑中的既有概念进行归类和辨认。

刺激物被归为何种类别的事物中，对消费者行为具有重要的影响。因此，很多企业试图影响消费者对其产品的分类。例如，克莱斯勒在广告中特别突出其各种款式的面包车，目的是想让消费者将其视为面包车的主要生产厂商，而不仅仅是一个小汽车制造商。

（3）社会环境的象征意义

消费者对刺激的解释不仅会受到心理和经验的影响，还会受到社会环境的影响。如果消费者能够获知他人的知觉和评价，或多或少会影响消费者自己的知觉解释结果。正是基于这一点，企业通常采用形象好、品质好、信誉好的名人进行代言，因为他人的评价对知觉解释有非常大的影响；而对代言人的信赖会影响消费者对商品的评判。

头脑风暴

第一印象并非完全可靠，但是很多人都会受到它的影响，你是怎样看待第一印象的？

二、分析消费者的学习

学习是消费者行为的一个重要环节。消费者通过学习可以获得丰富的知识和经验，提高对环境的适应能力，同时不断调整和改变自己的行为。社会、家庭、朋友、媒体以及广告等为人们提供了各种学习体验，这些体验影响着人们所追求的生活方式和所选择的消费品。

（一）消费者学习的特征

学习是一个持续进行的过程。我们对世界的认识一直在持续更新，因为我们随时都会接触到新的刺激，会接收到持续的反馈，由此来改变我们将来在类似情景中的行为。

消费者在消费时通过正式与非正式的方法不断积累经验，获得商品知识与消费技能，形成一种消费观念，同时提高自身消费能力，完善自身的购买行为，这就是消费者学习的过程。

消费者学习具有以下特征。

1. 消费者学习是被动性学习

消费者学习是源于人们消费需求的被动性学习。消费者认识一种商品一般不会像学生一样接受专门的学习和培训，他们是在消费需求的指引下对商品进行认识和了解。例如，人们在饮食上需要知道一些营养学、烹饪方面的知识，在穿衣上需要了解面料、款式、服饰搭配方面的知识。因为消费者的学习具有被动性，所以学习水平相对低，通常缺乏对商品的深刻认识，而且学习的知识一般比较零散，缺乏系统性。

2. 消费者学习是对消费领域各方面内容的学习

消费者学习是对购物、享受服务过程中各个环节内容知识的学习和相关技能的获得。消费者学习的内容如图3-3所示。

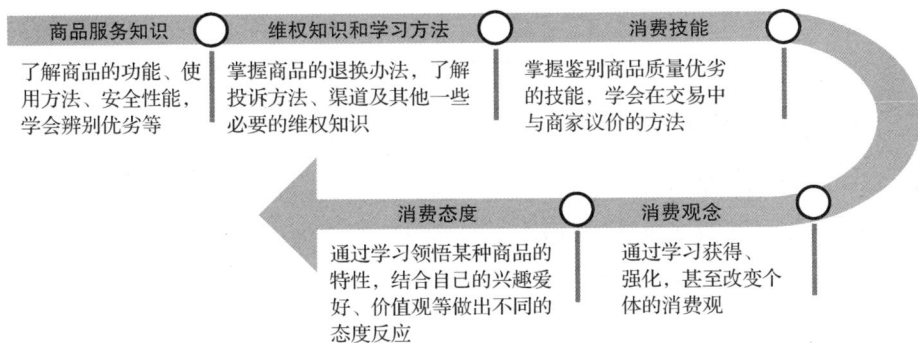

图3-3　消费者在消费领域学习的内容

3. 消费者学习是实践性学习

消费者的学习行为是人类实践活动的一部分，是人们直接获得消费经验、消费知识和消费技能的主要途径和方式，消费者的每一次消费过程也是一次实践学习的过程。消费者在购物过程中通过观察与对比了解不同商品的差异，这就是学习过程。消费者的实践性学习内容如图3-4所示。

4. 消费者学习是对隐性知识的学习

隐性知识的概念最早是由迈克尔·波兰尼提出来的，它来源于个体对外部世界的判断和感知，来源于经验，是高度个人化的知识，有其自身的特殊含义，因此很难规范化，也不容易传递给他人，只能被演示证明它是存在的。学习隐性知识的唯一方法就是领悟和练习。

消费者隐性知识学习可以划分为两类，如图3-5所示。

实践性学习内容

消费实践过程是由一系列消费操作行为组成的

学习结果影响消费者以后的消费实践行为

实践性学习以物体材料（具体商品）为学习对象

实践性学习是选择和对比的过程

图3-4　消费者实践性学习的内容

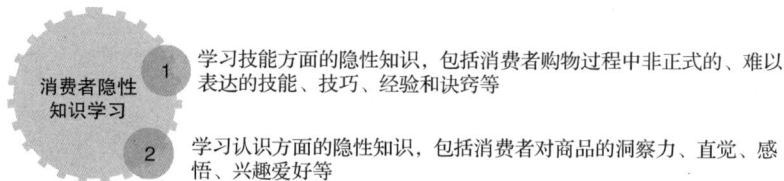

消费者隐性知识学习

1　学习技能方面的隐性知识，包括消费者购物过程中非正式的、难以表达的技能、技巧、经验和诀窍等

2　学习认识方面的隐性知识，包括消费者对商品的洞察力、直觉、感悟、兴趣爱好等

图3-5　消费者隐性知识学习分类

总之，消费者学习是一个过程，不是有计划的探索过程，而是源于消费需求的被动性、实践性的学习过程。消费者学习是商品、广告刺激与购买反应之间的一个中间变量，属于隐蔽部分，是不能直接观察到的，只能通过消费者的行为表现推测其学习情况。如果消费者在外界条件的作用下，其原有的行为发生改变，就可以认为其经历了消费者学习过程。

（二）消费者学习的途径

购买行为和消费知识是可以习得的，消费者通过学习可以获得丰富的知识经验，提高消费技能，同时不断地调整和改变自己的购买行为。消费者可以通过观察、思考、实践等多种途径进行学习。总体来说，消费者是通过直接途径或间接途径来进行学习的。

1. 直接学习

直接学习是指消费者通过亲身参加消费实践，直接了解消费方式、消费对象的实际情况，以完善其消费行为。在这种学习过程中，消费者所学到的知识都属于感性知识，因此也可以将直接学习称作"过程学习"或"感性学习"。

直接学习是受消费者信赖的很普遍的一种学习途径。不过，直接学习的成本有时很高，特别是购买高档商品、知识技术结构复杂的商品和从事难以更改结果的消费活动时，一旦出现错误，就可能给消费者带来很大的损失。因此，企业在营销过程中经常推出免费试用、无理由退货、无效退款等能够打消消费者顾虑的促销措施，也确实能够收到较好的销售效果。

2. 间接学习

间接学习是指消费者从他人的知识经验中进行学习，或者从商业信息来源处间接了解各种消费问题，从而指导自己以后的购买行为。这种学习获得的知识都属于理性知识。间接学习主要包括观察学习、主动阅读和收集信息、向他人学习、接收暗示等。

（1）观察学习

观察学习是指以通过观察他人的消费行为所获得的知识来指导自己消费的学习。在观察学习的过程中，必须有示范行为的出现。至于谁来做示范，只要是消费者能够尊重或认可的角色都可以，如广告代言人、企业的技术或销售人员等。

（2）主动阅读和收集信息

消费者在学习过程中并不总是受外界刺激的影响，他们会主动地学习解决问题，以便控制外部环境。在这类学习中，消费者为了不受外界的控制，在购物前会主动阅读和收集各种有关商品的信息，并独立地对有关信息进行加工处理，然后做出合乎自身动机要求的行为反应。

（3）向他人学习

消费者可以向名人或专家学习，也可以向有消费经验的其他消费者学习，名人或专家在某一领域具有公认的权威性，使源于他们的信息具有很高的可信度，这是大多数消费者都持有的观点；还有消费者周围有消费经验的人，消费者很容易听取他们的评价或意见，从而影响自己的消费活动。

（4）接收暗示

暗示是指采用含蓄、间接的方式对他人的心理和行为施加影响的过程。消费主体有意无意地接收暗示，实际上也是一种学习。暗示是每个人固有的一种普遍的心理现象，其最大的特点就是给出的信息无明确目的，使消费主体在接收暗示信息时没有任何压力，会不假思索、毫无批判意识地全盘接受，所以这是一种效果很好的学习方法。

▌三、加深消费者的记忆

记忆在消费者的生活中具有十分重要的作用，反映了消费者对产品、服务、消费体验等的知识经验。消费者的记忆与其搜集商品的信息、认识商品、做出购买决策等活动有密切的联系。消费者的记忆对象可以是商品或体验，也可以是消费者的态度和评价。

（一）消费者记忆的类型

记忆是过去经验在人脑中的反映。凡是人们感知过的事物、体验过的情感、思考过的问题、实施过的行为等，都可以以印象的形式保留在人的大脑中，在必要的时候可以把它们再现出来，这个过程就是记忆。

根据信息不同的编码、存储和提取方式，以及信息存储的时间长短，可以将记忆分为感觉记忆、短时记忆和长时记忆。

1. 感觉记忆

感觉记忆是指外界刺激以极短的时间呈现后，信息便在感觉通道内迅速被登记并保留一瞬间的记忆，所以又被称为瞬间记忆。感觉记忆只留存在感官层面，如果不加注意，便会转瞬消失。

2. 短时记忆

短时记忆是指外界刺激以极短的时间呈现后，保持时间在一分钟以内的记忆。短时记忆是有限的，我们在任一时间段只能在短时记忆中保留有限的信息。

短时记忆是短暂的，短时记忆中保留的信息只能维持很短的一段时间，除非这些信息被进一步转移到长时记忆中。只有努力维持这些信息，才能将它们保留下来，不然这些信息就会从记忆中消失。

3. 长时记忆

长时记忆是指外界刺激以极短的时间呈现后，保持时间在一分钟以上直到数年及至终身的记忆。长时记忆是真正的信息库，有巨大的容量，保存着我们将来可以运用的各种知识和信息，并且能够长久保存。短时记忆中的信息通过不断重复和充分的加工之后进入长时记忆，便可以在头脑中保持很长的时间。

长时记忆包括两种：情景记忆和语义记忆，如图3-6所示。

情景记忆包括过去的经历，以及与这些经历相关的情绪和感觉，如听过的某场音乐会或收到的某件珍贵礼物等。每个人都有特有的经历和体验，所以情景记忆都具有个性化特征

语义记忆
记忆中存储的信息并不都是关于某些特定经历的，关于世界的很多知识都独立于某一具体的情境，称为语义记忆。例如，消费者对数字的语义记忆会影响其感知价值，进而影响消费选择

情景记忆

图3-6　长时记忆分类

情景记忆和语义记忆存储的信息不同，在其他方面也有区别。情景记忆以一个人的经历为参照，以时间、空间为框架，容易受干扰；而语义记忆则以一般知识为参照，很少变换，比较稳定。

记忆系统3种类型的对比情况如表3-1所示。

表3-1　记忆系统3种类型的对比

记忆系统	存储信息	容量	持续时间
感觉记忆	暂时存储感官信息	高	几秒以内
短时记忆	信息短暂存储	有限	一分钟内
长时记忆	信息存储相对持久	无限	长期或永久

（二）加深消费者记忆的策略

记忆可以使消费者做出合理的预期，并有选择地接触产品；记忆能够影响消费者的注意过程，记忆最深刻的内容最容易引起反应；记忆还能影响消费者对产品、服务及其价值的理解。记忆无时无刻不在产生，同时又无时无刻不在被遗忘。如何才能加深消费者的记忆呢？我们可以通过一些信息处理方式影响记忆。

1. 信息分组

组块实际上是一种信息的组织或再编码。人们利用储存在长时记忆中的知识对短时记忆的信息加以分组，从而构成人们所熟悉的有意义的且较大的信息单位。分组的作用在于减少短时记忆中的信息单位，增加每一单位所包含的信息。个体的短时记忆可以处理3～4个信息块，将较小的信息合并成一个信息块可以深化记忆。例如，我们在记忆手机号码时通常会把11位数字分成3个组块来处理，而不是把每个数字单独进行处理。

营销人员可以通过把大量信息分成一个个组块来帮助消费者把短时记忆中的信息转移到长时记忆。例如，使用缩写的品牌名称可以把较长的信息缩减到一个组块，如KFC（肯德基），这样消费者记起来会更容易，记忆也会更深刻。

2. 信息重复

信息分组可以降低信息在短时记忆中被遗忘的可能性，而信息重复则可以影响短时记忆迁移到长时记忆的成功率。信息重复意味着消费者主动和有意识地去重复其试图记住的信息，其既可以默默地复习，也可以积极地思考这些信息及其含义。当消费者重复遇到一则信息时，该信息进入长时记忆并被记住的可能性就会大大增加。

3. 精细加工

当信息被进一步精细加工之后，便会转移到长时记忆。虽然人们可以通过粗浅的加工和重复记住信息，但这种方式常常不够有效。更持久的记忆往往源于更深刻的加工，特别是当消费者把新的信息与之前的知识经验建立起关系之后，新的记忆便会保存得更加长久。

例如，当消费者看到一则广告推荐某种产品时，可能会想象自己在日常生活中如何使用这种产品，从而对产品和广告形成更加深刻的记忆。

营销人员可以运用不同的策略来进一步提高消费者对信息精细加工的可能性，如新颖和超出预期的刺激、信息内容与形式之间某种程度的不一致、广告中的各种元素指向一个共同的主题、使用具体而不是抽象的文字、在同一则广告中反复传递相同的内容、鼓励自我参照等。

🎓 头脑风暴

> "农夫山泉有点甜""我们不生产水，我们只是大自然的搬运工"是农夫山泉的经典广告语。请你说一说这两句广告语是如何抓住消费者的记忆点的。

（三）有效刺激消费者记忆的提取

消费者记忆的过程是识记（信息编码）—保持（信息存储）—再认或回忆（信息提取）。记忆的提取会受到信息特点、信息加工过程和消费者特点的影响。在营销方面，营销人员要充分利用信息的特点来刺激消费者的注意，使消费者主动、自愿地去获取信息；通过对信息的加工，使消费者储存的信息更加牢固；通过对消费者的特点进行分析，制作更利于消费者有效提取的信息。

消费者记忆的提取会影响其消费选择，进而影响其购买行为，有效刺激消费者记忆的提取对营销人员来说尤为重要。

1. 信息的特点

记忆的提取不仅会受到信息是否突显、是否具有代表性的影响，还会被信息的可传递性影响。影响消费者记忆提取的信息的特点如图3-7所示。

信息的突显性
如果某则信息很突出、很明显，或者处于运动状态，那么这个刺激就会从其所处的大环境中突显出来，突显的信息更容易吸引消费者的注意力。由于突显性，消费者会更愿意对这些信息进行更深层次的加工和处理，建立更强的记忆线索

信息的特点

信息的代表性
对于某种产品，消费者通常更容易记住具有代表性或知名的品牌。由于这些品牌广泛传播，因此消费者对这些品牌的记忆线索就会不断地被强化

信息的可传递性
信息可以通过语言、表情、动作、报刊、图书、广播、电视、电话等方式进行传递，信息的不断扩散可以加深消费者的记忆

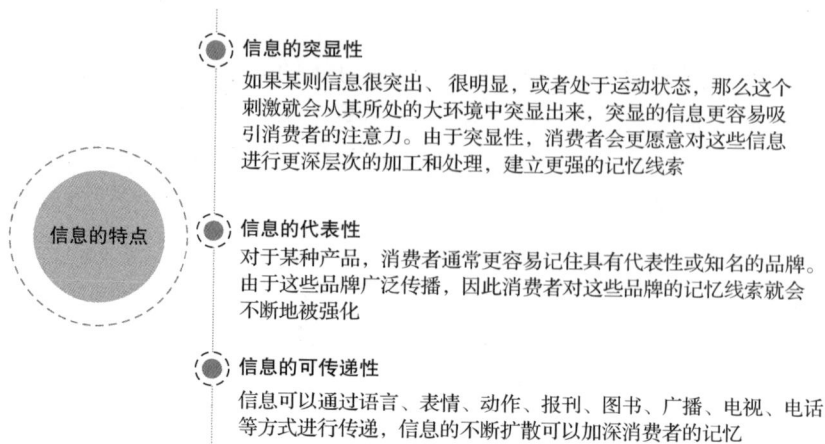

图3-7　影响消费者记忆提取的信息的特点

2. 信息加工的过程

信息在短时记忆中的处理模式影响记忆的提取。研究表明，通过感觉编码存储起来的信息比通过语义编码进行加工的信息会让消费者记得更牢。例如，当消费者看到一则广告信息时，如果先对广告信息形成一种心理意象，那么他们对这些信息的记忆就会大幅加深。这些信息通常以图像或文字的形式在人脑中被加工处理，在记忆中建立起很多关联，而这些关联可以帮助消费者追溯记忆中的信息，提高信息被提取的概率。语义编码只有文字一种形式，所以提取语义编码的记忆只有文字一种途径。

感觉编码不仅包括图像，还有文字信息。图像、形象化的文字或者形象化的引导，可以促进信息的双重加工。当消费者看到熟悉的文字时，他们可以自行生成与之相对应的视觉影像。事实上，消费者在处理文字信息和相关图像时一般会进行双重加工，从而在其中一种加工方式存在的情况下促进另一种加工方式的记忆提取。

3. 消费者的特点

消费者自身的因素也影响记忆的提取，如图3-8所示。

专业性
消费者的专业知识能在记忆中形成概念框架，影响其记忆的网络联结。复杂的网络联结能使其记住更多的品牌、品牌属性、产品特点等信息

消费者特点

消费者在把某个概念存储在记忆中时会同时记住与这个概念相关的情绪体验。心情影响着记忆的提取，消费者更容易记住那些与其心情相符的信息

心情

图3-8　消费者的特点

心情对消费者记忆提取的影响是多种多样的，通常消费者在心情愉悦时，更容易想起积极的信息；消费者在心情低落时，消极的记忆更容易涌上心头。例如，在红星二锅头广告文案中，"敬，不甘平凡的我们"将目标对准北漂青年，将漂泊在外的游子的孤独感进行了形象的刻画，更容易引起出门在外打拼的年轻人的情感共鸣，使其记忆深刻。无论是在他们成功时，

还是孤独失落时，都能激发其对记忆的提取。

案例链接 ●●●●●

999感冒灵，温暖的感觉，深刻的记忆

999感冒灵的一则广告曾让无数人泪目，因为它戳中了无数人内心伪装的坚强……

　　每个人都自顾不暇，没有人会在意你的感受

　　每个人都小心翼翼地活着，没有人会在乎你的境遇

　　行色匆匆的人群里，你一点儿都不特别，也不会有优待

　　你的苦楚，不过是别人眼里的笑话

　　人心冷漠的世界里，每个人都无处可逃

　　但是这个世界，不会好了吗

在片子的最后，999感冒灵告诉我们：很多时候我们看不到生活的光亮，以为只有自己孤独赶路，其实在你看不到的地方，有人正偷偷爱着你，即便只是一个善意的眼神、一句关怀的话。

【案例解析】999感冒灵的这则广告充分利用信息的特点，在感觉编码过程中对信息进行图像、文字的加工，信息的双重加工使消费者的记忆更加牢固。广告的内容充分考虑了消费者的心情，抓住了消费者心理及生理的需要，使消费者记住与这个概念一致的情绪体验（即使生活再困难，背后也总有人在爱你、支持你），所以更利于刺激消费者对记忆的提取。

（四）减少消费者记忆的遗忘

短时记忆的保存时间很短暂，长时记忆虽然保存的时间相对较长，但记忆会随着时间的流逝自然消退，从而出现遗忘。遗忘是指在记忆中提取信息失败的现象，对识记过的内容不能再认和回忆，或者表现为错误的再认和回忆。例如，出门忘记带钥匙，或者不记得把某种物品放在哪里。遗忘在一定程度上会影响消费者购买、消费和处置产品等一系列行为。

记忆的痕迹随着时间的推移会变得越来越模糊，常常是因为这些记忆没有被提取过、没有被重复使用过。如果我们通过信息重复、精细加工与反复提取，记忆衰退的可能性就会大大降低。

人们常常会主观地认为自己脑海中的记忆会保存得很完整，但事实上记忆是最不可靠的。每当唤醒一段记忆时，都有可能会想不起某些片段，或者无意识地对其进行加工和再创作。其实，记忆的精确度并不高，而我们往往不会记得自己忘记了什么。因此，在营销方面，企业要接受消费者健忘这一事实，可以运用各种策略和一些记忆规律来帮助消费者减少遗忘。

最早对遗忘现象进行实验研究的是德国心理学家艾宾浩斯。他经过研究发现遗忘几乎是与信息出现同时发生的，遗忘的进程是不均匀的，先快后慢。他根据实验结果绘成描述遗忘进程的曲线，即艾宾浩斯遗忘曲线，如图3-9所示。

在营销方面，消费者看到广告之后能否记住也遵循这些规律。当消费者看完广告20分钟后，记忆量还剩余58.2%；一小时后，记忆量已经不足50%。其实消费者对广告的遗忘速度虽然在初期很快，但随着时间的推移会逐渐减慢，过了一段时间之后，几乎就不再遗忘了。

艾宾浩斯关于遗忘的量化数据为企业制订帮助消费者减少遗忘的营销方案提供了支持，对于何时投放广告有着重要的参考价值。通常在消费者接触第一个广告之后，要在短时间内让广告反复曝光，以免消费者在短时间内快速遗忘，这样有利于消费者形成长时记忆。

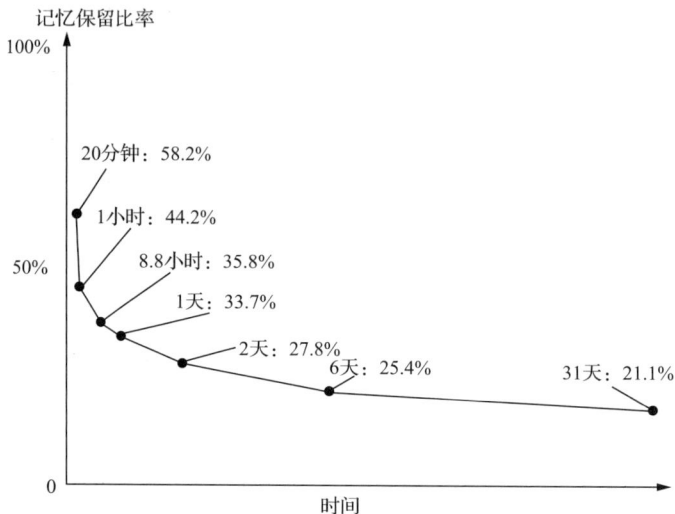

图3-9 艾宾浩斯遗忘曲线

艾宾浩斯的开创性研究引发了两个重要的发现：一是描述遗忘进程的遗忘曲线，二是揭示了在长时记忆中的信息能够保留数十年。在此期间，如果信息被再次启用，很快就会恢复到原有水平；如果不再使用，就有可能会被完全忘记，但事实上遗忘不是彻底的。

除了时间以外，识记材料的性质、数量、系列位置及学习程度、学习时的情绪等因素都会对遗忘的进程产生不同程度的影响。

（1）突出材料的性质

一般来说，熟练的动作遗忘得较慢，如果以前拥有一项技能，即便过了很长一段时间，在需要的时候稍加练习即能恢复。同样，有意义的材料较无意义的材料遗忘得慢，形象强和主题突出的材料比平淡、缺乏形象性的材料遗忘得慢。对于广告主来说，广告主题、情境、图像等要具有独特性和显著性，这样才能使广告内容更容易被消费者记住并长期保持。

（2）材料的数量要适宜

识记数量越大，识记后遗忘得就越多，所以尽量使材料的数量适宜。例如，对于广告而言，内容应简单明了，广告词要简短，便于记忆。

（3）材料的系列位置很重要

对于系列性材料来说，一般开始部分最容易被人记住，其次是末尾的部分，中间偏后的内容最容易被遗忘。之所以如此，是因为前后学习材料相互干扰，前面学习的材料会受到后面学习材料的干扰，后面学习的材料会受到前面学习材料的干扰，中间材料会受到前、后两部分学习材料的干扰，因此较难记忆，也更容易被遗忘。

（4）保持较高的学习程度

一般来说，学习的熟练程度越高，记忆效果越好。研究发现，过度学习达150%，记忆效果最佳，低于或超过这个限度，记忆的效果都会下降。过度学习是指一种学习材料在达到恰好能背诵时仍继续学习的状况。适当限度的过度学习比刚能背诵的效果好，但如果超过这个限度，其保持效果不再增加。

（5）学习时保持积极的情绪状态

心情愉悦时习得的材料记忆保持的时间更长，而焦虑、沮丧、紧张时所学习的内容更容易遗忘。研究发现，在阅读广告时，处于积极情绪状态下的消费者对产品的评价最高，其次是处于正常情绪状态下的消费者，而处于消极情绪状态下的消费者对产品的评价最低。由此可以看出，信息获取时的情绪状态对信息如何编码有直接影响。

案例链接 ●●●●

果冻布丁喜之郎——童年的记忆

"灿烂阳光，洒落身上，欢声笑语空中飞扬。多少期待，多少渴望，无尽的关怀伴我成长。每一次惊喜，喜之郎；每一个日子，喜之郎；每一声欢笑，与你共享！果冻布丁当然是喜之郎。"

"长大了，我要当世界冠军，爸爸、妈妈可高兴了，给我爱吃的喜之郎；我要做太空人，爷爷、奶奶可高兴了，给我爱吃的喜之郎果冻。"

"喜之郎果肉果冻，休闲娱乐来一个，轻松好自在；婚庆节庆来一个，生活真精彩；开心时间来一个，欢乐时光太爽快；全家团聚来一个，幸福乐开怀；喜之郎，多点关心，多点爱；果冻，我要喜之郎！"

…………

喜之郎最常用的营销方式就是投放电视广告，其广告词具有简单、便于记忆，富有节奏感的特点，有效加深了消费者对喜之郎品牌和产品的记忆。

【案例解析】喜之郎在广告词中植入了"果冻布丁喜之郎"这一概念，相当于直接将喜之郎品牌与果冻产品画上了等号，树立了喜之郎在果冻产品领域"正宗"的形象，垄断了消费者对一个产品类别的联想，制造了品牌与行业的唯一相关性，有效地建立了行业壁垒，令竞争产品难以突破。

喜之郎简单的广告词既便于记忆，又利于传播，特别是果冻产品针对的主要消费群体是儿童，简单明了便于他们形成深刻的记忆。此外，喜之郎的很多广告都与亲情、友情、爱情相联系，让产品成为情感的载体，升华了产品的价值。

任务二 消费者的态度和情绪

▌一、把握消费者的态度

态度是人们对于事物所持的肯定或否定、接近或回避、支持或反对的心理和行为倾向。态度与认知、情感和行为的联系十分密切，态度虽然不像消费动机那样具有强大的驱动力，但在很大程度上影响并决定着个体的行为。因

动画 3-2

此，研究消费者的态度是为了进一步预测消费者行为。

（一）消费者态度的构成

消费者对特定产品或服务的评价或见解是一种协调一致的、有组织的、习惯性的心理反应，通常以语言形式的意见或非语言形式的动作与行为等为表现形态。我们通过消费者对某种产品或服务的意见和评价，以及积极、消极乃至拒绝的行为方式，可以了解其对该产品或服务的态度。例如，消费者踊跃购买海尔冰箱，我们可以推断出该消费者对海尔品牌持有肯定、赞赏的态度。

消费者的态度由认知、情感和行为3部分构成，各部分在态度系统中处于不同的层次地位，担负着不同的职能，如图3-10所示。

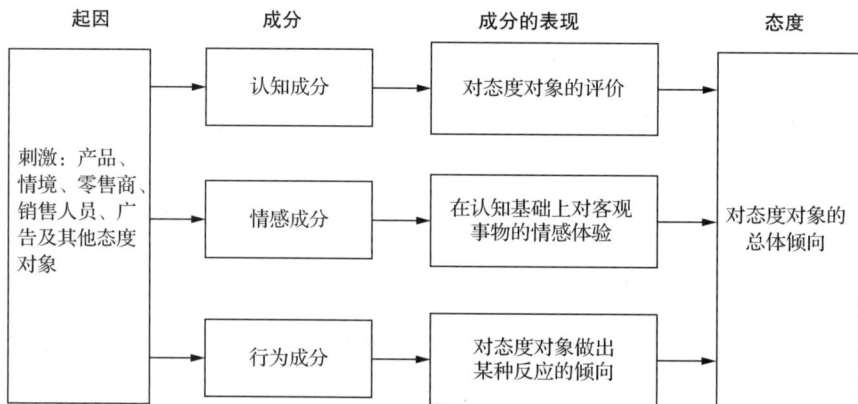

图3-10　消费者态度的组成部分及其表现

1. 认知成分

认知是个人对态度对象的评价，是消费者对某种产品或服务的认识、理解、观点和意见等，是构成消费者态度的基础。消费者在对产品的优劣等认识与评价的基础上形成对产品的具体态度，而认知是否正确、是否存在偏见或误解，会直接影响消费者态度的倾向或方向，因此保持公正、准确的认知是端正消费者态度的前提。

2. 情感成分

情感是在认知因素的基础上个人对态度对象的情感体验，它是态度的核心，表现为消费者对某种产品或服务的喜爱、厌恶和反感等各种情绪反应。情感依赖于消费者建立在认知因素上的对产品的评价和消费者对产品的直接体验。

如果说认知以消费者的理性为前提，那么情感往往更多地受消费者生理本能和气质、性格等心理素质的影响，对于消费者态度的形成具有特殊的作用。在态度的基本倾向已定的条件下，情感决定着消费者态度的持久性和强度，伴随着消费者购买活动的整个过程。

3. 行为成分

行为成分是个体对态度对象做出特定反应的倾向，倾向不是行动本身，而是行动前的准备状态，表现为消费者对产品或服务采取的反应倾向或行为意向，包括表达态度的语言和非语言的行动表现。行为往往是针对整个事物的，它不像认知或情感那样具有具体的属性指向。行为倾向是消费者态度的外在显示，同时也是态度的最终体现。只有通过行为倾向，态度才能成为具有完整功能的有机系统。

一般情况下，消费者对某一事物所持的态度是由认知成分、情感成分和行为成分协调一致形成的，三者之间并不是相互矛盾的，这体现了态度的一个重要特征——一致性。态度的三个成分倾向于一致，就意味着某个成分的变化将导致其他成分相应的变化，这一趋势构成了很多市场营销策略的基础。

消费者对一个产品从了解、认知到喜欢，再到具有购买的行为倾向，是一个完整的态度形成的过程。在这个过程中，企业要注意提供相应的信息来直接或间接刺激消费者对产品的认知和情感，系统地向消费者传递信息，激发消费者购买的行为意向，这样才能取得良好的销售效果。

（二）态度对消费者购买行为的影响

在购买行为中，消费者何时、何地、以何种方式购买何种产品取决于多种因素，其中态度具有极其重要的作用。

购买行为是消费者产生购买动机、形成购买意愿、采取购买行动的一个连续的过程，其中购买意愿的形成是促使产生实际购买行动并最终完成购买过程的关键。而明确的购买意愿来自消费者对产品或服务的坚定信念和积极态度，凡是对某产品有好感或偏爱，持肯定、赞赏态度的消费者，在有购买需要时必定会优先将意愿集中于该产品，进而导向该产品的实际购买。有些时候消费者的购买行为并不直接受信念或态度的支配，而是受环境和情境的影响，如受促销的诱导、朋友的劝说等，先采取购买行动，然后形成对产品或服务的态度。

消费者态度与购买行为之间并不必然是一种指示与被指示的关系，但态度与行为之间确实又存在着密切的关系。

一般来说，消费者态度对购买行为的影响主要体现在以下3个方面。

1. 影响消费者对产品的选择与评价

在一定时期内，消费者所形成的态度具有稳定性。消费者的立场和态度会造成其对事物认识判断上的偏差，从而影响其对产品和品牌的选择与评价。例如，现在国产电器的质量并不比国外品牌差，但一些消费者长期形成了进口电器质量更好的认知，因此这部分消费者就会产生宁愿多花钱也要选择进口电器的购买倾向。

2. 影响消费者的学习兴趣与学习效果

研究发现，与消费者态度相吻合的材料易被吸收、存储和提取，在态度倾向的支配下，消费者会广泛搜集信息，学习和了解有关产品或服务的性能、质量及功用等，而与消费者态度不一致的材料则容易被忽视，甚至曲解。显然，态度在学习过程中起着过滤器的作用。

当消费者对某种产品的态度比较积极时，就会有更大的兴趣来促使自己学习与该产品有关的信息与资料。当消费者接触各种来源的产品信息时，也会因为对企业或产品的不同态度，产生先入为主的看法，从而影响他们对这些信息的注意和理解。

3. 影响消费者购买意愿，进而影响购买行为

研究发现，态度与消费者的购买意愿之间存在着直接的联系：持有最积极态度的消费者具有明确的购买意愿，持有最消极态度的消费者完全没有购买意愿，而对产品漠不关心的消费者对将

来是否购买则持观望和不确定的态度。由此可以看出，态度在很大程度上预示着购买意愿。

当然，消费者的态度并不是影响购买行为的唯一因素。从消费者有购买需要到决定购买，其中存在很多影响因素，如购买能力、购买动机、情景因素等，同样也影响和制约着消费者的购买行为。

（三）消费者态度的形成与改变

研究消费者态度的形成与改变可以使我们对态度有一个更加科学、全面的认知，积极影响并改变消费者的态度，可以使消费者的态度朝着企业期望的方向发展。

1. 消费者态度的形成

消费者态度是消费者在一定的社会环境中不断接触周围产品或服务而逐步形成的稳定的心理反应倾向，并非先天具备，而是后天习得的。消费者态度的形成并不是一蹴而就的，而是要经过模仿和服从、同化、内化3个阶段，如图3-11所示。

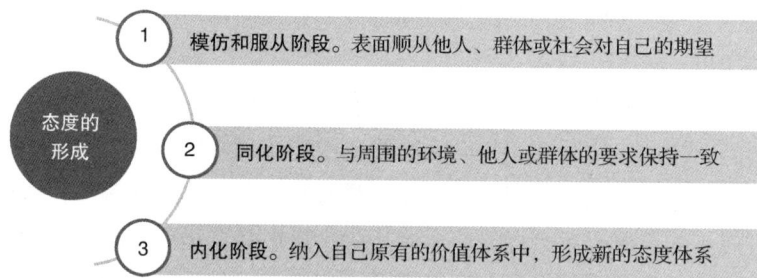

态度的形成

1　**模仿和服从阶段。**表面顺从他人、群体或社会对自己的期望

2　**同化阶段。**与周围的环境、他人或群体的要求保持一致

3　**内化阶段。**纳入自己原有的价值体系中，形成新的态度体系

图3-11　消费者态度形成的3个阶段

（1）模仿和服从阶段

消费者态度的形成始于两个方面：一是出于自愿，不知不觉地开始模仿；二是受到一定压力后的服从。人都有模仿和认同他人的倾向，尤其是倾向于认同自己崇拜、敬爱的对象。由于人在模仿中认同不同的对象，所以会习得不同的态度。以模仿习得态度，是态度形成的开端。在幼儿时期，父母是模仿的对象；随着年龄的增长，社会交往逐渐增多，人们开始模仿学校、社会中不同的对象，进而习得不同的态度。

服从也称为顺从，是指一个人按照社会要求、群体规范或者他人的意志而做出的行为。服从的特征往往表现为本身的行为和观点是受到外界的影响而被迫发生的，目的是使个人的行为与外部的要求相适应。服从并不是自己真心愿意的行为，往往是短暂、不稳定的行为。服从主要有两种：一种是在外在强制下被迫服从，另一种是受权威的压力而服从。在服从阶段，消费者所表现的态度缺乏自觉性，一旦外界环境发生变化，态度可能就会回到原来的状态。

（2）同化阶段

同化是指消费者自愿接受他人的观点、信念或行为规范，并努力使自己在这方面的想法与外界相同，在思想、感情和态度上主动接受他人的影响。在这一阶段，态度由被迫转入自觉地接受、自觉地进行。被同化者希望自己具有与施加影响者一样的态度和行为，这种认同的力量来自对产品本身的质量或服务的满意，但被同化者尚未真正接受其中的意义，也就是说新的态度还没有与其原有的全部态度体系相融合。

（3）内化阶段

内化是指消费者真正地从内心接受他人的思想观点，并将自己所认同的新的思想观点与自己原有的思想观点结合在一起，构成统一的新的态度体系。消费者的态度只有达到内化阶段，才是稳定的、持久的和难以转化的。

消费者态度的形成是一个从模仿到学习、从自发到自觉、从感性到理性，不断深化、不断增强的过程。一般来说，消费者在接受某一产品或服务时都要经历这样一个过程。当然，在每个阶段的发生过程中都存在不同的具体表现，甚至有的消费者会直接跳过某个阶段，直接对某种产品或服务形成最终的肯定或否定的态度，或者对一些事物可能只停留在服从或同化阶段。

2. 消费者态度的改变

消费者态度的改变是指消费者已经形成的态度在受到某一信息或意见的影响后引起的变化。改变一个人的态度是一个很复杂的过程，特别是态度本身所具有的稳定性及形成过程的随机性。因此，改变消费者的态度，要远比形成态度困难得多、繁杂得多，但也有一定的规律可循。

消费者态度的形成与改变的关系如下。

- 形成态度的强度直接影响态度的改变。一般来说，消费者所受的刺激越强烈、越深刻，所形成的态度越不容易改变。
- 消费者态度一经形成，持续的时间越长，越根深蒂固，就越难以改变。
- 形成态度的因素越复杂，态度的改变就越困难。
- 构成态度的认知、情感、行为三要素一致性越强，则态度越不容易改变；反之，态度则容易改变。
- 态度具有内隐性，有时很难判断消费者内心的真实态度，说服者无法收集消费者的真实信息，从而影响说服消费者改变态度的效果。

在现实生活中，我们每天都会接收到大量的信息，遇到各种各样的意见、宣传与说服，也就是说，我们每个人都面临着被说服，面临着不同程度的态度的改变。

（1）消费者态度改变的方式

根据变化方式的不同，消费者态度的改变可以分为性质的改变和程度的改变两种方式，如图3-12所示。

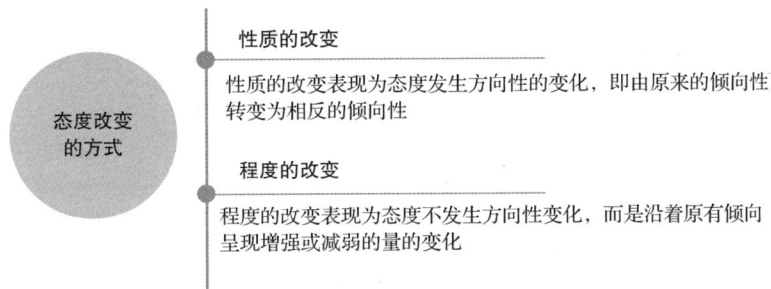

态度改变的方式

性质的改变
性质的改变表现为态度发生方向性的变化，即由原来的倾向性转变为相反的倾向性

程度的改变
程度的改变表现为态度不发生方向性变化，而是沿着原有倾向呈现增强或减弱的量的变化

图3-12 消费者态度改变的两种方式

在实际活动中，这两种方式的区分并不是绝对的。在性质的改变中也可能包含程度或量的改变，而量的改变积累到一定程度又会发生性质的变化。通过各种途径将消极的态度转化为积极的态度，使普通的好感转化为强烈的赞许与支持，同时阻止积极的态度向消极的态度转化，

力求弱化其恶意或反感，是改变消费者态度的关键。

（2）消费者态度改变的途径

消费者态度是在诸多影响因素的共同作用下形成的，当影响因素发生变化时，消费者的态度也会随之变化。商家可以通过说服改变消费者的态度。按照说服方式的不同，说服可以分为直接说服与间接说服，如图3-13所示。

间接说服
又称间接影响，以各种非语言方式向消费者施加影响，通过潜移默化的影响诱导消费者主动改变态度

态度改变的途径

以语言、文字、画面等为载体，利用各种宣传媒介直接向消费者传递有关信息，以达到改变其固有态度的目的

直接说服

图3-13 改变消费者态度的两种途径

直接说服的效果好坏受信息传递过程中各种相关因素的影响，如由谁来说服、怎样来说服等。间接说服可以采取多种方式进行，如所属群体的示范或者亲身的实践体验等。

二、激发消费者的情绪

消费者的购买行为不仅会受到其对商品认知的影响，还会受到自身情绪的影响。情绪是对一系列主观认知经验的通称，是人对客观事物的态度体验以及相应的行为反应，具有独特的主观体验形式、外部表现形式和极为复杂的生理基础。

（一）情绪对消费者行为的影响

情绪在消费者行为和营销领域起着非常重要的作用，影响着消费者的购买动机、态度和行为。在商品日趋同质化的今天，企业面临着激烈的市场竞争，不仅需要创新技术、研发新商品，还需要分析不断变化的消费者情绪，有效地管理消费者情绪，从而提高商品竞争力。

1. 消费情绪决定消费者行为

消费情绪是指消费者对于客观事物是否符合自己的需要所产生的一种主观体验。消费情绪直接影响消费者的态度和决策过程，进而影响消费者的购买行为和购后行为。具体来说，消费者的情绪影响着消费的购买量和购买类型、对商品或服务的评价、再次购买的意向，以及消费者的满意度等。

根据情绪对消费者所造成的影响与结果的不同，消费者情绪分为积极情绪和消极情绪，如图3-14所示。

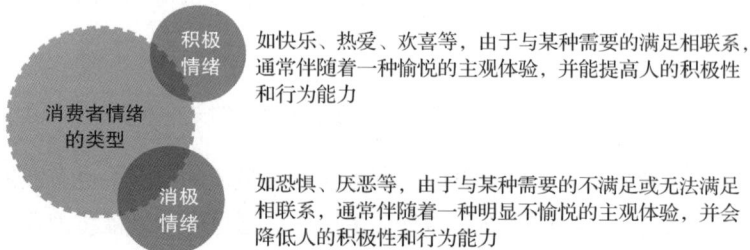

积极情绪
如快乐、热爱、欢喜等，由于与某种需要的满足相联系，通常伴随着一种愉悦的主观体验，并能提高人的积极性和行为能力

消费者情绪的类型

消极情绪
如恐惧、厌恶等，由于与某种需要的不满足或无法满足相联系，通常伴随着一种明显不愉悦的主观体验，并会降低人的积极性和行为能力

图3-14 消费者情绪的类型

研究表明，消费者的积极情绪与购买行为和满意度正相关。对立过程理论认为，当人们接收到一种可以引起情绪反应的信息时，除了当即感受到这种被引起的积极或消极的情绪之外，还会感受随之而来的相反情绪，这个过程衔接时间很短暂。

根据这个理论，企业需要思考怎样强化初始的积极情绪和转化初始的消极情绪，即在消费者产生购买欲望时，帮助其消除随之而来的消极情绪和负面情感，加强其购买欲望，直到其付诸行动。企业通过外界环境和人为的努力尽可能地强化和保留消费者已有的积极情绪，努力创造积极情绪，削弱和消除其已有的消极情绪。因此，有针对性地对消费者采取恰当的情绪管理非常有必要。

2. 消费者行为反作用于消费情绪

情绪可以影响个体的注意、记忆等认知过程。心理学上有个叫"情绪一致性效应"的概念，它是指人们通常会有选择地提取与加工和当前情绪一致的信息。例如，处于愉悦情绪状态下的个体会记起更多令自己愉悦的事情，对事物做出乐观的判断和选择；处于消极情绪状态下的个体容易记起更多令自己伤心的事情，做出悲观的判断和选择。在交互与冲突的环节中，消费者面对服务失败时，企业如果没有良好的补救措施，将会直接影响消费者对事件的感受和看法，从而给其带来负面情绪。

不少学者基于这两种情绪进行了深入研究，得出了"消费者购买行为及满意度与积极情绪正相关"的结果。因此，一次愉快的购物经历会让消费者产生下次需要时再次购买的冲动和潜在购买力。按照这一理论，企业可以思考如何强化消费者初始积极情绪，消除消费者产生购买行为后随之而来的消极情绪，促使其提升购买欲，最终实施购买行为。

消费情绪对消费者的行为有着非常重要的影响，所以企业要在商品的市场定位、营销策略中正确引导和管理消费者的情绪，营造出引起消费者积极情绪的氛围，使其消费过程更加愉快，对品牌的认知度、忠诚度更高，从而使企业商品在激烈的市场竞争中立于不败之地。

（二）情绪作用于消费者购买行为的方式

消费者的购买行为在很大程度上会受到其情绪的影响，那么情绪是如何作用于消费者的购买行为的？企业应当如何利用情绪来促使消费者产生购买行为呢？情绪可以通过3种方式作用于消费者的购买行为，分别为整体性情绪、伴随性情绪、与任务有关的情绪。

1. 整体性情绪的作用方式

整体性情绪是指与产品或消费决策直接相关的情绪。整体性情绪包括消费者看到或者体验到产品之后马上产生的情绪（如试穿衣服时的满足感），消费者在产品展示过程中体验到的情绪（如产品广告），以及消费者基于对产品的认知产生的情绪（如想要一部手机）。这些情绪反应是由产品属性引发的和产品有关的一种整体性情绪。

消费者通常会对那些能够引发其积极情绪的事物具有较高的评价。整体性情绪和产品评价、产品购买之间的关系非常密切，甚至可能相互依存。例如，某个消费者非常喜欢一名歌手，对其评价特别高，如果有这名歌手的演唱会，他就会想尽办法购票去观看。

在营销领域，整体性情绪的影响更多地表现在广告领域。消费者对广告的情绪反应会直接影响其对广告的态度，进而影响其对品牌的态度。

整体性情绪是一种即时的、基于简单联系的、启发式的情绪。对于这种即时的情绪，消费者行为更容易受到影响。消费者正是因为受到整体性情绪的影响，才产生冲动性消费，而忽略后续的结果。

整体性情绪可以影响消费者的决策，特别是当消费者在相关产品领域缺乏经验，其认知资源受到限制，或者在有一定的时间压力需要快速做出决定的时候，以及当消费者的动机很弱、并不是很在乎这个决定的时候，整体性情绪的影响会更强、更大。

在营销方面，如果产品具有整体的美感，或者产品本身能够激发消费者积极的联想，那么企业应尽量在产品宣传中削弱消费者的信息处理动机，减少与产品属性相关的信息展示，而应让消费者基于整体性情绪去做决策和选择。例如，德芙巧克力的"纵享新丝滑"、特仑苏牛奶的"不是所有牛奶都叫特仑苏"，都是典型的基于产品或品牌宣传，通过消费者的体验或者想象激发整体性的积极情绪，从而强化消费者对品牌的偏好，进而影响其购买行为。

2. 伴随性情绪的作用方式

伴随性情绪是指那些与产品和服务并没有直接联系的情绪体验。也就是说，伴随性情绪并不是由产品本身引发的情绪反应，它可能来源于个体长期性的情绪特质（如长期的焦虑感、压抑感），或者个体气质（如开朗、乐观），或者情境（如背景音乐、天气状况）等。

伴随性情绪对行为的影响主要是通过同化效应产生的。当消费者的心情愉悦时，通常对产品的评价比较高，即便消费者的积极情绪和其所做的决策或购买的产品无关，其决策和产品选择也会受到这些情绪的同化与感染。

研究发现，当消费者处理信息的动机和能力较强时，他们可能会意识到伴随性情绪与其决策无关，所以同化效应不会存在。当消费者处理信息的动机和能力非常弱时，他们可能不会产生伴随性情绪，同化效应很弱，甚至没有。只有当消费者处理信息的动机和能力处于中等水平甚至更高时，伴随性情绪的同化效应才会强烈。

伴随性情绪的同化效应通常在消费者不清楚伴随性情绪的来源时最强，当消费者的决策基于体验性动机、采用整体性判断时，伴随性情绪的同化效应的影响就会达到最大化。

伴随性情绪的同化效应并不总是存在，当消费者决策基于功能性动机时，消费者选择的产品就是功能性产品，而不会依赖伴随性情绪去做选择。当消费者为他人做选择时，即使伴随性情绪存在，其同化效应也会大大减弱，甚至不会对决策产生任何影响。

3. 与任务有关的情绪的作用方式

与任务有关的情绪是指在决策过程中产生的与决策过程有关，或者因为决策过程而引发的所有情绪。这种情绪不同于由产品自身引发的整体性情绪，也不同于与任务无关的一些伴随性情绪。例如，消费者需要在两个非常有吸引力的产品之间做出选择时所产生的压力感就是一种与任务有关的情绪。

在现实生活中，消费者在采取购买行为前，通常需要在各种属性之间做出比较和权衡，从而产生不愉悦的情绪；其次，如果在决策过程中有时间压力或者被监督，消费者也会产生与任务有关的压力感。在决策过程中，消费者产生的这种与任务有关的不愉悦感和压力感经常会导致其采取规避型策略，如偏好保持现状或者延迟选择。

企业要想有效减少消费者由于决策困难而降低产品评价或者延迟决策，可以通过各种策略减少其在决策过程中的不愉悦感。营销人员可以通过匹配决策方式和消费者动机来增强消费者在决策过程中的愉悦感，也可以通过广告激发消费者的促进性动机（如强调希望、愿望、渴望等），同时强化产品的期望属性。这样可以降低消费者在决策过程中对期望属性和可得属性的权衡，减少决策困难，同时增强消费者在决策过程中的愉悦感。同样，广告也可以激发消费者的规避性动机（如强调责任），同时强调产品的可得属性，也可以减少决策困难，增强消费者在决策过程中的愉悦感。

（三）激发消费者购买情绪的策略

在不同的时代，人们对购买行为有着不同的认识。例如，在物资匮乏时代，人们首先考虑的是衣食住行等最基本的需要；而在物质极其丰富的今天，人们开始追求生活品质，寻求性价比与个性化，更多地追求心境、感觉、情调等无形的事物。因此，能否激发消费者的购买情绪是企业营销成功与否的关键。

1. 通过产品本身激发消费者的满意心理

在产品相同或相似的功能诉求上占领消费者的心智，对于企业来说尤其重要。

与产品或服务有关的整体性情绪对消费者的决策和行为有着非常重要的影响。因此，企业或商家在情绪塑造过程中首先需要从产品属性入手，包括产品的质量、特色、外观、款式、颜色、包装、产地、品牌和口碑等。这些产品必须能够激发消费者的积极情绪，才能增强产品的吸引力，在一定程度上吸引消费者的注意力。在新消费时代，消费者普遍愿意为更高质量的产品或服务体验花费更多。

除了产品属性之外，企业还可以通过产品诉求来激发消费者的某种特殊情绪。情感诉求策略不是直接告诉消费者关于产品的特性或优点，而是要通过激发消费者的情绪，使其获得对品牌或产品的好感。例如，滋源洗发水通过"洗了一辈子头发，你洗过头皮吗？"这一广告诉求，充分激发了消费者的购买欲望。

企业还可以通过塑造仪式感来改变消费者的品牌偏好及消费体验，可以在生产过程、销售过程及消费过程中塑造仪式感。通过生产过程中的复杂工艺塑造仪式感，如"二十七层净化""纯手工打造"等；在消费过程中塑造仪式感，如奥利奥饼干的"扭一扭，舔一舔，泡一泡"。

研究发现，女性消费者更容易受情绪广告的影响，她们比较关心产品所包含的情感意义，认为某种产品对自己特别有价值，或者某种产品除了其自身功能外，还具有某种象征意义，如表达爱情或尊严，唤起自己的情感或回忆等，所以就会特别喜欢。例如，"钻石恒久远，一颗永流传"的广告几乎让戴比尔斯无人不晓，其产品主要突出钻石的尊贵品质、梦幻般浪漫的生活情调、风情万种的优雅气质、精致温馨的居家氛围，以及历久弥新的经典爱情，并以精湛的制作工艺和精致的陈列展示赢得了广大消费者的青睐。

2. 通过外部因素激发消费者的购买情绪

情绪对消费者行为的影响不只来源于产品本身引发的情绪，一些外部因素激发的伴随性情绪往往也会对消费者产生较大的影响。为了激发消费者的兴趣，企业可以从以下几个方面出发激发消费者的购买情绪。

（1）创造良好的购物环境

不管是线下实体店的营业环境，还是线上购物平台的营销环境，都要以最大限度地吸引消费者的注意为目的，无论是产品摆设、灯光照射、背景音乐，还是商家的服务态度和效率等，都要以让消费者感到舒适、满意为主。无论哪个环节，其优化操作的主要目的都是使消费者停留的时间延长，增加消费者接触产品的机会，加深消费者对产品的认知，激发消费者的购买欲望。

（2）采用多样化的促销手段

企业可以采用多样化的促销手段（如买赠活动、免费体验、免费品尝、限时打折等）来增强消费者对产品的认可感。另外，组织现场活动能够增加消费者与产品的互动，使其在亲身体验过程中增强对产品的感知，从而激发其购买情绪。例如，雀巢咖啡中秋试饮活动提高了消费者的参与性和积极性，使企业的营销决策有的放矢，从而激发消费者的购买欲望，影响消费者的决策和行为。

（3）营造适宜的购买氛围

在销售环境中，商家经常采用愉悦、享乐性的音乐来激发消费者的积极情绪，从环境入手影响消费者的购买决策和行为。例如，在花店播放浪漫的音乐，吸引消费者驻足，让其在欣赏音乐的同时选择购买鲜花；在餐厅播放慢节奏的音乐，会让消费者点更多的菜品。这些无疑是让音乐影响消费者的情绪，从而影响消费者的行为的方法。

（4）注重人性化的服务

消费者在购买过程中越来越注重个人体验和感受，优质的服务能够激发消费者的购买情绪。消费者既能对先进及人性化的管理做出反应，也能清楚地认识到商家经营管理中的问题，并产生消极情绪，最终从行为上予以拒绝。因此，企业应从进门、付账、出门等细节着手提高服务质量，尽力体现人性化服务，充分显示其对消费者的尊重，最终以人性化服务的魅力赢得消费者的认可。

总而言之，企业要想尽办法通过唤起目标群体的情绪引发其共鸣，最终让产品或服务与消费者产生关联，从而影响消费者的感受和购买选择。

📖 应用实战 ● ● ● ● ●

分析超市的感官营销

一、实训目标

实地调研线下超市，分析超市如何实施感官营销，从而深刻认知知觉对消费行为的影响，提高实施感官营销的能力。

二、实训背景

线下超市非常善于利用视觉、听觉、嗅觉等来营造消费氛围，刺激消费者产生购买欲望。例如，超市通常会在生鲜区使用白色灯光，在蔬菜区使用绿色灯光；在节日促销时期，超市会播放热闹的音乐烘托氛围；超市会让糕点区充满甜香味。

三、实训步骤

1. 3～5人为一组，选择当地一家比较有名的超市作为调研对象，并制订调研方案。

2. 观察并记录超市入口处、生鲜区、熟食区、蔬菜区、零食区、母婴用品区等不同区域的设计或布局的特点，分析这些设计或布局可能会如何刺激消费者的购买欲望。

3. 运用本项目所学的相关知识，撰写一份关于知觉影响消费者行为的调查报告。

四、实训总结

学生自我总结	
教师总结	

感知情绪对消费者行为的影响

一、实训目标

通过观察和分析身边人在不同情绪下的消费行为，直观地感知情绪对消费者行为的影响。

二、实训背景

访问并记录3～5名同学在不同心情（如高兴、郁闷）时的消费行为，总结情绪对消费者行为的影响。

三、实训步骤

1. 选择3～5名受访对象。

2. 询问他们在高兴时、郁闷时的消费行为。例如，在不同的心情下，习惯通过哪些渠道（如大型商场、便利店、淘宝网店、观看直播等）购物；购买了哪些商品；购买这些商品花费了多长时间；为什么购买这些商品。

3. 根据访谈记录，总结情绪对消费者行为的影响。

四、实训总结

学生自我总结	

教师总结	

📖 课后练习 ●●●●●·

一、简答题

1. 简述消费者知觉的形成过程。
2. 简述消费者记忆的类型。
3. 简述消费者态度对购买行为的影响。
4. 如何激发消费者的购买情绪？

二、案例分析题

在中国餐饮界，海底捞绝对算是一个传奇，服务是其成功的因素之一。服务的本质是一种体验，一种来源于物质与情绪的双重刺激体验，在更多的场合中，情绪刺激会对消费者产生比物质刺激更为深远的影响。很多人选择海底捞，关键不是产品，而是服务。

为消费者营造家的感觉，从消费者进门开始，给予亲切的问候、热情的服务，服务人员把这种积极情绪首先传递给消费者。在消费者等待的过程中，服务人员为其提供水果、零食及茶水等，同时还提供各种娱乐设施，方便亲子活动，这些举措大大削弱了消费者等待的不悦情绪，甚至让其感到非常享受和开心。

在点餐、用餐的过程中，考虑到吃火锅可能会出现的各种状况，海底捞的服务人员会提前做好准备，把消费者可能出现的负面情绪扼杀在摇篮中。餐毕买单时，服务人员拿来的除了账单外，还有薄荷糖、口香糖，让消费者避免一说话满口火锅味的尴尬。这种全程让消费者感到极其舒适的整体服务是一种贯穿始终的消费体验。

在海底捞，从进门到落座、点餐、用餐，一直有人在提供周到的服务，全程关注消费者的需要。海底捞的服务人员用积极、正面的情绪去感染消费者，形成的口碑不断扩散传播，继而诱发潜在消费者的积极情绪反应。可以说，海底捞的成功在一定程度上也体现了情绪感染的商业价值。

阅读以上材料，结合本项目所学的知识，分析海底捞的服务对消费者情绪的影响。

项目四

消费者的个性、自我概念和生活方式：影响消费者行为的个体特征

知识目标

- 了解个性对消费者行为的影响。
- 了解消费者自我概念对消费者行为的影响。
- 掌握运用自我概念进行营销的策略。
- 了解生活方式对消费者个性的影响。
- 掌握开展生活方式营销的方法与技巧。

能力目标

- 能够针对消费者的不同个性灵活运用营销策略。
- 能够根据消费者的自我概念进行消费营销。
- 能够对不同生活方式的消费者采取相应的营销策略。

素养目标

- 要善于透过现象看本质，培养辩证思维。
- 坚持创造性转化、创新性发展。

引导案例

生活在左：用创意、真诚、纯粹彰显女性追求

生活在左是一个设计师品牌，创立于2014年，旨在为当代独立女性提供一个美的生活空间，用创意、真诚、纯粹勾勒不可复制的手工，还原生活的本质和内心的真实状态，倡导"随心生活"的生活态度。

生活在左的产品以棉、麻、丝、毛为主要面料，其严格监管面料的安全性和舒适度，产品涵盖钩花、重绣、缎带绣等手工工艺，并注入了设计师对原创、不可复制的手工的诠释。

生活在左主张"不可复制的手工"，推崇在万物本真的前提下，感受天然并具有生命力的舒适生活，强调感受手工与真实创造不可复制的真诚与喜悦，力求给人以一种至真至诚、回归质朴的味道，让每一位追求生活品位的女性，都能够感受到最初的简单与幸福。

【解析】

在中国，有一群拥有独立思想的女性。她们知性且追求自由的生活，她们能够从容地面对生活和工作；她们愿意接受新鲜事物，并能够从传统文化的精髓中发现美和信仰；她们浪漫且优雅，独立且美好；她们认真对待生活，会通过穿着打扮打造自己独有的味道。生活在左将这些女性作为自己的目标消费群体，其品牌定位完美地体现了这部分女性消费者的生活态度，彰显了女性鲜明的个性特征、独立的生活思想。

不同的消费者有着不同的个性，不同个性的消费者对产品或服务有着不同的需求，不同的性格和生活环境决定了每个消费者都有自己独特的生活方式。个性、自我概念和生活方式之间有着密切的联系，它们是构成消费者千差万别、各具特色的购买行为的心理基础。通过学习消费者的个性、自我概念和生活方式的相关理论，了解它们对消费者行为的影响，企业不仅可以解释当前的消费者行为，还可以在一定程度上预测未来的消费趋向。

学习知识

任务一　洞察消费者的个性

随着经济的发展与社会的进步，人们拥有更多的张扬个性、宣扬自由的机会。很多消费者通过外在的衣着打扮、言行举止及内在的价值观、审美观来展示自己的个性风格。而在消费活动中，每个消费者都具有鲜明的个人特色。例如，有的人喜欢货比三家；有的人却干脆利索，看中就买。这种差异很大程度上是由消费者的个性决定的。

一、消费者个性及其对消费者行为的影响

个性也称人格或个性心理特征，是指个体独有的并与其他个体区别开来的整体特性。个性是在个体生理素质的基础上经由外界环境的作用逐步形成的，是个人在适应环境的过程中所表现出来的系统的、独特的反应方式，是由个人在其遗传、环境、成熟、学习等因素交互作用下形成的，具有很强的稳定性。

动画 4-1

（一）消费者个性的构成及特征

消费者个性是在不同场合通过自己的行为表现出来的，不仅会影响其选择产品，还会影响其对促销活动的反应，以及何时、何地、如何消费某种产品或服务，因此它是消费者行为研究的重要内容。

1. 消费者个性的构成

消费者个性由个性倾向性、个性心理特征和自我意识3个方面的内容构成。

（1）个性倾向性

个性倾向性是指人对社会环境的态度和行为的积极特征，是个性结构中最活跃的因素。个性倾向性是一个人进行活动的基本动力，决定着人对现实的态度，同时也决定着人对认识活动对象的趋向和选择。它是个性系统的动力结构，较少受生理、遗传等先天因素的影响，主要是在后天培养和社会化过程中形成的。

个性倾向性的积极特征包括需要、动机、兴趣、理想、信念、世界观等。其中，需要是个性倾向性的源泉，只有在需要的推动下，个性才能形成和发展；动机、兴趣、理想和信念等都是需要的表现形式；世界观占有最高的指导地位，它指引和制约着人的思想倾向和整个心理面貌，是人的言行的总动力和总动机。

（2）个性心理特征

个性心理特征是个体在其心理活动中经常地、稳定地表现出来的特征。个性心理特征包括气质、性格和能力3个方面，它们彼此紧密联系，形成一个整体，如图4-1所示。

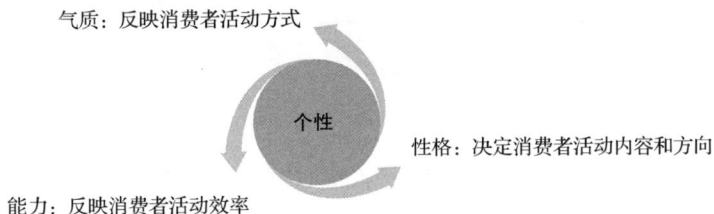

气质：反映消费者活动方式

个性

性格：决定消费者活动内容和方向

能力：反映消费者活动效率

图4-1 消费者个性心理特征的体现

① 气质。气质是指人在认识、情感、言语、行动中所表现出来的相当稳定的个性特征，如活泼、直爽、沉静、浮躁等。它是消费者个性特征之一，对消费者的购买行为有着重要的影响。心理学上把气质分为4种类型：多血质、胆汁质、黏液质和抑郁质。不同气质类型消费者的特征如表4-1所示。

表4-1　不同气质类型消费者的特征

气质类型	情感活动强度	情感发生速度	情感表现	情感平衡度	活动灵活度	情感行为特征	高级神经类型
多血质	强烈	迅速	明显	平衡	高	不稳定	活泼型
胆汁质	强烈	迅速	明显	不平衡	一般	易怒	兴奋型
黏液质	强烈	迟缓	不明显	平衡	低	冷酷	安静型
抑郁质	微弱	迟缓	不明显	一般	低	悲观	抑郁型

② 性格。性格是个体对现实的稳定态度和在习惯化的行为方式中所表现出来的个性特征。性格与气质既有区别，又有共同之处。性格带有更多的社会因素，气质则带有更多的生理色彩，性格更能反映消费者的心理特征。

消费者的性格类型可以根据不同的标准进行分类，如表4-2所示。

表4-2　消费者的不同性格类型

消费者性格类型分类标准	消费者类型
根据消费者心理活动的特点分类	理智型、意志型和情绪型
根据消费者心理活动的倾向性分类	内向型、外向型
根据消费者的态度分类	节俭型、自由型、顺应型、保守型
根据消费者的购买方式分类	习惯型、慎重型、挑剔型、被动型、冲动型

③ 能力。能力是个体成功完成某种活动所必须具备的个性心理特征，是个性心理特征的综合表现，也是个体顺利完成某种行为的主观条件。消费者在购买商品时，需要注意、记忆、分析、比较、检验、鉴别和决策等各种能力。由于个人素质、社会实践、文化教育程度不同，每个人的能力存在着很大的差别。

消费者的能力根据不同的标准划分为不同的类型，如图4-2所示。

根据目标的明确程度分为：
- 确定型
- 半确定型
- 盲目型

消费者能力的划分类型

根据对商品的认知程度分为：
- 知识型
- 普通型
- 无知型

图4-2　消费者能力的划分类型

能力较强者在购买活动中表现得比较自信，能够迅速对商品做出评价，从而做出相应的决策；能力较弱者通常缺乏主见，在购买活动中表现得犹豫不决。

（3）自我意识

自我意识是指人对所有属于自己身心状况的意识，包括自我认识、自我体验和自我调控等方面，如自尊心、自信心等。自我意识是个性系统的自动调节结构，也被研究者称为自我调控系统。

2. 消费者个性的特征

消费者个性具有以下特征。

- 稳定性：消费者经常表现出的某种心理倾向和心理特征具有稳定不变的倾向。
- 整体性：消费者的各种心理特征错综复杂地交互、制约、协调地联系在一起。
- 独特性：消费者体现的个性心理特征都具有独特的个性倾向。
- 倾向性：消费者在实践活动中都会对客观事物持有一定的看法、态度和感情倾向。
- 可塑性：个性会随着生活经历的变化而发生不同程度的变化，在不同的年龄阶段呈现出不同的特征。

案例链接

茶 π "自成一派"，张扬青春个性，放飞心中梦想

茶 π 是农夫山泉旗下一款面向年轻人的茶饮品，其名称来源于无限不循环小数 π，象征着生命无限的可能性，其包装俏皮清新，茶香混合果香，口味清新自然。

农夫山泉对茶 π 的定位是时尚、年轻，该款产品从包装、口味到容器设计，均与年轻人的审美和需求相符，因此，该款产品一经面世，就凭借"农夫山泉出品""奇特的产品名""独具一格的包装设计"等标签成了人们大量谈论的话题，获得了很多年轻人的喜爱。

【案例解析】包装焕新：符合年轻人对美和刺激的追求。茶 π 在包装和插画上追求多变，迎合了年轻消费者不断变化的审美偏好。选择想象空间更大、线条色彩更明快的手绘插画来呈现茶在世界各地的起源和传统文化中的小故事，趣味性更强，也更吸睛。新包装的设计风格建立在对年轻人喜好的洞察之上，因此受到广大年轻消费者的喜爱，而且不断推陈出新，持续地给消费者带来新鲜感。

口味升级：多种口味，拥抱年轻市场。柚子绿茶，夏天冰凉爽口；西柚茉莉花，酸甜飘香；柠檬红茶，茶感纯正，茶香四溢，茶味、果味完美融合。热情外放的口味更加符合年轻人群的喜好，给他们带来了全新的感官体验。

（二）个性对消费者行为的影响

消费者个性与消费者行为之间存在着一定的关系，不同的个性对消费者行为有着不同方面和不同程度的影响。在激烈的市场竞争中，企业只有对消费者的个性特点有充分的认识和了解，才能据此制订有针对性的营销策略。

1. 个性与品牌选择

消费者在选购商品时，通常会选择那些能够反映和体现自我形象的品牌。当某个品牌的个性与消费者的个性一致时，这个品牌就会特别受欢迎。品牌个性是指消费者认知中品牌所具有的人格特质。品牌个性是品牌形象的一部分，是品牌人格化后所显示出来的独特性。

品牌个性具有一定的主观性，一旦形成，就会与其他刺激共同作用于信息处理过程，使消费者得出这一品牌适合自己或不适合自己的判断。品牌个性不仅使某一品牌与其他品牌相区别，还具有激发情绪和情感、促进消费者采取购买行为的作用。

2. 个性与信息搜寻行为

不同个性的消费者在进行信息搜寻时会表现出不同的行为。例如，有较强求知欲的消费者会表现出爱思考的倾向，在搜寻信息时会比较细致，并有一定的深度，而且善于筛选，重视信息的质量；而那些求知欲比较弱的消费者总表现出不爱思考的倾向，在搜寻信息时只是浮于表面，更容易受广告、模特展示之类的边缘刺激的影响。企业在制订信息提供方面的营销策略时，应基于消费者的个性特征进行有效的投放，并使这些信息发挥最大的效用。

3. 个性与新产品选择

不同个性的消费者在不同的产品领域会形成各自的偏好，从而在特定产品的使用程度上表现出明显的行为差异。消费者采用新产品通常是有先有后的，有些人是新产品的率先采用者，他们也被称为创新采用者。创新性反映消费者对新事物的接受倾向和态度，有些人对新生事物采取开放和乐于接受的态度，而另外一些人则对新生事物采取排斥和怀疑的态度，这部分人往往是落后采用者。

新产品的选择还受消费者自身个性特征的内在指向性和他人指向性的影响。内在指向性的消费者在评价新产品时，往往依靠自己的"内在"价值和标准，所以更可能成为新产品的购买者；而他人指向性的消费者对正确和错误的判断往往依赖他人的指导，所以他们通常是新产品的落后采用者。产品的新异程度越大，越可能被内在指向性的消费者购买，而他人指向性的消费者则可能越排斥。

内在指向性的消费者比较偏好强调产品特征和产品的个人价值的广告宣传，这使他们能够运用自己的价值和标准来评价商品；而他人指向性的消费者更喜欢一些表明环境或社会接受性的广告宣传，因为这可以作为他们判断的依据。

4. 个性与购买决策

由于消费者个性的不同，有些消费者可以迅速做出购买决策，有些消费者却犹豫不决；有些消费者比较理智，善于思考，通常反复权衡各种利弊因素后才会做出购买决策，不易受广告和他人的影响，而有些情绪型消费者往往会受外界诱因的影响，容易做出冲动性的购买决策。

🎓 头脑风暴

观察你身边的朋友，分析他们的个性有什么特点，并用他们的日常消费行为印证一下。

▌二、对待不同个性消费者的营销策略

为了使消费者能够愉快、顺利地完成购买行为，营销人员必须根据消费者的不同个性特征采取合适的、行之有效的营销策略。这里所说的个性特征主要是从性格方面来分析的，具体包括以下5个方面。

1. 对待不同选购速度的消费者的营销策略

不同的消费者，其性格不同，选购商品的速度也不同。一般来说，对于慢性子的消费者（他们从选购商品到做出购买决策需要的时间较长），营销人员要有足够的耐心，沉得住气，千万不能急躁，更不能显露出不耐烦的表情；对于急性子的消费者（他们选购商品的速度一般较快，可能没有经过充分考虑就匆忙做出购买决策），营销人员一定要及时提醒他们仔细挑选

商品，尽量避免因后悔出现退货的情况。

2. 对待言谈多寡的消费者的营销策略

在购买活动中，有的消费者爱说话，有的则沉默寡言。爱说话的消费者一般性格比较开朗，营销人员要稳重接待，掌握分寸，多用纯业务性的语言与其进行沟通，态度一定要热情；而对于沉默寡言的消费者，营销人员要注意观察其面部表情和目光注视的方向，以便摸清其购买意图，用比较客观的语言来介绍商品，并尽快找到共同语言，促使消费者完成购买行为。

3. 对待疑虑型和随意型消费者的营销策略

疑虑型的消费者对商品的性能和特点往往不太了解，在选购商品时常常拿不定主意，营销人员要主动帮助其尽快做出决定，挑选出适合他们的商品；而对于随意型的消费者，最好的办法是让他们自己去观察和选择商品，如果他们有疑问，营销人员要用真诚和客观的语言进行解释或介绍，帮助其打消对商品的疑虑。

4. 对待购买行为积极或消极的消费者的营销策略

购买行为积极的消费者，其购买目标明确，购买计划清晰，在购买过程中的举止和语言表达比较流畅，营销人员在了解他们的意图后要主动配合，使其尽快做出购买决策；购买行为消极的消费者常常没有明确的购买目标和意图，营销人员要积极、热情、主动地接待，激发他们的购买热情，最终促使其做出购买决策。

5. 对待不同个性消费者的营销策略

在购买过程中，由于受各种因素的影响，不同性格的消费者会有不同的情绪表现。对待情绪容易激动的消费者，营销人员要特别注意语言艺术，要冷静、耐心地接待，不能随便开玩笑，否则容易引起消费者情绪激动；对待情绪温和的消费者，营销人员应主动、热情地向其介绍商品，帮助他们选择适合的商品。

▌三、自我概念及其对消费者行为的影响

我是谁？对这个问题的回答恰恰体现了消费者的自我概念。消费者的自我概念与消费者行为之间的关联非常密切。拥有不同自我概念的消费者会表现出完全不同的消费者行为，同时也会通过观察自身购买和使用的产品或服务，进一步认识自己并获取自我概念的相关知识。

（一）消费者的自我概念

自我概念是一个人对自身存在的体验，包括一个人通过经验、反省和他人的反馈，逐步加深对自身的了解。

消费者的自我概念可以从不同层面来分析，如表4-3所示。

表4-3　自我概念的不同层面

自我概念层面	个体的	社会的
实际的自我概念	消费者实际上如何看待自己	消费者感到别人实际上如何看待自己
理想的自我概念	消费者希望如何看待自己	消费者期望别人如何看待自己

另外，自我又可分为独立型自我和依存型自我。独立型自我强调个人的目标、特性、成就和意愿，比较倾向于利己主义、与他人的差异性，以及自我管理；而依存型自我强调家庭、团体、职业和社会联系，认为人们之间应当相互联系与依存，更倾向于利他主义、服务，以及注重整体与协同。

消费者的自我概念不是天生的，其形成过程漫长且复杂。自我概念是个人在社会生活中通过与他人交往，以及与环境发生联系，对自己的行为反观自照形成的。自我概念实际上是在综合自己、他人或社会评价的基础上形成和发展起来的。

通常情况下，人们都具有从实际的自我概念向理想的自我概念转化的意愿和内在冲动，这种冲动成为人们不断修正自身行为，以求自我完善的基本动力。不仅如此，人们还力求使自己的形象符合他人或社会的理想要求，并为此努力按照社会的理想标准从事行为活动。

一般来说，消费者的自我概念不同，表现在购买行为上的特点也不同。消费者倾向于选择与自我概念一致的产品或服务，避免选择与自我概念相抵触的产品或服务。

消费者的自我概念在消费者行为中起着一定的作用。消费者的任何购买行为都是为了满足自己的某种需要：一是满足功能的需要，如购买洗衣机就是用来洗衣服的，这类消费者对功能性价值的追求体现了购买行为的功能一致性；二是满足形象的需要，即消费者的购买行为受自我概念的制约，需要通过使用某种产品来表现自己的个性形象，如购买奔驰、宝马汽车等，这些产品并不只是单纯的交通工具，还具有象征价值，这类消费者对形象性价值的追求体现了购买行为的自我一致性。

在产品日益同质化的今天，消费者在进行购买决策时，更多地依赖于产品与自我概念之间的关联程度，而不单纯是产品的功能性物理特征，这正是自我概念在消费者行为中的反映。

大量实践证明，消费者在选购产品时不仅以质量、价格、实用性为依据，还把产品品牌特性是否符合自我概念作为重要的选择标准，即判断产品是否有助于"使我成为我想象或期望的人"，以及"我希望别人如何看待我"。如果消费者能够从产品中找到与自我印象或评价一致或相似之处，就会倾向于购买该产品。

研究发现，某些产品对于消费者而言具有特别丰富的含义，它们能向他人传递关于自我很重要的信息，可以用延伸自我来说明这类产品与自我概念之间的关系。延伸自我是指由于与产品之间的情感联结，消费者把产品作为自我的一部分。贝尔克认为延伸自我是由自我和拥有的产品两部分构成的。通常而言，人们所珍视的物品或对自己有特殊意义的物品都可能成为延伸自我。除了传统意义上的个人物品外，很多人还会把住房、家乡等视为延伸自我。

人们往往倾向于根据自己的拥有物来界定自我，因为某些拥有物不仅是自我概念的外在显示，同时也是自我身份的有机组成部分。

产品的形象性价值与消费者自我概念的关系如图4-3所示。

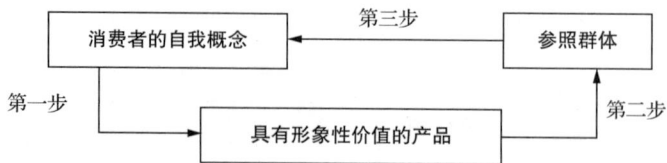

图4-3　产品的形象性价值与消费者自我概念的关系

产品的形象性价值在消费者行为中的地位是通过消费者的自我概念、参照群体和具有形象性价值的产品来体现的。消费者首先会购买能体现自我一致性的能够向别人传递其自我概念的产品，然后将具有形象性价值的产品作用于参照群体，并使参照群体产生某种体验，最后参照群体根据自己的体验将产品所具有的形象性价值看作其人格或自我的一部分。

这个过程会对消费者的购买行为不断产生影响，而且最后一步对于消费者的作用无疑是一种强化，进一步坚定了其对自我的认识，导致消费者再次购买能体现这一形象的产品，这实际上反映了自我概念在消费者行为中的地位。因此可以这样说，消费者的购买行为就是为了拥有某种产品并通过产品的形象性价值向社会传递关于消费者自我概念的不同方面，其实这也正是自我概念决定人们的期望这一心理功能的体现。

（二）自我概念对消费者行为的影响

消费者的自我概念是影响个体行为的深层个性因素，人们的自我概念和行为通常是统一的。自我概念存在于消费者的心理活动中，并制约和影响着消费者的消费心理和购买行为。自我概念涉及个人的理想追求和社会存在价值，通过消费者行为的不同特征体现出来，并直接影响着消费者对商品的偏好、对商品价格的认同以及对广告的接受程度等。

1. 自我概念影响消费者对商品的偏好

在现实生活中，每个人都有自己想拥有的事物和喜爱的活动，尽管有时是不自觉的和无意识的，但都在一定程度上反映了自己希望表达的某些追求和情感，即消费者旨在通过购买的商品表现自我意象。

消费者一旦形成了某种自我概念，就会在这种自我概念的支配下产生一定的购买行为。自我概念影响消费者从自我象征性意义的角度来知觉和选择购买其想要得到的商品。消费者的自我概念与产品形象之间一致性很强的商品有汽车、服装、食品、家具、手机等。

2. 自我概念影响消费者对商品价格的认同

商品的价格往往在一定程度上能够反映商品拥有者的社会经济地位，因此消费者对商品价格的认同通常受已经形成的自我概念的制约。消费者在购买行为中会根据真实自我概念和理想自我概念对商品的价格加以认同。

例如，收入不太高的消费者、社会经济地位较低的消费者或者具有勤俭节约传统的消费者，大都希望能够买到价格合理又实用的商品，所以他们对商品的价格比较敏感，一般会专门选购同类商品中价格较低的商品；而社会经济地位较高的消费者则正好相反，他们可能会专门选购价格高昂的商品，以彰显自己的实力与地位。

3. 自我概念影响消费者对广告的接受程度

对消费者自我概念的研究对于企业而言具有重要的指导意义。

首先，由于自我概念的差异性，消费者对各种商品的知觉不尽相同，这会使他们对特定的商品产生偏好，最后导致购买行为上的差异，即在购买过程中，消费者的自我概念会自然而然地成为其评价广告信息的对照标准。

其次，按照自我概念的鲜明性和独立性程度，可以把消费者分为两类：一类是自我概念鲜明、独立性强的消费者，另一类是自我概念较模糊、依赖性较强的消费者。前一类消费者一般是按照自己的标准进行购物和消费的，他们很难受广告宣传和社会潮流的影响，很少参考他人的评价，也不刻意迎合他人；而后一类消费者易受广告宣传和社会流行观念的影响，他们的自我独立性较差，往往会随波逐流，成为模仿者或追随者。

四、运用自我概念的营销策略

在购买决策中，消费者对品牌的偏好往往会受到自我概念与品牌个性一致性的显著影响。企业应致力于提高自身产品或服务的质量、性价比、形象等品牌属性，将消费者的自我概念和品牌个性相结合，制订合理的营销策略。企业可以通过强化消费者的真实自我概念、理想自我概念及社会自我概念，加强消费者对品牌的认可程度和选择意向。

消费者真实自我是指消费者如何看待自己，是对客观存在的自我的认知。倾向于真实自我的消费者更倾向于客观、独立地评价产品的特性和功能，消费者决策时更多考虑自我的现实需求，注重产品的实用性，购买动机以求实动机为主。

消费者理想自我是指消费者希望自己成为什么样子，这是对理想自我状态的一种想象。倾向于理想自我的消费者更注重产品或品牌的象征意义，更多地考虑自我的内在需求，注重产品的独特性。

消费者社会自我是指他人对消费者的看法。倾向于社会自我的消费者更容易受到参照群体的影响，更加注重产品的合群性、社会象征意义及社会影响，更多地考虑如何维护个人与集体或他人的关系。

1. 市场细分

企业可以针对消费者自我概念对消费者群体进行市场细分，把自我概念相似的消费者看作一个子市场。例如，可以将消费者细分为保守型消费者和现代型消费者，以此进行品牌定位，塑造与消费者自我概念一致的品牌个性。当品牌个性与消费者内心期望的自我形象相吻合时，能够有效地增强其自尊与自我实现。

企业要相信品牌个性具有强大的情感感召力，一个品牌的价值观能够反映消费者不同的自尊感和自我形象，所以企业应抓住目标消费者的兴趣，努力吸引同一价值观的细分市场中的消费者，制订正确的品牌营销策略，占领有利的市场地位。

2. 寻找共鸣点

品牌个性所倡导的生活方式既要与产品的特色相适应，又要能够引发符合目标消费者个性欲求的、心理及情感上的联想，这样才能激起消费者的购买欲望，正所谓"谁占据了消费者的心，谁就是市场的领导者"。

在确认了目标消费群体的自我概念后，企业可通过广告诉求等多种沟通手段，将这些目标消费者的理想个性特征塑造为产品本身具有的品牌个性，或者引导目标消费者转变其自我概念，使产品的品牌个性与目标消费者的理想自我概念相互匹配，从而激发消费者更强烈的情感体验，赢得消费者的认可，建立起消费者与品牌之间千丝万缕的情感联系，促使消费者产生购买欲望。

企业既要充分挖掘出产品使用人群的潜意识需要和自我概念，并为品牌的个性进行定位和塑造，又要挖掘目标消费者的价值观、需要、欲望和渴望，挖掘使消费者产生共鸣的、有情感说服力的信息来进行广告宣传。

3. 提升消费者自我形象

在现实社会中，每个人都有自尊，维护自尊是人的本能和天性。人们总希望保持或增强自我形象，并把购买行为作为表现自我形象的重要方式。消费者不仅消费实际的产品本身，还消费产品的象征意义，即通过产品的使用表现出一定的自我形象或生活方式。人们通过被其他人见到的购买行为及消费品来构建自己的身份，因此消费者一般倾向于选择符合或者能够改善其自我形象的产品或服务。

企业营销人员要认识到品牌内隐特质对品牌营销的重要性，要迎合或超越消费者对品牌的心理体验，从增加消费者心理体验的角度出发，不断地丰富品牌形象，提升消费者的自尊心和自我形象。

🎓 头脑风暴

说一说江小白、小米是如何运用自我概念进行营销的。

任务二 探索消费者的生活方式

生活方式是指个体在成长过程中，在与社会因素相互作用下表现出来的活动、兴趣和态度模式。从消费者行为研究的角度来说，生活方式是指消费者选择支配时间和金钱的途径，以及如何通过个人的消费选择来反映自身价值取向和品位。

▎一、生活方式对消费者行为及个性的影响

消费者的生活方式由其过去的经历、固有的个性特征和现有的情境所决定，影响着消费者行为的所有方面。人的个性特征是个体在社会生活过程中通过社会交往逐渐形成的。人们追求的生活方式影响着自身的需求和欲望，同时也影响着消费者行为。

动画 4-2

个人的生活方式不仅受社会环境的影响，还受个人的个性与价值观的影响，进而影响个人的决策、行为与追求的利益，甚至有可能产生特定的消费方式。生活方式不同的消费者对产品或服务有着不同的需求，消费模式也存在明显的差异。生活方式会影响一个人的需求和态度，进而影响其购买行为，购买的结果又会加强或维持个人的生活方式。因此，生活方式在个人的消费过程中影响着个人的消费决策，决定了许多消费者行为，而这些行为反过来强化或改变了消费者的生活方式。

生活方式与个性既有联系，又有区别。一方面，生活方式在很大程度上受个性的影响。一般性格保守、踏实、稳健的消费者比较喜欢轻松自在、安稳平静的生活方式，不喜欢追求刺激，不太有兴趣参与一些挑战性活动，如攀岩、跳伞、蹦极等。另一方面，生活方式主要反映了人们如何生活、如何支配时间、如何使用金钱等外在行为，而个性则侧重于从内部来描述个体，它更多地反映个体思维、情感和知觉特征。

人的个性往往是通过其生活方式和消费方式表现出来的，所以企业可以通过对消费者生活

方式的调查来了解目标市场消费者的主要个性特征。例如，他们如何支配自己的时间，在日常生活中重视什么，对什么感兴趣，以及如何看待自己及周围的世界等。在现代社会，个人的兴趣爱好、价值观念往往支配着人们的消费决策，进一步探索消费者的生活方式，可以更全面、准确地了解消费者。

消费者个性与生活方式的关系如表4-4所示。

表4-4　消费者个性与生活方式的关系

个性类型	个性倾向特征	生活方式
活泼型	改变现状	不断追求新的生活方式
	获得信息	渴望了解更多的知识和信息
	积极创意	总想做些事情来充实自己
分享型	和睦相处	愿与亲朋好友共度好时光
	广泛社交	不放弃任何与他人交往的机会
	归属感	想同其他人一样生活
自由型	自我中心	按照自己的意愿生活，而不顾及他人
	追求个性	努力做到与他人不同
	甘于寂寞	拥有自己的世界，不愿他人涉足
保守型	休闲消遣	喜欢轻松自在，不求刺激
	注意安全	重视对既得利益的保护
	重视健康	注重健康投资

■ 二、对待不同生活方式消费者的营销策略

生活方式营销是指企业通过对消费者心理、价值观、行为等的了解，让一群有着相同支配时间和金钱模式的同质消费者产生一种感同身受、相融合的认知，并获得消费者自发性的认同，创造出真正让消费者感动的产品的一种营销方式。对于企业而言，生活方式营销就是一种把生活方式作为市场细分手段，从中挖掘商机的营销策略。

1. 消费族群

消费族群是企业的目标消费群体，如何从消费者的生活方式中找到企业想要的营销信息是实施生活方式营销的出发点和落脚点。在确认目标消费群体时，企业必须清楚锁定的消费群体是些什么样的人，要对目标消费者有一个比较清晰的界定，这样就可以把产品的特点直接转化成消费者生活上的需求和认同。

例如，消费者对通信产品最基本的需求是满足通信的需要，但在很多情境中，通信产品可以是特定社会交往环境下进行自我表达的工具；在文化层面，它又是一种体现消费者文化观和拥有者品位的代表符号，所以在不同的层面上，它可以满足不同消费者的不同需求。

2. 消费价值观

消费价值观是指人们对消费水平、消费方式等问题的整体看法和根本观点，是探索消费者和产品之间关系最直接的连接点。消费价值观反映了消费主体的态度，即消费者对客观事物的善恶、优劣、是非的评判，情感上推崇或轻蔑、崇尚或鄙视的感觉，以及行动上的亲疏远近、主次缓急的取舍倾向。

消费价值观和消费者行为、市场需求有着非常密切的关系，它是消费者对客观事物的评价标准，直接决定了消费者的购买行为，即目标消费群体会买什么。认真分析和准确把握消费价值观是企业理解消费者行为的基础，因此也就成为企业确定营销目标、制订相应营销策略的重要依据。

3. 生活观念

生活观念综合了消费者的物质需求与心理需求，通过消费者的日常生活方式及想法来呈现。依据市场大环境，对产品概念方面的开发必须建立在每个消费族群的基本生活观念上。企业必须充分了解消费者的生活观念、消费者的性格，借以塑造产品的品牌个性，让产品成为消费者生活观念的反映，让品牌个性与消费者的物质需求和心理需求有效地结合。

例如，心相印是恒安集团的纸巾品牌，其品牌个性为浪漫、温馨、有品位、有情调，定位是给予人们温馨、浪漫的关爱，所以其产品研发、产品包装、宣传画面等都以打造高品质与温馨浪漫为主题，充分体现用心关爱、守护每一个人的健康快乐生活的理念。心相印把消费者的物质需求与心理需求有机地结合在一起，成为知名纸巾品牌。

4. 传播偏好

消费者的传播偏好是整合营销传播的最高指导原则。在生活方式营销中，企业需要充分掌握消费群体独特的传播偏好，即目标群体在何处获得营销信息，这对广告、公共关系、促销等营销活动所具有的指导意义是不言而喻的。

现在商业媒体的影响力越来越大，一方面呈现出传播渠道的多元化，另一方面呈现出媒体的分众化。在消费者有限而媒体饱和的情况下，优先取得与目标消费族群的传播机会就显得更加重要。

例如，某美食达人利用自己美食家的身份，通过在微信公众号上介绍和演示某款砧板的详细用法，很好地唤起了大众"渴望成为美食家"的心理，从而刺激了消费者的购买欲望，成功销售1.5万个砧板。企业可以通过微信公众号对品牌进行植入教育，能够很好地对消费者进行"心理唤起"，从而取得非常好的营销效果。

随着移动互联网技术与大数据技术的发展，只要能够从消费者的各种属性（如生活观念、消费价值观、兴趣偏好等数据）中勾勒出消费者的画像，并通过有效的媒体组合推送引发其共鸣的内容，并与品牌传播的诉求精准匹配，使品牌快速、有效地进行资源配置，就能实现精准营销，迅速建立与消费者的联系，实现营销效果的最大化。

总之，生活方式营销是一种面向消费者、面向市场的新营销方式。企业可以主动将自身的行动融入社会环境中，更细致地考察目标消费者的需求。同时，通过品牌形象建设，企业可以成为一种文化的代表符号，并最终代表一种生活方式、一种消费品位。

📖 应用实战 ●●●●●

应对不同性格的消费者

一、实训目标

通过应对不同性格的消费者，感知个性对消费行为的影响，提升通过准确把握消费者个性来刺激消费者产生购买欲望的能力。

二、实训背景

假设你是一名文创商品导购员，面对的主要消费群体是18～28岁的高校学生。这些学生的消费水平有较大差距，且每个人的性格不同：有的人在选购商品时非常迅速，感觉喜欢就会快速结账；有的人在选购商品时会犹豫不决，不知道究竟应该选择哪一款……为了提高销售业绩，你需要通过观察消费者选购商品时的行为来分析其性格，并对不同性格的消费者采取不同的销售策略。

三、实训步骤

1. 在条件允许的情况，可以准备一些文创类商品，并将场地布置成店铺的样式。

2. 每5人一组，其中一人扮演导购员，其他人员扮演消费者。

3. 扮演消费者的学生可以按照自己平时的购物习惯来选购商品，扮演导购员的学生要根据不同消费者的性格运用不同的销售技巧刺激他们购买商品。

4. 在演练过程中，每个人都要严肃认真，言行符合规范。

5. 扮演消费者和导购员的学生可以互换身份，演练结束后说一说性格会对消费行为产生哪些影响，在销售过程中应该如何应对不同性格的消费者。

四、实训总结

学生自我总结	
教师总结	

📖 课后练习 ●●●●●

一、简答题

1. 什么是个性？个性对消费者行为有什么影响？
2. 什么是消费者的自我概念？它对消费者行为有哪些影响？
3. 如何根据生活方式的不同对消费者实施营销？

二、案例分析题

良品铺子自2006年成立以来，一直坚持以高品质标准开发零食，选用优质的原料，并采用严格的品控标准和供应链审核机制。良品铺子提出"高端零食"战略，是为了提炼以前的经验和成果，并在企业内部形成战略聚焦，升级产业链，以满足消费者对零食的新期待和新需求，而并非单纯追求高价格。

关于什么是高端零食，良品铺子有4个维度的考量，即高品质、高"颜值"、高体验及精神层面的满足。高品质是指严控零食质量；高"颜值"是指产品的包装和质感让人心情愉悦；高体验是指便于消费者购买、携带和食用；精神层面的满足是指良品铺子除了日常食用，还有奖励自我、馈赠他人、社交分享等精神价值层面的功能。简单来说，良品铺子希望消费者认为其产品"可信、好吃、购买或交付简便，以及'有面儿'"。

良品铺子推出的"拾贰经典"高端礼盒是良品铺子高端零食的代表产品，消费者在食用时，其体验感、形态感、手感和口感都打破了传统，在价值对接、互动感受上形成了综合高级感。这种零食礼盒经过精美设计和包装，可以让消费者在视觉和食用体验上产生情感互动，迅速激发其购买欲望，促成消费。

良品铺子顺应消费者的情感诉求，打造出高端零食，从而进一步拉开了与其他品牌产品的差距。

阅读以上材料，结合本项目所学的知识，分析自我概念是如何影响消费者对良品铺子高端零食的购买行为的。

消费群体：探究社会关系中的消费者行为

知识目标

- 掌握以消费者群体特点为基础进行用户画像的方法。
- 掌握运用群体身份对消费者个体产生影响的策略。
- 掌握运用参照群体概念开展市场营销的方法。
- 掌握运用意见领袖影响消费者购买行为的营销策略。
- 理解去中心化的含义与本质，以及去中心化对消费者行为的影响。

能力目标

- 能够根据消费者群体特点完成用户画像。
- 能够根据参照群体及意见领袖的影响策划并实施相应的营销策略。

素养目标

- 践行社会主义核心价值观，着力培养担当民族复兴大任的时代新人。
- 深入实施创新驱动发展战略，不断塑造发展新动能新优势。

 引导案例

纽西之谜，多维度赋能品牌增长

纽西之谜是一个坚持以"自然修养护肤"为理念的化妆品品牌，该品牌及其产品在2019年强势崛起。为了进一步提高品牌知名度，纽西之谜采取了"名人+关键意见领袖（Key Opinion Leader，KOL）+知名主播"组合的多维度全方位营销策略。

首先，纽西之谜选择与品牌气质相符的名人作为品牌代言人，借助名人效应提升品牌的质感和知名度。其次，纽西之谜与多位美妆领域的KOL进行合作，在抖音、小红书等社交媒体平台向用户进行产品"种草"（指分享、推荐某一商品的优良品质，以激发他人的购买欲望），实现引导转化。最后，为了抓住直播的流量，纽西之谜全方位绑定多位知名主播，借助主播的红人流量带动不同商品的销售。

凭借多维度全方位的营销策略，纽西之谜打造出强大的销售网络，线上形成的爆款产品也为品牌的线下销售带来了新的突破点，成功提升了品牌线下渠道的流量，带动了品牌的整体增长。

【解析】

在产品或服务的营销方面，名人和关键意见领袖在信息传播过程中起着重要的作用。其中，意见领袖的首要任务是对先行接收到的大量信息进行加工与解释，然后以各种传播方式将信息传达给其他受众和追随者。在新媒体环境中，名人和关键意见领袖拥有较多的忠实受众、高度的关注度和社会影响力。他们对信息的阐述、评价会引起受众的关注，其自身的立场也会受到大量受众的效仿。

在提升品牌知名度和影响力的过程中，纽西之谜就是充分运用了名人和关键意见领袖的影响力，让品牌获得了快速增长。

人类总是处于一定的社会环境之中，各种各样的环境因素都会对消费者行为产生直接或间接的影响。大多数人都有成为自己向往的人的理想或融入所向往的群体的愿望，这正是其产生购买行为的主要动机。研究消费群体，可以有效地与消费者进行沟通，从而指导消费者行为。

 学习知识

任务一 参照群体对消费者行为的影响

群体是指为了实现某个特定的目标，由两个或更多的相互影响、相互作

动画 5-1

用、相互依赖的个体组成的人群集合体。一般群体成员有着共同的需要和目标，具有共同的规范和行为模式，群体成员之间相互作用、相互影响，具有共同的归属感。

在消费心理研究中，按照消费者的年龄、性别、职业和兴趣爱好等将其划分为不同的群体，分别探讨不同群体的消费心理特征。消费者群体及群体身份对个体的消费行为有着很深的影响，主要通过个体消费者在群体中的个体角色、群体规范和群体压力，以及信息沟通等形式来起作用。

一、不同群体的消费心理特征

消费心理是指人们进行消费时所产生的心理活动和心理过程，它受到个人、家庭、社会等多种因素的影响。不同的消费群体，由于其个人特点、文化背景、社会环境等方面的差异，消费心理也会有所不同。下面我们从年龄、性别、文化、社会地位等多个维度分析不同人群的消费心理，如表5-1所示。

表5-1　不同维度下的消费心理特征

维度	具体特征
年龄	年轻人更注重时尚和个性化，喜欢追求新鲜感和体验感，品牌忠诚度相对不高；中年人更注重实用性和品质，会考虑家庭实际需求和经济状况；老年人更注重舒适性和安全性，对品牌和质量要求较高
性别	男性更注重实用性和功能性，倾向于购买高科技和功能性较强的产品；女性更注重感性体验，考虑产品的外观和质感，喜欢在购物过程中与好友分享心情
文化	东方文化注重收藏、传承，注重产品的历史、文化和传统价值；西方文化注重个性，注重产品的时尚性和个性化
社会地位	社会地位高的人更注重品牌和质量，会选择价值更高的产品和服务，喜欢品牌购物和高端餐饮；社会地位低的人更注重价格和实用性，会选择性价比更高的产品和服务，购物时倾向于超市和快餐店

下面以年龄这一因素为例，详细剖析不同年龄消费群体的消费心理。

1. 少年儿童群体的消费心理

少年儿童群体是指0～15岁未成年人所组成的群体。少年儿童群体的消费心理与行为的基本特征包括：喜欢在生活习惯和兴趣爱好等方面与成人做对比，但由于缺乏经验，常常表现得比较幼稚，因而在购买要求和购买行为上常常发生矛盾；经历从生理需求向社会需求的过渡期；独立消费意识逐渐成熟；从受家庭的影响逐步转向受社会的影响；群体意识逐渐形成。

针对少年儿童群体的消费心理特征，企业或品牌可以采取相应的心理营销策略：充分展示商品的形象特征，增强商品的吸引力；对少年儿童自购自用商品和家长购买、少年儿童使用的商品采用不同的促销方式。

2. 青年群体的消费心理

青年群体是指16～35岁的人群，其消费心理特征包括：注重科学，追求时尚；强调个性与自我表现；冲动性购买行为较多；消费欲望强烈。

针对青年群体的消费心理特征，企业或品牌应采取以下相应的心理营销策略：及时推出技术先进、具有时代鲜明特色的产品，努力开发新产品；注重商品的外观、包装、商标，增强商品的感染力；注意把握青年群体的心理变化，采取强有力的促销方式，刺激该群体产生冲动性购买动机。

3. 中年群体的消费心理

中年群体是指35岁以上尚未退休的消费者，女性在55岁以下，男性在60岁以下。中年群体的消费心理特征包括：消费行为较为理智；消费之前有规划，按照计划进行消费；对价格的敏感度较高，价格变化对消费决策影响较深。

针对中年群体的消费心理特征，企业或品牌应采取以下相应的心理营销策略：强调产品的内在价值，以质取胜；慎重制订价格策略，加强对价格预期的调查，使商品价格有充分的合理性；采用稳定的、讲求实效的促销策略，不做表面很热闹但优惠力度较低的促销活动。

4. 老年群体的消费心理

老年群体一般是指退休后的消费者。步入老年后，人们的生理、心理和消费行为都会发生明显的变化。老年群体的消费心理特征包括：怀旧心理强烈；对服务要求很高；注重对商品价格和实用性的比较；需求水平明显提高。

针对老年群体的消费心理特征，企业或品牌应采取以下相应的心理营销策略：强化商标意识，提高品牌的知名度和美誉度；努力开发适合老年群体的消费品，开拓老年市场；努力提高服务水平，推出新的服务项目，刺激老年消费群体的购买动机。

二、以消费群体特点为基础的用户画像

消费者可能会因为某一品牌、某一产品、某次消费而"聚集"在一起，这些聚集在一起的消费群体可能具有某些共同特征。这些共同特征通过大数据分析绘制，就形成了形象化的"用户画像"。以消费群体特点为基础的用户画像可以帮助企业更好地了解消费者的需求与动机，选择正确的营销沟通渠道，更便于企业进行精准化营销与精细化运营。

1. 用户画像的概念

用户画像是根据用户社会属性、生活习惯和消费行为等信息抽象出的一个标签化的用户模型。构建用户画像的核心工作是给用户贴标签，如年龄、性别、地域、兴趣等。这些标签是对用户信息进行分析得来的高度精练的特征标识，每个标签分别描述该用户的一个维度，各个维度之间相互联系，共同构成对该用户的整体描述。

用户画像是从真实的用户行为中提炼出来的一些特征属性并形成用户模型，代表了不同的用户类型及其所具有的相似态度或行为。相似的群体不局限于对某一品牌或购物方式的偏好，也可能包括价值观、生活方式等，所以以用户画像可以更好地体现出群体属性。

用户画像是勾画目标客户的有效手段，能够帮助企业对客户信息进行全面的分析，结合客户多个方面的信息，提炼出代表客户特征的标签。企业可以利用这些标签对用户进行细分，以便为目标客户提供个性化产品或服务。用户画像在营销领域通常用"消费者画像"来表述，即在已知事实和数据的基础上，通过数据模型整理出每个消费者对应的相对完整的档案，包括该消费者不同类型的行为、数据所呈现的总体特征。

一个典型的消费者画像一般包括表5-2所示的几个维度。

表5-2 消费者画像的维度及其具体特征

维度	具体特征
人口统计学特征	年龄、性别、收入、受教育程度等
生活方式特征	休闲偏好、服饰偏好、美食偏好、教育选择、购买力等
线上行为选择	网站浏览行为、搜索行为、使用App或网站等
线下行为特征	出行规律、差旅习惯、购物场所等
社交行为特征	社交人群、社交软件使用等

2. 用户画像的构建

用户画像是建立在系统的调研分析与数据统计基础上得出的科学结论。用户画像一般存在多个，所以要考虑用户画像的优先级，分清哪些是核心用户。同时，用户画像并不是一成不变的，而是根据实际情况不断修正的。

（1）用户画像的构成元素

用户画像的构成元素包括显性画像和隐性画像，如图5-1所示。

图5-1 用户画像的构成元素

（2）用户画像的步骤

用户画像一般分为三个步骤：基础数据采集、分析建模和画像呈现。

【步骤一】基础数据采集

数据是构建用户画像的核心依据，建立在客观数据基础上的用户画像才具有说服力。在基础数据采集方面，企业可以通过列举法列举出构建用户画像所需的基础数据。用户画像基础数据采集的具体思路如表5-3所示。

表5-3 用户画像基础数据采集的思路

一级维度	二级维度	数据举例	数据来源
宏观层	行业数据	用户群体的社交行为、用户群体的网络喜好、用户群体的行为洞察、用户群体的生活形态等	行业研究报告
	用户总体数据	用户总量、不同级别用户分布、用户活跃情况、转化数据等	前台和后台、第三方数据平台导出
	总体浏览数据	页面访问量（Page View，PV）、独立访客数（Unique Visitor，UV）、访问页面数	
	总体内容数据	社区产品的用户发帖量（包含主题数、回复数等）、不同级别用户发帖数据等	

续表

一级维度	二级维度	数据举例	数据来源
中观层	用户属性数据	用户终端设备，网络及运营商，用户的年龄、性别、职业、兴趣爱好等	前台和后台、第三方数据平台导出
	用户行为数据	用户黏性数据、访问频率、访问时间间隔、访问时段等	
		用户活跃数据、用户登录次数、平均停留时间、平均访问页面数等	
		用户的留存数据	
	用户习惯数据	网络使用习惯	
		产品使用习惯	
	用户成长数据	新老用户数据、用户的生命周期、用户的等级成长等	
	访问深度	跳出率、访问页面数、访问路径等	
	模块数据	产品各个功能模块数据	
	问卷调研	问卷调研过程中各个问题的情况反馈	调研和访谈
	用户访谈	访谈用户的问题和需求反馈	
微观层	用户参与度数据	用户资料修改情况、新手任务完成情况、用户活动参与情况等	前台和后台、第三方数据平台导出
	用户点击数据	用户各个功能模块和按钮的访问与点击情况等	

在构建用户画像的过程中，企业可以根据需求进行相关数据的筛选。

在基础资料和数据收集环节，企业可以通过一手资料和二手资料获取相应的基础数据，如表5-4所示。

表5-4　获取基础数据的资料

资料性质	资料类型
一手资料	• 问卷调研情况 • 用户访谈情况 • 产品前台反馈出的数据和用户行为 • 产品后台数据
二手资料	• 研究报告 • 文献资料

企业还可以通过问卷调研和用户访谈的方法获取基础数据的资料。

① 问卷调研。问卷调研首先要考虑样本的数量，其次是内容的设计，还要考虑研究的目的，毕竟这是一项有目的的研究实践。另外，通过问卷获取的信息可能存在很多变量因素。问卷调研的步骤如图5-2所示。

确立调研目标 → 问卷设计 → 问卷投放 → 问卷收集汇总 → 调研结果分析

图5-2　问卷调研的步骤

② 用户访谈。在对用户进行访谈之前，要列好访谈提纲，围绕用户的想法、行为等展开访谈。用户访谈的具体步骤如图5-3所示。

确立访谈目标 → 设计访谈提纲 → 选择访谈对象 → 访谈和结果记录 → 访谈结果分析

图5-3　用户访谈的步骤

在分析访谈结果时，企业可以采用关键词提炼法，针对每个用户对每个问题的回答进行关键词提炼，最后将共性词进行汇总。

【步骤二】分析建模

当我们把用户画像所需的资料和基础数据收集完毕后，需要对这些资料数据进行分析和加工，提炼关键要素，构建可视化模型。

【步骤三】画像呈现

画像呈现就是从显性画像、隐性画像、场景和需求等方面给用户打标签。这一步也要将收集到的信息进行整理、分析与归类，创建出用户角色框架，然后企业根据产品侧重点提取出需要的用户信息，进行用户评估分级，并结合用户规模、用户价值和使用频率来进行划分，确定主要用户、次要用户和潜在用户。

例如，为中国"千禧青年"人群进行画像。千禧青年是指2000年出生、活跃于互联网、消费观念新潮的中国新时代年轻群体。根据基础数据进行分析加工，提炼出关键要素（见图5-4），我们可以总结出"千禧青年"的一些共性特征，如图5-5所示。

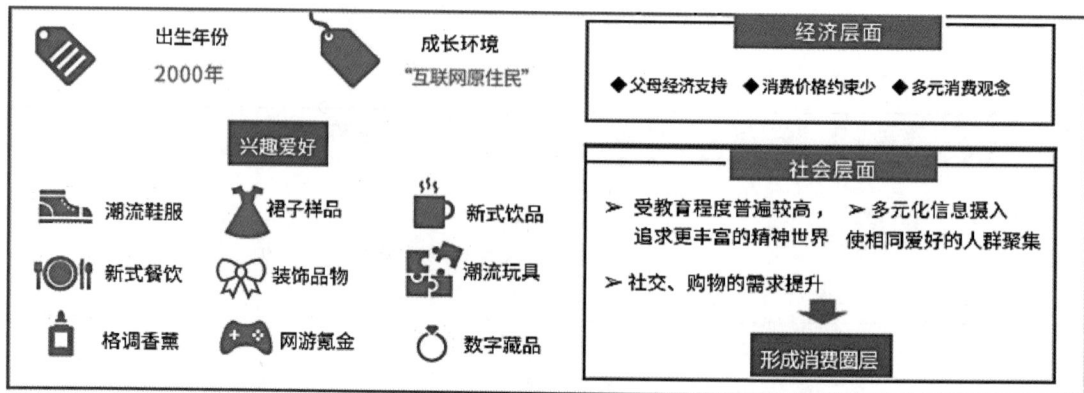

图5-4　"千禧青年"消费群体的关键要素

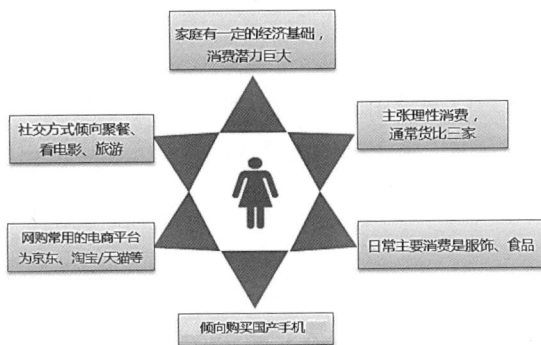

图5-5 "千禧青年"消费群体的共性特征

根据数据分析提炼出关键要素，总结出用户画像，如图5-6所示。

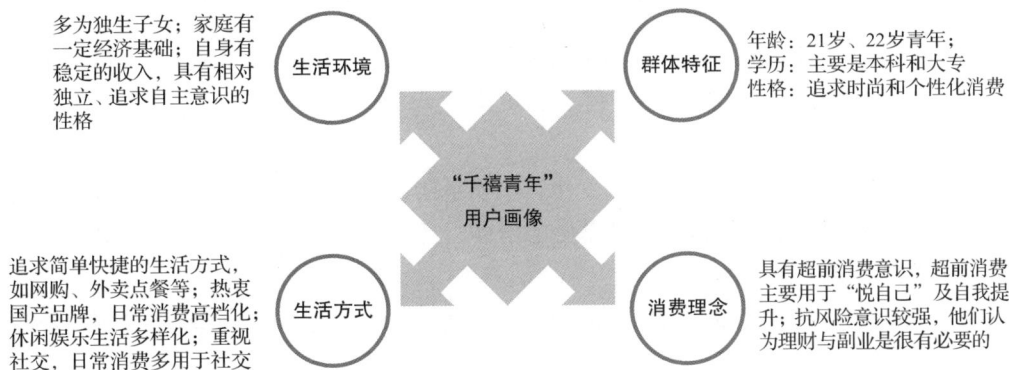

图5-6　用户画像呈现

3. 用户画像的用途

用户画像主要有以下几个方面的用途。

（1）精准营销

精准营销是运营人员常用的手法，从粗放式到精细化，将用户群体切割成更细的粒度，辅以短信、微信、推送、邮件、活动等手段，采用关怀、挽回和激励等营销策略。这样就避免了全量投放造成的浪费，而且可以针对某次活动的新用户进行分析，评估活动效果。

（2）数据应用

用户画像是很多数据产品的基础，如智能推荐系统、精准广告投放等。例如，电商平台为准妈妈推荐婴儿用品，为摄影爱好者推荐相机镜头等。在个性化推荐中，先计算出用户标签，还需要通过协同过滤等推荐算法实现物品的推荐。

（3）产品设计

用户画像用于辅助产品设计时，可以对产品或服务进行私人定制，以适应未来消费发展趋势。企业可以把用户进行分群，依据不同用户群体特性进行产品设计和测试验证，根据用户需求提供个性化产品或服务。

（4）数据分析

我们可以把用户画像理解为业务层面的数据仓库，各类标签是多维分析的天然要素，数据查询平台会和这些数据打通。

（5）用户分析

在产品上市早期，企业一般通过用户调研和访谈的形式了解用户。当产品用户量扩大后，调研的效用降低，这时会辅以用户画像配合研究，例如研究新增的用户有什么特征、核心用户的属性是否变化等。

头脑风暴

　　3～5个人为一组，选择一个消费者群体（如"95后""00后"），并为这个消费者群体进行用户画像。

三、参照群体对消费者购买行为的影响方式

参照群体是指个体在形成购买或消费决策时用作参照、比较的个人或群体，是个体在某种特定情境下作为行为指南而参照的群体，它提供了一个评价消费者态度和行为方式的比较标准。

参照群体的含义随着时代的变化而变化，最初是指家庭、朋友等个体与之具有直接互动的群体，但现在它不仅包括这些具有互动基础的群体，还涵盖了与个体没有直接面对面接触但对个体行为产生影响的个人和群体。

参照群体对消费者的决策有着重要的影响，而消费者的决策在很大程度上又影响着消费者的购买行为。

（一）参照群体的类型

根据个体的成员资格，参照群体可分为成员群体和非成员群体。

1. 成员群体

成员群体是指个体已经拥有成员资格的群体，即个体是该群体中的一员。成员群体的成员一般对群体影响持肯定的态度。人们从事各种职业，具有不同的兴趣爱好，因此人们分属于不同的群体。各种群体具有不同的性质，所以它们对其成员行为的影响程度也是不同的。例如，军人必须穿军装，严肃风纪，这是带有强制性的纪律；文化工作者穿着打扮比较时尚，成员可以按自己的风格穿着，只要体现文艺范儿的职业特征就可以。

对于成员群体，按照不同的标准可以将其划分为不同的类型。根据群体对个体态度和行为的正面影响或负面影响，成员群体可分为接受群体和拒绝群体；根据成员群体之间的互动程度及相互接触的频繁程度，可以分为主要群体和次要群体；根据群体成员之间的组织化程度，可以分为正式群体和非正式群体。

2. 非成员群体

非成员群体是指个体并不具有成员资格的群体。根据群体对个体态度、行为的正面或负面影响，非成员群体可分为渴望群体和回避群体。

（1）渴望群体

渴望群体是指那些与消费者没有任何实际联系，但对消费者有很大吸引力的群体，他们热

切希望加入，并追求心理上的认同。渴望群体根据接触程度可分为预期性的渴望群体和象征性的渴望群体。

- 预期性的渴望群体：个体希望加入，并且经常接触的群体。例如，组织的高阶层人员往往是组织中低阶层人员预期性的渴望群体。
- 象征性的渴望群体：个体并没有成为其成员的可能性，但接受它的价值观念、态度和行为的群体。那些对未来充满憧憬的年轻人通常会向往某种生活方式，甚至崇拜某个杰出人物，当这种向往不能成为现实时，他们往往会通过模仿来满足这种向往的心理需求。

（2）回避群体

回避群体是指消费者力图避免加入或对其持否定态度的群体。对于这种群体的某些方面，人们是不赞同或厌恶的，消费者并不认同该群体的价值观和行为标准，往往会采取与该群体相反的态度和行为。

（二）参照群体对消费者个体产生影响的方式

人们总希望自己富有个性、与众不同，然而群体的影响又无处不在。无论是否愿意承认，每个人都有与各种群体保持一致的倾向。通常情况下，人们是无意识地和群体保持一致的。

参照群体对消费者个体购买行为的影响主要表现为3种方式，如表5-5所示。

表5-5 参照群体影响消费者个体购买行为的方式

影响方式	动机	表现	作用结果
信息性影响	规避风险	从参照群体收集信息；观察群体中其他人的消费，如个人向可靠的朋友寻求信息，个人对专家行为的观察	提高消费知识和决策效用
规范性影响	顺从	通过消费选择迎合群体的偏好和规范，如为迎合同事或朋友的期望而购买特定的品牌	赢得参照群体的赞扬，避免来自群体的惩罚
价值性影响	心理满足	通过消费选择体现自己向往的社会群体身份，如购买某一品牌有助于向别人展示自己期望的社会身份	强化自我身份，展现对参照群体的喜爱

1. 信息性影响

信息性影响是指参照群体成员的行为、观念和意见被个体作为有用的信息予以参考，由此对个体的行为产生影响。信息从参照群体传递给消费者有三种方式：一是消费者有意识地主动寻求，二是消费者在偶然或不经意间了解到，三是参照群体中的成员热心地向消费者推荐或劝说。

群体对个体的影响程度取决于被影响者与群体成员的相似性，以及施加影响的群体成员的专长性。例如，一位妈妈在育儿社群中发现其他人都在推荐使用某个品牌的纸尿裤，就会感觉这个品牌的纸尿裤一定有其优点与特色，于是决定购买该品牌的纸尿裤进行试用。

2. 规范性影响

规范性影响是指由于群体规范的作用而对消费者的行为产生影响。规范是指在一定社会背景下群体对其所属成员行为合适性的期待，是群体为其成员确定的行为标准。只要群体存在，无须经过任何语言沟通和思考，规范就会迅速发挥作用。

规范性影响之所以发生作用，是由于奖励和惩罚的存在。为了获得赞赏或避免惩罚，个体就会按照群体规范行事。

3. 价值性影响

价值性影响是指个体在与群体成员长期接触的过程中受到群体潜移默化的影响，从而认可并自觉遵循相关群体的信念和价值观。

在选择和购买商品时，价值性影响会有明显的体现。一方面，商品除了具有使用价值和交换价值外，还具有符号价值。商品能够体现社会等级，彰显购买者的社会地位和社会声望，有助于进行有效的群体区分。此时，个体选择和购买的商品便成为自我表现、体现身份价值的工具。

另一方面，个体在日常消费中存在明显的模仿行为。由于具有更高社会地位、声誉和品位的渴望群体的示范及影响作用，因此个体会把群体价值观视为自己的价值观，产生趋优消费，以获得该群体实质或象征性的成员资格。

四、运用参照群体概念的营销策略

参照群体是在意见和行动上对消费者产生重要影响的群体，他们的期望、规范和偏好在理论上能够影响消费者的消费方式和购买决策，这是因为消费者希望归属于某个群体，或者希望通过重要的参照群体来实现自己的心理愿望，如声望、地位、虚荣等。把参照群体概念运用到营销领域中，主要表现为名人效应、专家效应、普通人效应及高层管理者效应。

1. 名人效应

名人效应是因为名人本身的影响力，在名人出现时能够达到扩大事态、增强影响力的效果。把名人特别是影视明星、体育明星、歌星等作为参照群体，具有强大的号召力和感染力，因为其生活模式是一些人追求的理想生活模式。因此，一些企业不惜重金邀请名人做产品代言人，期望消费者能够对与名人有联系的产品做出积极的反应。

在广告宣传方面，大部分的广告是在利用名人效应，因为名人一般具有较高的知名度、美誉度及特定的人格魅力，让他们参与广告活动或直接代言产品，与其他广告形式相比，更有吸引力、感染力、说服力和可信度，有助于引起消费者的关注和兴趣，激发其购买欲，同时体现品牌实力，进一步提升企业和产品的社会形象。

名人效应可以给企业带来巨大的经济效益，但不是所有的产品都适合利用名人效应的广告形式。利用名人效应的广告形式需要考虑3个方面的问题，如图5-7所示。

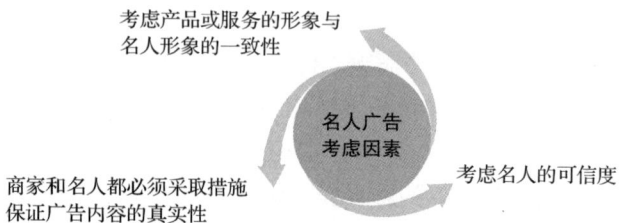

考虑产品或服务的形象与名人形象的一致性

名人广告考虑因素

商家和名人都必须采取措施保证广告内容的真实性

考虑名人的可信度

图5-7　利用名人效应的广告形式需要考虑的问题

需要注意的是，名人效应也是一把双刃剑，除了可以带来正面效应外，也有可能带来一些负面效应，以致影响产品的销售。

2. 专家效应

专家是指在某一专业领域受过专门训练，具有专门知识、经验和特长的人，让其介绍、推荐产品或服务更具有权威性，产生专家所特有的公信力和影响力。在营销领域，专家对于消费者而言具有一定的权威性，消费者更容易信任和接受。

当然，在运用专家效应时，一方面，要注意法律的限制，如有的国家不允许医生为药品做证言式广告；另一方面，应避免公众对专家的公正性和客观性产生怀疑。

3. 普通人效应

普通人效应的优势在于产品或服务的代言人是和预期消费者一样的普通消费者，这样会使消费者感觉更加亲近，从而使广告诉求更容易引起消费者的共鸣。

利用普通人效应的广告能够贴近消费者的生活，拉近与消费者的距离，激起消费者的情感共鸣，反映消费者的真实生活，所以更容易得到消费者的认可与信任。

4. 高层管理者效应

许多企业在产品广告中用公司总裁或总经理作为代言人，这种广告形式的流行是由于许多企业的高层管理者已经取得成功并且成为公众人物。由于高层管理者受到大众的敬仰，让他们出现在广告中，一方面能够让更多的消费者对广告产生兴趣，另一方面也表明公司高层对消费者利益的关注，从而令消费者对企业及其产品更有信心。

📋 案例链接 ●●●●●

支付宝，普通人的"城市美好新生活"

支付宝推出的视频广告"城市美好新生活"，通过普通人的普通事件感动了许多在城市中用心生活的人。

视频广告中的主角都是普通人，发生在他们身上的都是平凡的事：一个普通的老人，以一己之力，温暖了整条街道；一个普通的白领，以不经意的举动，温柔了城市的夜晚；追逐艺术的男孩，一直默默地为了梦想而努力。这则视频广告从城市美好的角度出发，将支付宝融入人们的生活，通过3个感人故事传递温情。

【案例解析】支付宝的这则视频广告利用的就是普通人效应。广告内容有助于引发人们的情感共鸣，一个个有情怀的故事在人们心中留下了深刻的印象。这种情感营销提升了人们对品牌的好感度。

任务二 意见领袖对消费者购买行为的影响

意见领袖是指在人际传播网络中经常为他人提供信息、意见、评论，同时对他人施加影响的"活跃分子"。家庭成员、朋友或媒体、虚拟社区中消息灵通的权威人士经常充当意见领袖。

动画 5-2

▌一、意见领袖对消费者行为的作用

意见领袖是参照群体的一种特殊形态，其最大的特色就是他们不仅可以作为参照的标准，还会主动、积极地向外散发信息，如自身的看法、经验或者商业信息。

成为一名意见领袖的人要具备以下特征：

- 具有一定程度的专业性，如教育程度、对某垂直行业的深度认识。
- 社交关系较活跃，在群体之中受到尊重。
- 具有较高的社会经济地位，收入水平高且稳定。
- 乐于创新，思想活跃，性格外向，敢于接受新事物。

从整体上来看，意见领袖影响消费者行为的方式包括：告诉你该做什么、不该做什么、提供相关的资讯、作为模仿对象、告诉你该如何表达自我。

在自媒体时代，每个人都可以是信息的接收者和发布者，这使意见领袖成为市场营销过程中的第三方角色，通过对产品信息的加工，以日常推荐分享的形式无形地向消费者推广产品信息，改变消费者的消费决策心理，逐步提升其消费意愿。

消费者对品牌的选择偏好受到三个维度的影响：认知偏好、情感偏好、行为意向偏好。基于自媒体的即时性，意见领袖可以随时感知市场需求和消费者的喜好，发布消费者喜欢的内容，这种因为消费者喜欢而主动获取的产品信息要比以往传统广告信息更容易赢得信任。

意见领袖促进消费者下单的整套流程如下。

（1）产生意见领袖

在某个领域，一个人因为其专业性、知名度受到认可，他与认可他的人建立了某种信任关系，拥有了一定数量的粉丝，成为该领域的意见领袖。

（2）诠释产品

意见领袖有了一定的信任基础，也就有了流量价值和诠释产品价值的权力。同一件产品在不同人心中的定义是不一样的，主要是看拥有诠释权力的人如何诠释它，目标受众只是想要得到在特定场景下最需要的产品而已。

（3）激发动机

意见领袖对产品的诠释可以激发消费者的购买动机和需求。这个需求可能本来就存在，意见领袖的诠释正好激发出潜在的需求；或者本来不存在这个需求，而意见领袖的诠释使消费者产生了一个新的需求。例如，企业推出一款保温杯，某消费者喜欢喝热水，存在这种需求，但一直没有购买保温杯。通过意见领袖的诠释，以及对意见领袖的信任，该消费者很有可能产生购买动机，做出下单的决策。

（4）消费者决策下单

具有不同购买习惯的人，所受诠释刺激的影响不同，内心决策的方向也不同。在介绍这点之前，有必要先大致了解消费者的类型。

根据消费者购买目标确定程度来区分，消费者可以分为全确定型、半确定型、不确定型，如表5-6所示。

表5-6 消费者的类型

类型	具体特征
全确定型	消费者在购买商品以前，已经有明确的购买目标，对商品的品牌、名称、型号、规格、颜色、式样及价格都有明确的要求。这类消费者进入商店以后，一般都会主动提出所要购买的商品，并说明具体要求，当商品能满足其需要时会毫不犹豫地买下
半确定型	消费者在购买商品以前，已有大致的购买目标，但具体要求还不够明确，最后购买需经过选择、比较才能完成。例如，计划购买空调，但购买的品牌、规格、型号、式样等还未确定。这类消费者一般要经过较长时间的分析、比较才能完成其购买行为
不确定型	消费者在购买商品以前，没有明确的或既定的购买目标。这类消费者主要是参观、游览、休闲，漫无目的地观看商品或随便了解一些商品的销售情况，遇到有兴趣或合适的商品会偶尔购买，有时则很快离开

根据消费者购买态度与要求划分，消费者可以分为如表5-7所示的几种类型。

表5-7 消费者的类型

类型	具体特征
习惯型	消费者由于对某种商品、某个品牌的信赖而产生的经常、反复的购买。由于经常购买和使用，他们对这些商品十分熟悉，体验较深，再次购买时往往不再花费时间进行比较选择
理智型	消费者在每次购买前对所购的商品要进行较为仔细的研究和比较，购买时的感情色彩较少，头脑冷静，不轻易相信广告、宣传、承诺、促销方式及售货员的介绍，主要看商品质量、款式
经济型	消费者购买商品时特别重视价格，对于价格的反应特别灵敏，对低价促销最感兴趣。一般来说，这与自身的经济状况有关
冲动型	消费者容易受商品的外观、包装、品牌或促销力度刺激而产生购买行为，往往从个人的兴趣或情绪出发，喜欢新奇、时尚的商品，不愿做反复的选择、比较
疑虑型	消费者具有内倾性的心理特征，购买时小心谨慎且疑虑重重，常常会犹豫不决而中断购买
情感型	这类消费者的购买多是受到情感的激发，往往以丰富的联想力衡量商品的意义，购买时注意力容易转移，兴趣容易变换，对商品的外观、颜色和名称都较重视，以是否符合自己的想象作为购买的主要依据
不定型	这类消费者的购买多属尝试性，购买时没有固定的偏爱，在上述6种类型之间游移

在以上消费者类型中，全确定型、理智型、习惯型、经济型这几类人很难受到意见领袖的影响，因为他们很确定自己的需求，并且在内心已经诠释商品的价值，这时意见领袖要想撼动其购买行为，成本是比较高的。

购买行为容易受到意见领袖影响的是半确定型、不确定型、冲动型、疑虑型、情感型和不定型这几类人。

半确定型已经有了基本的需求，但对商品的横向对比不太明确，因此看重意见领袖的专业性。

不确定型、不定型、情感型比较看重意见领袖对商品的诠释，他们对自身需求的剖析尚未明确，因此其下单行为可以受到引导。

冲动型和疑虑型的购买行为受意见领袖知名度的影响较大。冲动型消费者基于意见领袖对商品的诠释，很容易受到影响并产生购买行为，而疑虑型消费者在做出购买决策时比较谨慎，意见领袖的知名度则正好可以消除其疑虑，使其做出购买决策。

总体来说，意见领袖激发了消费者的购买欲望，其对商品的诠释能力和自身所带的专业性、知名度可以减少不同购买人群的决策成本。

二、意见领袖作用于消费者购买行为的驱动模型

消费者的购买行为受到商品体验和外部因素的影响，在消费者无法进行商品体验的情况下，外部因素就会起主导作用。外部因素主要是指商品信息来源、商品口碑、商品本身的属性等，意见领袖可以为消费者提供和推荐商品信息。消费者的态度和行为主要受意见领袖的影响，这种影响已经渗透到消费者购买行为的各个方面。意见领袖影响通过5个阶段驱动消费者购买行为，如图5-8所示。

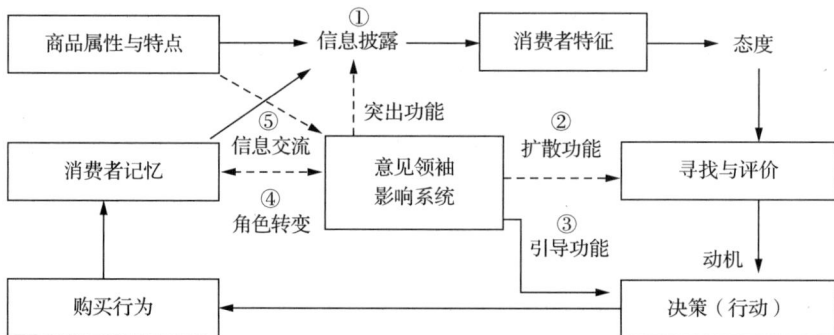

图5-8　意见领袖对消费者行为的驱动模型

（1）意见领袖影响系统通过突出功能影响商品或服务的信息披露。大多数情况下，消费者会面对很多与购买无关的信息，意见领袖有责任帮助消费者筛选并披露有价值的信息，使目标群体产生积极的态度。

（2）意见领袖影响系统通过扩散功能影响消费者评价。大部分消费者为初次购买，此时他们大都在探索和思考如何进行选择，而选择的标准往往来自具有消费经验的意见领袖的评价，意见领袖可将具有专业性和针对性的经验信息传递给潜在消费者，以刺激和诱导消费群体进行消费。

（3）意见领袖影响系统通过引导功能帮助消费者做出购买决策。此阶段，意见领袖根据消费者自身需求，为具有购买动机的潜在消费者提供建议，引导消费者产生购买行为。

（4）意见领袖影响系统对消费者还起到角色转变的作用。消费者购买了与意见领袖有关的产品后很可能会做出重复性的购买，而且如果使用体验较好的话，那么原来的消费者很可能会转变为潜在消费者的意见领袖，引导具有同样需求的潜在消费者进行消费。

（5）企业应通过意见领袖与使用者之间的信息交流不断改进商品，提升使用者的体验，使其从一名有需求的消费者变成企业的忠诚消费者，进而成为新的意见领袖，帮助企业更好地驱动消费者的购买行为。

三、通过意见领袖影响消费者购买行为的营销策略

一般而言，消费者完成购买行为需要经历3个阶段，即确认需要、信息收集和方案评价、购后行为。活跃在各大社交平台的意见领袖通过参与这3个阶段，为消费者提供专业化的信息和观点。消费者可以结合意见领袖提供的信息和观点进行全面的思考，从而做出明智的购买决策。因此，营销人员可以通过意见领袖来影响消费者的购买行为，具体策略如下。

1. 确认需要阶段

确认需要是消费者购买决策过程的第一步。根据马斯洛需要层次理论，人的需要按照由低级到高级的顺序排列，分为5个层次：生理需要、安全需要、社会需要、尊重需要和自我实现需要。所有产品都是基于以上5种需要产生的。例如，购买矿泉水是为了满足消费者的生理需要，购买保险是为了满足其安全需要。然而，消费者的需要并不总是表现为现实的需要，在消费者的购买活动中大部分是潜在需要在发挥作用。

各社交媒体的意见领袖通过在社交平台上发布商品信息，以推荐的方式进行宣传，这种宣传较为隐性，不易导致消费者的反感。消费者如果有潜在需要，就很容易通过意见领袖的引导将潜在需要转化为现实的需要，在内在需要和外在刺激的共同作用下产生购买动机。

2. 信息收集和方案评价阶段

确认需要后，消费者需要通过广泛的信息收集对商品进行更加深入的了解，特别是对于一些热门的商品，消费者通常表现出很大的兴趣，并主动通过各种渠道搜寻有关信息，通过对比不同品牌间商品的差异，最后做出购买决策。在传统媒体时代，信息收集和方案评价对于消费者来说是一件非常耗费人力、物力、财力的事情，特别是投入其中的时间成本难以估量。在社交媒体时代，消费者获取信息的途径变得多样化、便捷化。

基于社交媒体平台，消费者获取商品信息主要通过以下3种途径，如图5-9所示。

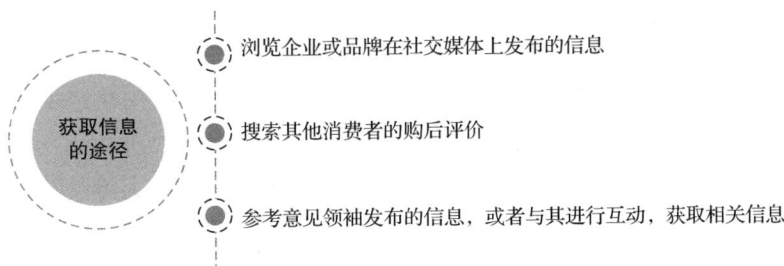

获取信息的途径
- 浏览企业或品牌在社交媒体上发布的信息
- 搜索其他消费者的购后评价
- 参考意见领袖发布的信息，或者与其进行互动，获取相关信息

图5-9 消费者获取商品信息的3种主要途径

在这3种方式中，意见领袖作用于消费者购买行为的影响最大：一是因为意见领袖对自己擅长领域内的商品较为了解且掌握了丰富的知识，在消费者心中已经树立了权威；二是同企业发布的信息和广告相比，消费者显然更愿意相信意见领袖的评价，认为其传播的信息更可信。

3. 购后行为阶段

消费者在购买及使用商品后会产生一系列的购后行为，包括满意或不满意，重复购买或不再购买。消费者可以通过社交平台与意见领袖进行沟通，并且获取反馈。一方面，这样可以及时消除或降低购后产生的不满意程度；另一方面，可以使消费者更加确信购买决策的正确性，提高消费者的满意程度。

随着互联网不断深入人们的生活，活跃在社交媒体平台上的意见领袖将会更多地参与到消费者的购买决策过程中。因此，企业要重视社会化媒体营销，以及意见领袖的力量。

此外，意见领袖作为企业营销传播过程中的重要因素，对广告策略是一种有益的补充。企业通过人际传播的方式可以促进消费者对商品的认识和理解，增强信任感，并影响消费者的购买行为。

🎓 头脑风暴

为了提升品牌的影响力，提高商品销量，很多品牌会选择邀请名人做代言人，很多消费者也会因为喜欢某位名人而去购买他代言的商品。请你解释这种现象。

任务三　互联网思维中的去中心化对消费者行为的影响

在互联网时代，网络内容已不再是由专业网站或特定人群产生。任何人都可以在网络上表达自己的观点或创造内容。"去中心化"就是在互联网发展过程中形成的社会化关系形态和内容产生形态，是相对于"中心化"而言的新型网络内容生产过程。去中心化网络服务的出现，使每个用户都成为一个微小且独立的信息提供者，使互联网更加扁平化、内容生产更加多元化。

▌一、去中心化的本质

去中心化，并不是不要中心，而是由节点来自由选择中心、自由决定中心。在一个分布有众多节点的系统中，每个节点都具有高度自治的特征。节点之间彼此可以自由连接，形成新的连接单元。任何一个节点都可能成为阶段性的中心，但不具备强制性的中心控制功能。节点与节点之间的影响，会通过网络形成非线性因果关系。这种开放式、扁平化、平等性的系统现象或结构称为"去中心化"。

动画 5-3

下面主要阐述在消费互联网时代对"去中心化"的理解。

（1）连接一切

连接一切主要包括连接人与人、人与信息、人与服务，本质是把线下搬到线上。这一逻辑主要适用于社交类、内容类、工具类产品。

（2）对传统业态的智慧改造

对传统业态的智慧改造针对那些没有办法完全搬到线上的，让线下可移动的产品或服务直

接触达用户，让线下不可移动的产品或服务更便捷地与用户连接。这一逻辑主要适用于消费类（电商、本地生活）产品。

总之，在互联网的作用下，人们的文娱、消费方式都出现了"去中心化"的趋势。

下面从4个方面阐述"去中心化"的本质含义，如图5-10所示。

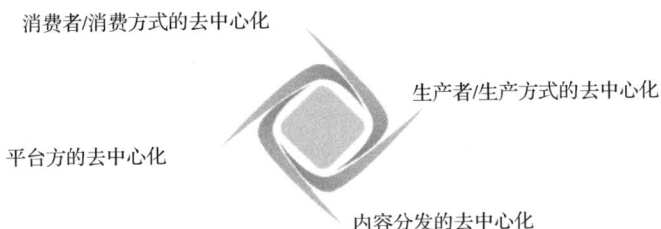

图5-10 "去中心化"的本质含义

1. 消费者/消费方式的去中心化

通过连接"人与信息"，从以前用户必须在线下教室里学习发展到现在可以通过知识付费服务网站来学习，教育消费实现了去中心化。通过改造零售行业，商品可以通过快递、外卖等方式触达消费者，消费者不用再去商场，购物消费实现了去中心化。

2. 生产者/生产方式的去中心化

互联网时代，每个人都可以生产、发布和传播内容，这极大地促进了内容的大众化、多元化。过去，报社和电视台都是中心化的新闻生产机构，由于技术水平的限制，新闻生产只能通过专业的记者操作专业的设备从全球各地采集信息，再进行加工之后送到受众面前。而在互联网时代，信息技术的发展使信息传播非常便捷，每个人都可以成为新闻的生产者和加工者，科技的快速发展使去中心化的信息传播成为现实。

3. 内容分发的去中心化

内容分发的去中心化可以理解为从"看抖音"到"看快手"。这是互联网领域通常讲的去中心化，如快手、微信、拼多多等，而抖音、今日头条则是利用数据和算法推动了内容分发的中心化，赋予头部优质内容更高的展示权重。

4. 平台方的去中心化

平台方的去中心化比较贴近区块链概念产生后的去中心化的含义，用户数据不再由中心化的、唯一的官方平台储存，而是由所有节点共同维护。其实去中心化并不是没有中心，而是中心多元化，即由原本只有少量的大中心慢慢演化成有大量的更小规模的中心。

消费者/消费方式的去中心化与生产者/生产方式的去中心化已经基本实现，平台方的去中心化相关技术尚未完全成熟，内容分发的去中心化正在被越来越多的人探索和实践。

▌二、去中心化的社群经济

随着移动互联网的高速发展与普及，各类社群纷纷崛起，为社群经济的发展提供了必要条件。社群经济的核心是社群。对于社群，不同的人从不同的角度出发，得出的结论也不尽相同。从传播学的角度来分析，在移动互联网时代，用户在接收信息的同时，也能进行内容生产与传播。用户地位的转变，加上社群的快速发展，为社群经济的诞生创造了良好的环境。

在信息技术快速发展的今天，各类媒体平台纷纷出现，使社群的意义在原有基础上得到了进一步的延伸，用户之间的情感需求代替了传统的因素成为社群建立的主导因素。借助网络平台，用户因兴趣爱好、各类需求等组建成不同类型的社群，并为其所属领域的发展做出积极的贡献。

社群首先是一个群体，群体必然有群主，群主就是一个"中心化"的人物。那么社群如何做到"去中心化"呢？其实去中心化指的是平台工具和商业模式，而不是指人本身。去中心化，并不是没有中心，而是这个"中心"不是群主，群主只是规则的制订者和执行者，"中心"另有他人。例如，微博、新浪只是规则的制订者和执行者，而"中心"就是那些影响力高的人。

在商业营销方面，社群的意义主要包括以下几方面，如图5-11所示。

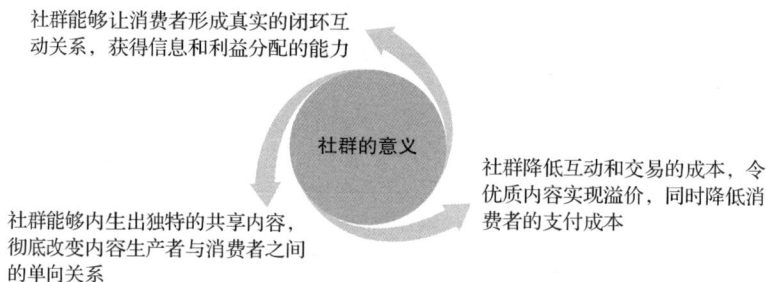

图5-11 社群的意义

我们可以把社群经济看成是一种后市场经济模式，即所有的交易互动，先是建立在价值认同的前提下，"产品与人"的关系倒置为"人与产品"的关系。以价值观为驱动力的社群，是去中心化和自组织化的。构筑自己的核心内容，尽量把连接的成本降为零，同时建设属于自己的社群，这便是社群经济的战略诉求。

良好的社群管理与运营能够对企业发展起到积极的推动作用，促使企业积极创新，在经营过程中不断提高品牌影响力。在认识到社群的价值后，越来越多的企业开始通过社群化运营进行品牌推广。

三、去中心化与粉丝经济

任何一个节点都可能成为阶段性的中心，但不具备强制性的中心控制功能。去中心化的扁平传播模式去除了机构的权威性，释放了个体作为意见领袖的可能性，这也为粉丝经济的诞生奠定了基础。以抖音、快手、小红书等为代表的社交媒体的崛起，让粉丝经济从虚拟走向现实，一个拥有庞大粉丝群体的品牌往往能轻易地扩大销售，提升品牌的黏度，激励品牌的产品创新。

各种新媒体平台和直播平台，为一大批内容创作者提供了创业机会。他们成功地吸引了一批粉丝，通过网络成为各行各业的红人，同时也使信息传递模式发生了翻天覆地的变化。信息传递模式从中心化向去中心化过渡，如图5-12所示。

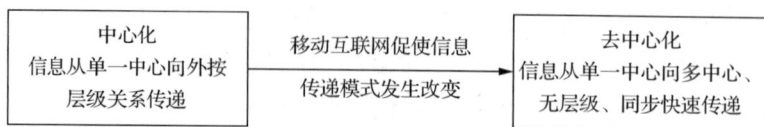

图5-12 信息传递模式从中心化向去中心化过渡

在移动互联网时代，信息的传播速度加快，信息的碎片化特征也越来越明显，这些都对粉丝经济模式的形成有一定的推动作用。随着"电商+自媒体"新型商业模式的出现，"去中心化"成为粉丝经济的焦点。在粉丝经济模式下，消费者的购物决策和路径都在发生变化，如图5-13所示。

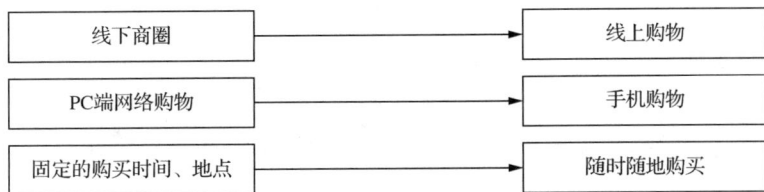

图5-13　消费者购物决策和路径发生变化

借助社交网络传播是粉丝经济常用的营销手段，同时也是"去中心化"商业模式的具体表现。随着抖音、快手的崛起，一些名人、企业家很快就在抖音、快手平台上积累了几百万、上千万的粉丝，他们的言论或建议被广泛传播，推荐的产品很容易被关注和接受。

在移动互联网时代，人们可以通过抖音、快手、微信、移动App随时随地进行双向沟通，信息传播更加精准与个性化，这为互联网企业培养、积累自己的粉丝用户提供了得力的工具。

当企业在抖音、快手等社交媒体上拥有了足够规模的粉丝，粉丝营销也就变得顺理成章。拥有一定数量的活跃粉丝后，企业就可以选择合理的方式对粉丝形成刺激，实现社会化资产的变现。为了回馈粉丝，企业可以打造属于粉丝的独家产品，并以预约、抢购等形式增加专属活动的参与感；借助话题、第三方支付等产品功能，企业可以基于抖音、快手打造线上到线下的闭环，为粉丝带来全新的消费体验。一些创业者或企业在社交网络中的粉丝很有可能就是潜在的消费者，甚至可能会成为忠诚消费者。

案例链接 ●●●●●

小米，互联网思维下的粉丝营销

在现代品牌运营中，粉丝是优质的目标消费者。"为发烧而生"，小米手机从众多手机品牌中脱颖而出，赢得了众多消费者的喜爱。

小米作为一家坚持"米粉"至上的科技公司，一直以来都非常重视与用户的沟通和交流。2023年4月，小米举办了"米粉节"。对于"米粉"们来说，"米粉节"不仅是一次购物的机会，更是一个展示自己对小米公司的热爱和支持的机会。在活动期间，"米粉"们可以通过社交媒体和各种互动活动进行交流，与其他"米粉"分享自己的使用心得和感受，这样的互动不仅有助于增强"米粉"的归属感和认同感，也能为小米公司提供更多的反馈和建议。

【案例解析】小米的成功正好迎合了一个自媒体爆发、粉丝参加讨论最多、话语权最强的时代，其营销方案结合了当时的消费趋势、社会趋势和媒体趋势。

（1）"以口碑为王"的互联网思维。在社会化媒体时代，信息传播速度加快，信息的扩散半径以百倍、千倍地增长，小米依靠口碑传播迅速崛起。

（2）调集粉丝。小米通过3种方法调集粉丝：运用微博获取新用户，运用论坛维护用户活跃度，运用微信做客服。

（3）口碑的本质是用户思维，增强用户的参与感。小米积极与粉丝互动，让粉丝参与产品研发和市场运营。这种深度介入，极大地增强了粉丝的主人翁意识，迎合了粉丝全新的参与式消费心态。

（4）增加粉丝自我认同感。小米通过爆米花论坛、米粉节、同城会等活动固化用户"我是主角"的感受。

（5）全民客服，提供真诚服务。小米从领导到员工都是客服，都可以与粉丝对话，让粉丝觉得自己是被重视的，有问题会在第一时间得到解决。

（6）和粉丝做朋友，传递信任关系。社交网络的建立基于人与人之间的信任，信息的流动是信任的传递。企业建立的用户关系信任度越高，口碑传播就越广。小米的用户关系指导思想就是和用户做朋友。

（7）好产品是口碑的本源和发动机。好产品是好口碑的发动机，产品品质是基础，所以基于产品的卖点和如何表达卖点的基本素材是传播的生命线。

四、去中心化对消费者行为的影响

去中心化正在悄无声息地在商业、互联网、媒体全领域出现，随着消费升级和个性消费时代的到来，流量不再是重心，内容逐渐成为消费者的重点关注对象，流量去中心化已是大势所趋。与此同时，因兴趣、爱好等聚集起来的小众消费群体正在改变大众消费时代的标准，个性化消费正在成为整个社会的趋势。

如今，吸引消费者的注意力已经成为获取流量和获取消费者的关键。例如，淘宝、京东等电商为了增加消费者的停留与使用时间，已经发力内容板块。此外，随着物流条件的改善，以及消费者物质需求的提升，按需购买正在演变成"随兴"购买。而兴趣的关键既可能是长期的爱好使然，也可能是一时兴起，所以只有抓住了消费者的注意力，潜在的消费者才有可能变成真正的消费者。

在互联网时代，消费者行为正在随着场景发生变化，冲动型购买行为已经开始替代主动的购买行为。例如，人们刷微博时看到某种优质产品随手就买了，在微信朋友圈中看到自己喜欢的产品也随手就买了，甚至在不久的未来，消费者不再需要一些中心化的平台来实现购买行为。企业只要通过吸引消费者的注意力，引起消费者的兴趣，就可以刺激其产生购买行为。吸引消费者注意力的方式主要有短视频、"网红"直播、影视植入、关键意见领袖等。

消费者行为正在发生变化，商家的生存状态也越来越严峻，他们面临着一个新课题，那就是不再以流量和产品为中心，而要以消费者为中心进行经营。这里的以消费者为中心，并不是说自己建一个论坛、App等平台让消费者来这里做交流，而是要到消费者喜欢去的地方与他们进行交流，他们喜欢用微信就到微信上交流，他们喜欢微博就到微博上交流，总之要围绕消费者来进行经营。

在去中心化的市场环境下，不是说在媒体上做了多少广告就能实现多大的价值，关键是看可以影响多少消费者、可以赢得多少消费者的认可、有多少消费者愿意与别人分享。未来企业的营销是把对产品或服务的推广、广告直接嵌入人们生活中的每一个细节中。

📖 应用实战 ●●●●●●

特定社会群体消费行为分析

一、实训目标

学会观察并分析特定社会群体的消费行为特征，能够运用相关资料构建用户画像，并依据消费者的行为特征和用户画像制订或优化营销策略。

二、实训背景

当代大学生的视野开阔，较少受固定思维的约束，他们也更愿意接受新鲜事物。与其他群体相比，当代大学生群体也呈现出独特的消费行为特征。

三、实训步骤

1. 选择一个品类的商品或服务，如面膜、笔记本电脑等。
2. 设计调查问卷，并选择合适的调查群体发放调查问卷。
3. 运用相应的数据分析软件统计并分析调查问卷中的数据。
4. 根据调查问卷获得的资料分析大学生在选购此类商品或服务时表现出的行为特征，并撰写分析报告。

四、实训总结

学生自我总结	
教师总结	

📖 课后练习 ●●●●●●

一、简答题

1. 简述以消费者群体特点为基础进行用户画像的方法。
2. 如何运用参照群体概念开展市场营销？
3. 社交媒体中的意见领袖是如何影响消费者的购买行为的？
4. 什么是互联网思维中的"去中心化"？

二、案例分析题

某"网红"主播在直播间向网友推荐一款高档按摩椅，当日该品牌的天猫旗舰店涌入30万粉丝，10分钟销售额就达到100万元，现货很快就卖光了，粉丝纷纷要求赶快补货。

作为国内较早一批按摩椅生产厂家，该商家有着丰富的行业经验，且从2015年开始便进军互联网领域。虽然身处传统行业，该商家却擅于运用互联网思维，这一次更是紧跟直播热潮，携手头部"网红"主播做出了新的尝试。该主播擅长挖掘小众优质产品，前期曾为粉丝推荐过多款优质产品，与粉丝之间有很好的信任关系，粉丝也更愿意接受其推荐的产品，流量变现能力非常强。对于粉丝来说，该主播是女性精致生活的代表。粉丝向往她的生活状态，正是商家的服务客群。这也是商家与该主播合作最重要的原因。

该"网红"主播坦言，很早以前她就有这款按摩椅，她把按摩椅放在工作室内，用于平时休息和放松。鉴于该款按摩椅质量可靠、性能优越，她决定把按摩椅推荐给直播间的粉丝。粉丝纷纷购买，销售火爆。

阅读以上材料，结合本项目所学的知识，分析该"网红"主播的推荐为何能够帮助提升按摩椅的销量。

外部环境：激起消费者行为的强大"外援"

知识目标

- 了解文化、经济和家庭对消费者行为的影响。
- 了解物流服务、第三方支付方式对消费者行为的影响。
- 了解消费情景对消费者购买行为的影响。
- 掌握实体店、网店和新零售消费情景的塑造策略。

能力目标

- 能够分析物流、第三方支付对消费者行为的影响。
- 能够塑造实体店、网店和新零售的消费情景。

素养目标

- 推进文化自信自强，铸就社会主义文化新辉煌。
- 传承中华优秀传统文化，不断提升国家文化软实力和中华文化影响力。

引导案例

华为，用科技打造沉浸式购物体验

依托5G，中国电信四川公司与华为技术有限公司联手打造了一家"5G+云VR"店铺，该店铺通过中国电信"5G+云VR"全景虚拟导购平台，实现了线上线下融合的消费场景。

云VR店铺还原了线下店铺的全景布局和商品陈列，消费者使用移动设备就可以前往自己感兴趣的"线上柜台"。

点击"柜台"上的商品就可以获得商品详情介绍和购买链接。消费者付款后，店长就可以收到订单信息，然后安排商品派送。"5G+云VR"店铺的开通，让消费者获得了全新的"云逛店"体验，也为传统商业体促进营销获客增添了新手段。

【解析】

VR技术带来的沉浸式体验得到各行各业的关注，与此同时，VR购物也为消费者带来了一种全新的购物体验。

VR技术应用中的关键点在于"体验"和"交互"。在传统的电子商务模式中，营销是将商品的信息通过各种方式和手段灌输给消费者，消费者是按需索取、被动接收，在整个交易过程中，场景化的营销效果并不明显。但是，VR技术在线上零售领域的使用不仅打破了线上场景化营销中体验和交互不足的壁垒，还有效地提升了线上场景化营销的效果。

消费者行为总会受到外部环境的影响，如社会环境、消费情景、物流服务和支付方式等。在不同的环境下，消费者会产生不同的消费行为。了解各种外部环境对消费者行为的影响是企业高质量完成营销计划的前提。

学习知识

任务一　社会环境对消费者行为的影响

消费者总是处于一定的社会环境中，所以消费者行为会受到社会环境的影响。社会环境主要包括文化因素、经济因素和家庭因素。

一、文化对消费者行为的影响

"现代营销学之父"菲利普·科特勒曾经说过，文化是影响人的欲望和行为的决定因素，对消费者行为的影响最为广泛和深刻。

文化有广义和狭义之分。广义上的文化是指人类创造的一切物质财富和

动画 6-1

精神财富的总和。狭义上的文化是指人类精神活动所创造的成果，如科学、艺术、哲学、道德、风俗、法律等。在研究消费者行为时，我们所谈论的文化通常是指狭义的文化。

1. 文化与消费者行为

文化与消费者行为之间的关系是一种双向影响的关系。某种产品与消费者所处的文化越相容，就越有可能被消费者接受，同时产品还可以塑造文化。有些新产品的上市引发了新的生活方式，产生了新的文化形态。例如，智能手机的发明和普遍使用使人们的生活方式发生了巨大的变化，也使文化形态等方面发生了翻天覆地的变化。

文化包罗万象，无处不在，其对消费者行为的影响主要体现在以下几个方面。

（1）语言表达

在语言表达层面，文化可以分为高语境文化与低语境文化。

在高语境文化中，语言交际信息的创造主要依靠语言交流的场合，而非依赖语言本身，所以语言表达通常含蓄、模糊。高语境文化国家主要有中国、日本等亚洲国家。

在低语境文化中，信息沟通主要通过清晰编码的语言来实现，很少依赖外在环境。低语境文化国家主要有美国、德国、瑞士等欧美国家。

由于高语境文化中的消费者更容易捕捉语言之外的信息，对背景的细微差异十分敏感，因此在设计广告时除了注重语言表达外，还要注意使用的形象、图片和符号等是否具有不合理的文化含义，否则很有可能步入文化的"雷区"而惨遭失败。

（2）价值观

价值观是指一个人对经济、政治、道德、金钱等所持有的总的看法。荷兰学者霍夫斯泰德提出了文化维度理论，将不同文化之间的差异归纳为5个基本的文化价值观维度，如图6-1所示。

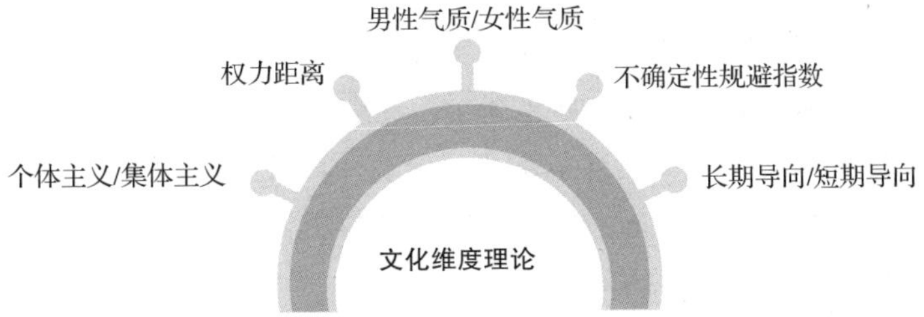

图6-1　文化维度理论

① 个体主义/集体主义。在个体主义文化中，人们关注自己的个人目标，强调个人的权利和取得的成就，十分重视个人与核心家庭的利益。典型的个体主义文化国家有美国、澳大利亚、英国等。在集体主义文化中，人们更关注集体目标，强调个人对群体的义务、服从与忠诚。集体主义的成员努力使自己融入组织之中，对组织存在情感依赖，他们往往关系紧密，实行资源共享，公私界限较为模糊。典型的集体主义国家主要有中国、日本等。那么，个体主义/集体主义价值观对消费者行为会有什么影响呢？

由于个体主义强调个人的独立价值，集体主义强调个人与他人的相互依赖，因此品牌在个体主义国家进行营销时，要多强调品牌对个体的利益，品牌必须足够独特，有个性，能够突出消费者与他人的差异；在集体主义国家进行营销时，品牌应当强调其对家庭和群体的有利之处，使个体强化自己与群体内其他成员之间的关系，增加认同感。

个体主义文化风格的广告一般强调个人感受，有一种我行我素的感觉，如麦当劳的"我就喜欢"、可口可乐的"要爽由自己"等；而集体主义文化风格的广告更多强调分享、陪伴、亲情乃至民族情感，如好迪洗发水的"大家好才是真的好"、海尔的"海尔，中国造"等。

案例链接

饿了么"到了"，用年味戳人心

热闹、喜庆的氛围是春节不可或缺的重要元素，张灯结彩的热闹，置办年货的快乐，种种美好拼接在一起，才是一个有年味的春节。在给年味造势上，饿了么独具匠心，联合其他多个品牌，在上海徐家汇地铁通道为消费者呈现出一组故事海报，如图6-2所示。

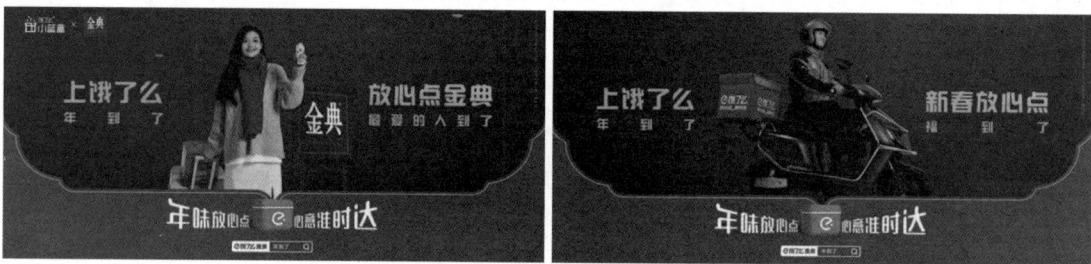

图6-2　饿了么地铁海报

这组海报以"到了"为主题，每张海报的背后都隐藏着一个有关团圆的故事：春节回家见到家人的欣喜时刻，为父母送上新年礼物的开怀时刻，与家人围坐在一起吃团圆饭的喜悦时刻，从骑手手中接过外卖的惊喜时刻……这些美好画面体现的正是"到了"的诸多相聚场景。而海报中"到了"两个字更是戳中人心：年到了，最爱的人到了；年到了，福到了……

饿了么的故事海报不仅在线下吸引了众多人打卡、拍照，分享这份应景的年味，在线上也引发了大量的讨论，话题"饿了么地铁过年氛围海报"冲上微博热搜榜，很多消费者在线上分享自己与海报的合影，传递过年的热闹氛围。

【案例解析】对于中国人来说，春节有着非凡的意义，每个人都会想办法与家人团聚。饿了么"年到了"地铁海报用充满温情的团圆情感，引起了人们的共鸣。在这组广告中，"到了"是一个带有双关语义的词，点外卖时，"到了"代表着消费者收到外卖时的那份放心；而在春节时期，"到了"则代表着游子归家的暖意，引燃消费者相聚的喜悦，有效激发了消费者心中的认同感。

② 权力距离。权力距离是指人们对组织中权力分配不平等情况的接受程度。

在低权力距离文化中，人们大多不接受上级因为等级地位较高而拥有更多的权力，社会成员不管职位高低，都具有相对平等的决策权。在家庭和学校环境中，父母与子女、教师与学生之间的关系也更加平等。主要的低权力距离文化国家有美国、澳大利亚及北欧国家等。

在高权力距离文化中，人们大多接受人与人之间权力的不同。在职场中，下级一般要服从上级的命令；在家庭中，孩子往往要顺从家长；在学校里，教师具有权威性，学生要尊敬教师，不能与教师争论。主要的高权力距离文化国家有印度、墨西哥及大多数阿拉伯国家。

在权力距离文化的影响下，奢侈品消费非常盛行，往往高权力距离文化国家更盛行奢侈品消费。为什么会形成这种现象呢？因为在权力距离较大的社会环境中，个体需要证明自己的社会地位，以便受到他人的尊敬。由于权力和财富分配不均衡，很多奢侈品只有少数高薪阶层才有能力购买，这些奢侈品就成为体现他们社会地位的标志。

③ 男性气质/女性气质。男性气质/女性气质是指社会中居于主体地位的价值观是更看重事业成功还是生活质量。

男性一般气质阳刚，勇猛好胜，追求事业成功和财富地位，所以男性气质文化更推崇成就、物质和权力。处于这种文化中的人们普遍向往成功，往往会为了获得事业上的成功而忽略家庭生活。在这种文化下，性别的社会分工通常比较明确，男性一般负责外出工作，女性一般负责照顾家庭，典型的男性气质文化国家有日本、墨西哥等。

女性一般气质温柔，关怀他人，所以女性气质文化更注重生活品质，维护社会关系。处于这种文化中的个体对生活质量有更高的要求，认为工作是为了生活，而非生活是为了工作。在这种文化下，社会性别分工通常不太明显，女性普遍出去工作，做"家庭主夫"的男性也很多，典型的女性气质文化国家有瑞士、荷兰、泰国、挪威等。

男性气质/女性气质直接影响着家庭消费角色的分配。在男性气质文化的社会中，日用品基本是女性负责购买，男性参与的购买决策主要是买房、买车等大额消费；而在女性气质文化的社会中，家庭消费角色的差异不太明显。

④ 不确定性规避指数。不确定性规避是指社会成员对于模棱两可或风险等不确定情境的容忍程度。

在不确定性规避指数较高的文化中，人们一般很难忍受不确定性，认为不确定性是一种威胁，需要规避。这种社会通过形成比较严密的组织和秩序，建立详细、明确的规范来规避风险，社会成员普遍拥有较强的紧迫感和进取心。日本、新加坡等国家的文化具有较高的不确定性规避指数。

在不确定性规避指数较低的文化中，人们往往可以接受生活中的风险和不确定性，乐于冒险、勇于创新，对待生活持放松的积极态度。这种文化下的社会组织比较松散、灵活，鼓励多样化的生活方式。美国、英国、瑞典等国家的文化具有较低的不确定性规避指数。

不确定性规避指数对消费者行为的影响在于：在不确定性规避指数较高的文化中，人们遵循具体的办事规则，在购物时会搜索更多的信息，并相信权威专家的话，但对新产品的接受度较低；而在不确定性规避指数较低的文化中，消费者会迅速购买新产品，乐于尝试新产品。

⑤ 长期导向/短期导向。在长期导向的文化中，人们不仅重视传统，还会未雨绸缪，为将来做打算。处于这种文化中的人们通常意志坚忍，愿意为实现长远目标而努力奋斗，甘愿牺牲眼前的物质享受。典型的长期导向文化国家有日本、韩国等东亚国家。在短期导向的文化中，人们更注重目前的生活，强调消费和享受当下，追求短期结果。典型的短期导向文化国家有美国、菲律宾、巴基斯坦等。

在长期导向的文化中，人们注重节俭，所以储蓄率更高，消费水平较低。与之相反，在短期导向的文化中，人们通常追求短期的快乐，不会为未来储蓄，而是即时享乐，即使借钱也要消费，所以这种文化下的人们往往借贷消费比例很高，冲动消费较为普遍。

（3）规范

规范是指社会或文化群体中所共享的关于个体行为的规则和标准。规范与价值观是密切相关的，社会中的大多数成员所遵循的文化价值观促使人们形成了社会规范，如果违反规范，就会受到惩罚。不过，规范与文化价值观又不完全相同，价值观属于主观心理过程，而规范属于相对客观的因素。也就是说，价值观存在于人们的内心，不同的人会持有不同的价值观；但规范存在于社会环境中，即使人们所持的价值观不同，也要遵守同样的规范。

规范对人们行为的影响在于大多数人所做的事情并非出自内心意愿，而是出于规范的压力。社会心理学中的"合理行动理论"指出：影响个体行为的因素有两个，一是人们对该行为的真实态度，二是他们感知到的他人对该行为的看法。例如，有人认为把头发染成蓝色非常好看，但她知道如果自己染了这样的头发，肯定会有人投来异样的眼光，为了避免出现这种情况，她只能放弃"把头发染成蓝色"这个想法。

那么，是不是所有文化中的人们都会同样程度地受到规范的影响呢？其实并非如此。有些文化具有十分严格的规范，制约着人们的行为；有些文化中的规范并没有那么严格，对人们的行为所产生的影响并不太明显。基于社会中规范的严格程度，我们可以把文化分为松文化与紧文化。

- 松文化：社会规范程度较低，对违规行为的制裁也相对轻得多，如以色列。处于松文化下的人们，其价值观或真实态度往往决定他们的行为。
- 紧文化：社会规范程度较高，对违规行为有严厉的惩罚，如新加坡。处于紧文化下的人们，其行为会更受规范的影响。

紧文化中的消费者更多地为了与他人保持一致而购物，而松文化中的消费者更多地为了标新立异而购物。因此，在紧文化中开展营销活动时，品牌商应当强调产品的质量、信誉、稳定等一致性的标准；而在松文化中开展营销活动时，更应当强调个性、独特性与定制化。

（4）思维方式

思维方式是人们用来处理信息和感知世界的基础，是一种文化在长期历史发展中形成的较为固定的基础认知模式，不同文化中的个体在思维方式上有着显著的差异。

思维方式的差异对消费者行为会产生巨大的影响。与具有分析性思维方式的消费者相比，具有整体性思维方式的消费者对远距离的品牌延伸更容易接受。例如，在我国，小米既能做手机，也能做空气净化器、体重秤、智能家居，还能制造汽车。

2. 中国文化与消费者行为

中国是历史悠久的文明古国，形成了博大精深、源远流长的传统文化。在传统文化的影响下，消费者的消费行为也具有独特性。

（1）中国传统文化的特点

① 讲究中庸之道。中庸之道是儒家的代表思想，是指待人处世采取不偏不倚、调和折中的态度。在现代社会，中庸之道主要表现为以和为贵，追求和谐，崇尚和美。

② 注重伦理道德。家族观念在中国源远流长，在当下，虽然具有封建意识的家族观念已经消失，但是作为特殊的社会心理，反映中国人伦亲情的家族文化仍然存在，并随

着现代文化的延伸进一步凸显，在社会经济发展中发挥着不可忽视的作用。例如，每年春节，身处外地的中国人都会想方设法地赶回家与亲人团聚，这就体现了深刻的人伦亲情。

③ 倡导重义轻利。中国传统文化倡导重情义而看轻物质利益，强调人与人之间的感情联系，讲究礼尚往来。

中国文化博大精深，以上只是介绍了中国文化的主要特点，并未体现中国文化的核心价值观。中国文化的核心价值观包括人道主义、诚信知报、先义后利、贵和尚中、修己内圣、自强不息、求真务实等。极强的稳定性是核心价值观的特点，任何个人和企业都无法改变中国文化的核心价值观。企业在经营过程中，其经营理念和营销策略应该适应和反映中国文化的核心价值观，这样才有利于推动企业的发展。

（2）中国文化对消费决策的影响

文化会对消费者行为产生广泛且深远的影响，不同的文化导致消费者行为存在差异。下面结合中国文化的特点，讨论中国文化对中国消费者的影响。

① 中国文化对消费者需求确认的影响。需求确认是消费者购买决策的第一个阶段。在家族观念的影响下，很多消费者非常看重家庭建设，因此他们会在家庭住房、子女教育等方面投入大量资金。

在重义轻利观念的影响下，很多中国人讲究"来而不往非礼也"，因此"人情消费""关系消费"较多，消费者会为了维护人际关系、加强与他人之间的互动而产生购买需求。例如，逢年过节、婚丧嫁娶、乔迁新居、商务往来等多种场景都会促使消费者产生购买需求。

② 中国文化对消费者收集信息的影响。消费者收集信息的渠道多种多样，文化背景不同，人们对不同渠道信息的信任程度也不同。在中国文化的影响下，消费者更容易接受和相信从个人经验、人际关系网络等非商业渠道获得的信息。

③ 中国文化对消费者评估方案的影响。消费者的文化价值观会对消费者评估方案产生影响。在中国集体主义价值观的影响下，消费者在评价商品时会存在一定的从众心理，在做出购买决策前通常会参考其他人的意见，或者是跟随他人进行购物。

中国文化中倡导重义轻利的价值观也会对消费者评估购买方案产生较大影响。在消费者看来，"义"在一定程度上体现了企业的诚信和信誉，消费者更愿意选择讲诚信、有信誉的企业，注重企业提供的售中、售后服务。

④ 中国文化对消费者做出决策的影响。中国文化强调家长制，在家庭重大消费问题上，家长通常具有决策权，所以经常出现购买决策者、购买者和使用者分离的情况。在个人和家庭消费中，中国文化强调精打细算、量入为出，当收入减少时，消费者通常会减少支出，暂时取消或搁置一些花费较大而非必需品的购买决策。

人际关系是中国文化的重要组成部分，很多人在消费过程中比较看重"熟人文化"。他们认为有熟人可以获得更多优惠，或者得到一些别人享受不到的照顾，所以这些人喜欢在有熟人的地方购物，或者喜欢从熟人那里获得购买建议。

⑤ 中国文化对消费者购后行为的影响。中国文化注重和谐、统一，强调"和为贵"，因此，很多消费者在遇到不满意的消费时，往往会选择忍气吞声，而很少通过向企业争取解决方案、向消费者权益保护协会投诉等途径来维护自己的权益。但随着社会的发展和人们法律意识的增强，这种情况已经有了较大的改善。

头脑风暴

如何理解各个方便面品牌在我国不同的地域推出不同口味的产品，例如，在有的地区主推红烧牛肉、老坛酸菜、西红柿打卤口味的方便面，而在有的地区会推出油泼辣子酸汤面等？

二、经济对消费者行为的影响

经济因素与文化因素都是社会环境因素的一部分，属于影响消费者行为的基本因素。经济因素可以分为外在经济因素与内在经济因素。

1. 外在经济因素

外在经济因素是指消费者需求对象的经济特征与消费者所处的外在经济状态，包括商品价格、需求价格弹性、经济周期等因素。

（1）商品价格

消费者对某种商品的购买行为会受到该商品价格的影响。按照经济学原理，一般来说，消费者对某种商品的需求量与其价格呈反向变化关系，即假设其他条件不变，当商品价格上涨时，消费者购买该商品的意愿就会降低，会减少购买商品的数量，有时会选择替代品；当商品价格下降时，消费者购买商品的意愿就会提高，会增加购买商品的数量。

当然，如果其他条件发生了变化，这种反向变化关系不一定会成立。一般来说，其他条件有表6-1所示的几个方面。

表6-1 影响消费者购买行为的其他条件及具体说明

其他条件	具体说明
消费者收入	当消费者收入明显增加时，即使商品价格上涨，消费者需求量仍然会保持不变，甚至还会增加
消费者偏好	当消费者增强对某种商品的兴趣时，即使该商品价格上涨，其需求量仍然有可能增加
互补商品价格	有些商品之间存在互补关系，如汽车与轮胎，如果汽车价格下降、轮胎价格上涨，消费者对轮胎的需求量仍然可能会增加，因为汽车价格下降会促使汽车销量增加，虽然轮胎价格上涨，但是由于汽车维修等需要，轮胎的销量仍然会增加

生活中存在一种特殊商品，其价格与需求量呈同向变化关系，这种商品被称为吉芬商品。吉芬是19世纪英国的经济学家，他在研究爱尔兰的土豆销售情况时发现，由于爱尔兰发生灾荒，土豆价格急剧上涨，但人们对土豆的需求量却随之增加。这是因为灾荒使爱尔兰人的收入急剧减少，而土豆作为一种低档的生活必需品，人们不得不增加购买量，以替代其他消费品。当人们度过灾荒以后，土豆种植步入正轨，供给量增加，价格下降，而人们的收入增加了，可以购买价格更高的替代品，所以土豆的需求量就降低了。

（2）需求价格弹性

需求价格弹性是指市场商品需求量对价格变动做出反应的敏感程度。电力、医疗和日常生活必需品的价格即使产生大幅度变化，消费者的需求量也不会出现太大的变化，也就是说，这些商品的需求价格弹性很小；而非生活必需品、旅游服务等，即使价格产生小幅度的变化，也会使需求量出现大幅度变化，这说明这些商品的需求价格弹性很大。

影响需求价格弹性的因素主要包括4个，如表6-2所示。

表6-2　影响需求价格弹性的因素及具体说明

影响需求价格弹性的因素	具体说明
商品的可替代性	商品的可替代品越多，相近程度越高，其需求价格弹性就越大；反之则越小
商品用途的广泛性	商品的用途越广泛，需求价格弹性就越大；反之则越小。如果某种商品的用途广泛，当其价格上涨时，消费者只购买少量该商品用于其主要用途；而在价格下降时，才会增加购买量，以用于多种用途
商品对消费者生活的重要程度	生活必需品的需求价格弹性较小，非生活必需品的需求价格弹性较大，如粮食和食盐的需求价格弹性较小，而电影票的需求价格弹性较大
商品的消费支出占预算总支出的比重	比重越大，需求价格弹性就越大；反之则越小

另外，当目标消费者不同时，同样的商品或服务也会具有不同的需求价格弹性。例如航空服务业，对于出门旅游的人来说，机票有较大的需求价格弹性；而对于出差的商务人员来说，其需求价格弹性较小。

（3）经济周期

一个国家的经济周期与消费者行为之间存在着相互作用和相互影响的关系，消费者行为会影响经济周期阶段的发展，而在不同的经济周期阶段，消费者行为也呈现出不同的状态。

一个国家的经济周期可以分为4个阶段，即繁荣期、衰退期、萧条期和复苏期。在这4个阶段中，消费需求与消费者信心方面表现出不同的特征，如表6-3所示。

表6-3　经济周期与消费者行为的关系

项目	繁荣期	衰退期	萧条期	复苏期
非必需品消费	高	开始降低	很低	开始增长
必需品消费	趋向平稳	稍低	稍低	稍微提高
服务消费	趋向平稳	稍微降低	稍低	稍微提高
消费者信心	开始降低	快速降低	开始提高	快速增长

营销人员很有必要理解并掌握经济周期对消费者行为的影响，特别是在衰退期来临时，如果不能做好充分准备加以应对，企业就会遭受重大损失。

2.　内在经济因素

内在经济因素主要是指消费者收入，消费者的购买力直接取决于其收入的高低或变化，这主要体现在以下4个方面。

（1）绝对收入的变化

引起消费者绝对收入变化的主要原因有工资收入变化，他人赠送、接受遗产、彩票中奖、钱财被盗等财产价值意外变化，政府税收政策变化和企业经营状况变化等，这些都会影响消费者的消费品种、数量、结构及方式。

（2）相对收入的变化

有时消费者的绝对收入没有发生变化，但由于他人的收入发生变化，带来的相对收入变化也会影响消费者的消费行为。例如，当自己与他人相比收入较少时，可能会尽量减少消费，或者改变消费结构。

（3）实际收入的变化

有时消费者的绝对收入没有发生变化，但由于物价上涨，也会导致消费者实际购买的商品数量、品种、结构和方式发生相应的变化。

（4）预期收入的变化

消费者会对未来的收入情况做出预估：假如预期收入会增加，就会增加现期消费支出，甚至增加借贷消费；假如预期收入会减少，就会减少现期消费支出，增加储蓄。

当然，消费者的收入也会影响消费者的支出结构。根据恩格尔定律，一个家庭的收入越少，家庭总支出中用来购买食物的支出所占的比例就越大；而随着家庭收入的增加，家庭总支出中用来购买食物的支出份额则会下降，而在其他方面（如服装、交通、娱乐、教育、医疗等）的支出份额会提高。

衡量食品消费支出占总支出比重的指标被称为恩格尔系数。当消费者的总收入增加时，恩格尔系数会逐渐降低。例如，随着我国经济的高速发展，城乡居民的收入水平不断提高，恩格尔系数显著下降。

三、技术和物流对消费者行为的影响

科学技术的不断进步和物流能力的不断提升极大地改善了消费者的购买体验，促使消费者做出更多的购买决策。

1. 技术

科学技术的发展使人们的消费内容日益增多，数量日益丰富，任何一类产品都可找到不同档次、不同性能、不同品牌、不同价格的商品；另一方面，消费方式也日益多样化，消费品质日益提高，人们的消费活动也不再受时间和空间限制。这一方面，以第三方支付技术为典型。

随着移动通信技术的迅速发展，以及移动终端设备的普及，人们的消费方式和支付方式已经发生了巨大的改变。尽管传统的商业模式仍旧占据很大的市场份额，但电子商务对人们的消费理念和消费行为产生了不容小觑的影响力。

对于广大消费者而言，电子支付几乎发生在他们生活中的每一天，满足着他们不同的需求。电子支付是指单位、个人直接或授权他人通过电子终端发出支付指令，实现货币支付或资金转移的行为。按照支付指令发起方式，电子支付可以分为网上支付、电话支付、移动支付、销售点终端交易、自动柜员机交易等，而第三方支付则属于网上支付的一种。

目前我国主要的第三方支付方式有阿里巴巴的支付宝与腾讯的微信支付。这两种支付方式的开通和操作都很简易，已经不局限于网购消费，在餐饮、线下零售和出行等消费场景也深刻影响着广大消费者的消费习惯。

与现金支付相比，第三方支付具有便利性和安全性等优势。第三方支付平台可以将多种银行卡支付方式整合到一个界面，使购物更加快捷和便利。消费者使用第三方支付可以规避收不到货物的风险，能够增强其交易的信心。由于第三方支付在消费者购买活动中起到媒介的作用，因此消费者的购买行为与自己财产之间的联系变弱，即支付透明度降低，消费者会对所花费的金额表现出"视而不见"的特点。另外，随着移动互联网时代的到来，第三方支付具有移动化的特点，使支付交易行为可以随时随地发生。

第三方支付之所以能对消费产生如此巨大的影响，除了便捷性和安全性外，还在于其影响了消费者心理，其中心理账户和双通道心理账户是关键因素。

（1）心理账户

在经济活动决策过程中，人们对金钱的认知会根据支付方式的不同而产生差别，这就是所谓的心理账户。

心理账户的概念由芝加哥大学行为科学教授理查德·泰勒提出。他认为心理账户是个人或家庭采用的一系列的认知操作，用于组织、评估和追踪经济行为。在交易层面上，人们会为每一笔交易建立心理账户，然后根据感知到的收益或损失进行评估来做出决定。这些心理账户能够帮助决策制定者减轻制定决策时的认知负担，随着时间的推移，人们开始习惯性地建立各种各样的心理过滤器，以便做出各种消费决策。

心理账户有两个本质的特征，即具有非替代性，同时具有不同于经济学的特定运算规则，正是这两个特征造成了人的经济行为与经济学理性假设相背离，也就是说，心理账户具有非理性特征。

人们在使用第三方支付来消费时，对第三方支付账户中存储的钱或者从该账户转账花费的钱，会将其在认知上划出一个特殊的心理账户。例如，微信支付中的"零钱"概念就部分贴合了个体对第三方支付账户的认知，这些零钱可能来自于他人的红包或转账，可能来自自己大额支出后剩下的钱，或者是存储在账户中产生的收益，这一切都让"零钱"带上了"容易获得"的标签，于是支出的意愿就更为强烈。

（2）双通道心理账户

基于泰勒的心理账户理论，后来的学者又提出了双通道心理账户理论。双通道心理账户理论认为，人们在消费决策时，一个通道记录付款后消费者享有的正效用，一个通道记录诸如付款行为等负效用。

根据这一理论，消费者在消费时可以体验到两种截然不同的感觉，分别是消费时带来的满足感和支付时带来的"疼痛感"。消费带来的满足感能够促使人们增加消费，而支付的"疼痛感"则降低消费带来的满足感。例如，乘坐出租车时，坐车的便利免去了步行的劳顿，但支付的车费会在某种程度上降低乘车带来的享受。

这一现象可以通过联结系数来进行解释。联结系数有两个，分别是快乐弱化系数α和疼痛钝化系数β。消费与支付的联结程度越紧密，α系数越大，消费的快乐被支付的疼痛降低得越多；β系数越大，付款的疼痛被消费的快乐降低得越多。

联结系数受到多种因素影响，主要表现如表6-4所示。

表6-4　联结系数受到各因素的影响

因素	α系数	β系数
先付款后消费	较小	较大
先消费后付款	较大	较小
奢侈品	较大	较小
必需品	较小	较大
吝啬者	较大	较小
挥霍者	较小	较大

总体来说，影响双通道心理账户的因素主要有情境特征、个体特征和动机3个方面。

① 情境特征。具体而言，影响消费愉悦与支付疼痛之间关系的情境特征有以下两类。

• 直接因素。直接因素包括消费与支付在时间上的接近性、两者关系的复杂性，以及可感知到的消费与支付之间的因果关系。购买与支付之间的时间距离越长，消费者感受到的支付疼痛就会越弱；一对一的消费与支付模式会让消费者对每一笔消费支出都有很清晰的认识，而一对多或多对多的消费模式则会减弱消费者对每一笔消费支出的认识，从而产生过度消费。

• 间接因素。间接因素包括商品类型和支付方式等。消费者在使用不同的支付方式进行支付时，会产生不同的情绪体验，从而影响其选择。一般来说，现金支付方式会让消费愉悦与支付疼痛产生强烈联系，当产生消费时，消费者会立刻想到支出，甚至有的时候支付疼痛会大于消费愉悦；而信用卡支付与第三方支付则会减弱消费与支付之间的联结，使支付疼痛降低，让消费者更多地体会到消费愉悦。

② 个体特征。个体的年龄、性别、性格、消费习惯等因素也会影响自身感受到的消费愉悦感与支付疼痛感。例如，与高收入人群相比，经济拮据的人会感受到更多的支付疼痛。

③ 动机。在动机方面，消费者的意志力和消费框架（购买或投资）的选择也会对消费愉悦与支付疼痛产生不小的影响。

根据以上因素可知，第三方支付因为具有支付透明度低的特点，会降低消费与支付之间的联结程度，从而降低消费者的支付疼痛，促使其购买意愿增强。

2. 物流

如今网购消费成为消费者普遍接受的购物方式，消费者对物流配送服务质量的期望也日益提高。网购市场消费特征逐步升级，消费者越来越偏好新品类、智能化和高品质消费。

中国互联网络信息中心发布的网购市场研究数据显示，网络口碑、价格、网店/商家信誉成为消费者网购决策的关键因素，其中关于物流快递服务的关注度分别表现在快递配送速度、快递公司信誉、快递费用高低等方面，这表明消费者在网购过程中，物流配送服务对其决策具有重要的影响。

在消费者投诉方面，配送延迟、地点或时间错误、商品损坏或丢失等投诉内容较多。网购过程是消费者接受商家服务的过程，物流服务质量在很大程度上影响着消费者的购物体验，如果商家的物流服务质量较低，消费者就会产生不满，甚至产生退货投诉和负面口碑，最终阻碍商家和物流公司的运营发展。

作为电商与消费者的唯一实体接触环节，物流服务质量已经成为制约商家发展的一块短板，是商家进行品牌建设与维护的焦点。物流服务质量主要体现在4个方面，如图6-3所示。

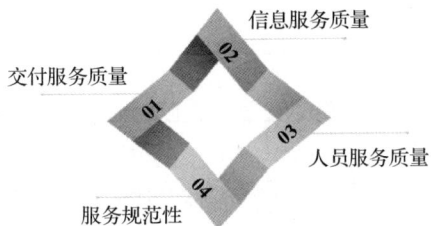

图6-3　物流服务质量的4个方面

（1）交付服务质量

交付服务是物流服务的核心，是指按照约定的时间和地点，将包装完好、数量和规格与订单一致的商品交付消费者。交付服务是网络购物中实现商品所有权转移的必要条件，所以交付服务质量越高，消费者的满意度越高，抱怨或投诉就会相应地减少，重购率才会相应地提高。

（2）信息服务质量

作为现代物流的重要组成部分，物流的信息服务主要提供货物的即时信息，包括地理位置、物流路径、物流跟踪及追溯、订单状态、到货提醒等。

物流信息服务是企业赢得竞争力的重要因素，假如企业可以提供完备的物流即时信息，消费者就可以增强对所购商品的控制感，其购物体验也会更好，相应地其购物满意度也会得到提高。

（3）人员服务质量

人员服务是指与网购消费者接触的物流服务人员的直接服务，包括物流服务人员的知识水平、服务态度等。

人员服务要以消费者为导向，在交付商品时，物流服务人员要与消费者及时、有效地沟通，其服务态度和语言或行为会直接影响到消费者的后续消费行为。因此，物流服务人员要充分理解消费者的需求，做到礼貌、热情和周到，这样才能提高消费者的购物满意度，减少其抱怨的机会。

（4）服务规范性

服务规范性是指提供物流服务的规范程度，主要包括服务流程的规范性、设施的规范性，以及标识的规范性等。消费者在接收商品时就可以体验到物流服务的规范程度，例如是否需要身份验证、包装是否规范、是否有终端扫描设备、物品摆放是否整齐、物流服务人员着装是否正规等。

如果物流服务人员的操作不规范，着装不正规，不允许消费者验货，不需要身份验证，商品随意摆放，那么消费者可能会对商品的安全性和保护性担忧，对本次消费也会产生不满情绪。物流服务越规范，消费者的购物满意度就会越高。

四、家庭对消费者行为的影响

家庭是以婚姻关系、血缘关系或收养关系为纽带而组成的一种社会生活组织形式。家庭是社会的基本单位，是构成社会有机体的基本细胞。家庭对个体性格和价值观的形成、个体消费与决策模式的产生都有十分重要的影响。

1. **家庭生命周期与消费**

家庭生命周期是一个家庭形成、发展直至消亡的过程，可以反映家庭从形成到解体的变化规律，最初由美国人类学家格里克于1947年提出。在市场营销学中，家庭生命周期用于分析和揭示消费者在不同阶段消费的形式、内容和特征等，从而作为市场细分的变量。

家庭生命周期可以分为以下5个阶段。

（1）单身阶段

很多单身者离开父母独立生活，或者在大学读书，或者毕业之后开始工作。目前，许多单身者拥有较高的可自由支配收入，倾向于旅行、娱乐、服饰等方面的消费。

（2）新婚阶段

新婚阶段是指从夫妻组建家庭到第一个孩子出生为止的这一段时期。在这一阶段，夫妻双方都要做出调整，以适应婚后的家庭生活。他们是演出门票、高档服饰、餐饮、旅游度假等商品或服务的重要目标消费群体。由于刚组建家庭，因此他们也是很多生活用品、家居用品的主要购买者。例如，他们会购买大小家电、家具、床上用品、厨具等。

（3）满巢阶段

满巢阶段是指从第一个孩子出生到所有孩子离开父母生活为止的这一段时期。满巢阶段持续时间很长，一般超过20年。相关研究人员将这一阶段细分为满巢一期、满巢二期和满巢三期。

- 满巢一期：6岁以下的孩子与父母组成家庭的时期。第一个孩子的出生通常会使家庭生活方式和消费方式发生巨大的变化。例如，这一时期的家庭需要为孩子购买婴幼儿食品、服装、玩具等，同时还要在用餐和家居布置方面为孩子充分考虑。假如一方停止工作，在家照看孩子，家庭收入就会减少很多。假如让家中长辈帮忙照看孩子，或者雇用保姆，住户成员就会增加，在生活起居和家庭购买方面也会产生相应的变化。

- 满巢二期：孩子已经在小学或中学读书的时期。由于孩子上学，原本应专门在家照看孩子的一方也重新参加工作，使家庭收入得到改善。在这一时期，家庭的消费活动仍然以孩子为中心，为其准备衣、食、住、行等方面的物品，还要培养孩子的兴趣爱好。

- 满巢三期：夫妇年龄较大，但孩子尚未完全独立的时期。在这一时期，夫妻双方都在工作，而孩子虽然没有离开父母，但找到了工作，家庭财务压力减轻，夫妻双方会增加在健身、营养保健等方面的消费。

（4）空巢阶段

空巢阶段开始于孩子不再与父母共同居住，这一阶段的延续时间比较长。有的父母会因为孩子不在身边而感到落寞、伤感，而有的父母则释放了抚养孩子的压力，做一些之前想做但没有精力去做的事情。在这个阶段，夫妻双方可能会共同旅游和娱乐、重新装修居室等。由于他们拥有的可支配收入较多，因此他们是养生保健、奢侈品、汽车、高档家具及旅游度假等商品或服务的重要消费群体。

（5）解体阶段

解体阶段开始于夫妻双方中一方过世。假如在世的一方身体健康，有工作或者有足够的储蓄，并且有朋友和亲戚与之来往，家庭生活的调整就会容易许多。由于收入来源减少，因此在世的一方会变得节俭。

2. 家庭购买决策

家庭购买决策是家庭成员做出购买决定的过程。要理解家庭购买决策，就必须分析家庭成员在购买决策中的相互作用关系。广告与消费心理学家戴维斯等研究并识别了家庭购买决策的4种方式，如表6-5所示。

表6-5　家庭购买决策方式说明和举例

方式	说明	举例
自主决策	对于不太重要的物品，妻子或丈夫独立做出购买决定	饮料
丈夫主导决策	在决定购买什么的问题上，丈夫起主导作用	保险
妻子主导决策	在决定购买什么的问题上，妻子起主导作用	清洁用品、厨房用品和食品
共同决策	丈夫和妻子共同做出购买决定	度假、供孩子上学、购买和装修住宅

经研究发现，越是进入购买决策的后期，家庭成员越倾向于共同决策。也就是说，家庭成员在具体商品的购买上存在一定的分工，某个家庭成员负责收集信息并进行评价与比较，而最终决策要由所有家庭成员一起做出。

家庭购买决策方式也会因商品的不同而有所区别。如果某种商品对整个家庭非常重要，且购买风险很高，家庭成员就倾向于共同决策；如果某种商品为个人所用，或者购买风险很小，则自主决策居多。

🎓 **头脑风暴**

　　我国三孩生育政策放开，二孩、三孩的增加带动了母婴用品的销售。你认为有了二孩、三孩的家庭，其消费模式与只有一个孩子时有什么不同？

任务二　消费情景对消费者行为的影响

在消费者的消费过程中，消费行为会受到情景的影响。面对相同的营销刺激，如同样的商品、服务或广告，同一个消费者在不同的消费情景下会有不同的行为表现。

一、消费情景对消费者购买行为的影响

消费情景是指消费者所面临的能够引起其生理和心理反应的内外部刺激因素。消费情景主要分为4种类型，即传播情景、购买情景、使用情景和处置情景。其中，传播情景是指消费者在与人沟通或接触某些物体时所处的状况，是对消费者行为产生影响的信息接收情景，也称信息沟通情景，可以决定消费者是否留意、理解和记忆信息。购买情景是指消费者在购买商品时所处的状态。使用情景是指消费者使用商品的时机或状态。处置情景是指商品使用前或使用后消费者必须处置商品或商品的包装。

动画 6-2

消费情景具有5个维度，分别是物质环境、人际环境、时间压力、购买任务和短期状态。下面从这5个维度来分析消费情景对消费者购买行为的影响。

1. 物质环境

物质环境是指那些以实物形式存在的、能够唤起人的感觉的环境因素，以及与物质有关的设备设施环境。物质环境能够为消费者提供一种体验价值，在购物过程中满足其娱乐和幻想的需求，因此消费者在井然有序的环境中购物要比在杂乱无章的环境中购物更满意。

物质环境可以分为颜色、气味、音乐和拥挤状态等。

（1）颜色

颜色对人们的心理有着很大的影响，所以消费者行为也会受到颜色的影响。很多消费者或许认为自己不会受到外界的影响，但事实并非如此。科学研究早已证明，颜色会触发大脑响应。消费者对视觉线索的依赖性远大于其他感觉器官，在购买决策的影响因素中，产品质地只占6%，气味或声音只占1%，但产品外观占93%，而在购买某件特定商品时，85%的消费者承认是受到其颜色的影响。

（2）气味

气味对消费者购买行为的影响得到越来越多的证明。一项研究发现，如果购买环境有香味，会让人产生再次前往购买的想法，能够提高消费者购买某种商品的意愿，使其对购买时间降低敏感度。当然，香味偏好是很个性化的，令某些人愉悦的香味可能会让其他人厌恶，而有的人还会对某些香味过敏，这都会影响消费者的购买行为。

（3）音乐

在购物环境中，音乐是影响消费者购物感受的一个重要因素。商场对音乐的合理编排与设计不但可以给消费者带来听觉上的享受，营造轻松的购物氛围，而且音乐的格调也直接体现了商家的文化品位，会对消费者的情感产生直接影响，从而影响其购买行为。

（4）拥挤状态

拥挤既可以被看作一种高密度的物理状态，也可以被看作个人心理的状态。如果商场中的人太多，过于拥挤，就会影响商场的氛围，使消费者产生压抑感，有一种行为受限或者私人空间被侵占的心理提示，所以他们会减少购买时间，只购买主要的商品，而放弃购买次要的商品。这样一来，消费者就会产生不愉快的购物体验，满意度就会降低，再次前往同一家商场的可能性也会降低。

2. 人际环境

人际环境是指那些对人的心理与行为具有直接或间接影响的社会情景，如朋友的意见、孩子的索要等。消费心理学研究表明，人在社会情景下受到他人影响而产生的消费行为与在个人情景下有显著的区别。在社会情景下，人们的消费心理有明显的从众性，总是会相互模仿。很多消费者在做出购买决策之前会询问亲朋好友的意见，或者向专业人士咨询。因此，对于消费者来说，销售人员是一个非常重要的人际环境因素：如果消费者认为销售人员的态度、能力很差，对其不信任，一般就会提高警惕，放弃购买；反之，则会增强购买意愿。

3. 时间压力

时间对消费者购买决策有着非常重要的影响。一般情况下，可用的时间越少，搜索到并能运用的信息就越少，就会压缩决策时间，消费者可能会因为信息不充分而做出不合理的决策，或者降低标准，或者按照自己的直觉进行决策，购买以后产生后悔情绪的可能性较大。

很多人因为工作繁忙，业余时间较少，所以在购物过程中非常仓促。由于存在时间压力，很多消费者会减少购物浏览的时间，在购物之前做好采购计划，或者只购买自己熟悉的商品，就会相应地减少冲动购物的行为。

由于时间压力的影响，越来越多的消费者倾向于在网上购物，但由于网上购物支付便捷、浏览方便、商品种类繁多，再加上很多人自制力差，所以在网上容易产生冲动消费。

4. 购买任务

购买任务是指消费者购买商品或服务的理由或目的，分为自用购买和送礼购买。

（1）自用购买

在自用购买方面，消费者购买决策会受到多种因素的影响和制约，包括消费者的性格、气质、兴趣爱好、生活习惯、收入水平等个人因素，以及消费者所处的空间环境、社会文化环境和经济环境等刺激因素。这些因素之间存在复杂的相互作用，会对消费者的决策内容、方式和结果产生很大的影响。这种影响是带有不确定性的，因为影响消费者购买决策的各种因素会随着时间、地点和环境的变化而不断变化。

对于同一个消费者来说，其购买决策具有明显的情景性，其决策方式会依据所处的不同情景而有所变化。由于不同消费者的收入水平、购买习惯、消费心理和家庭环境等因素不同，因此不同消费者对同一种商品的购买决策也会有所不同。

（2）送礼购买

对于消费者来说，送礼购买与自用购买的购物策略和选择标准有很大的差异。礼品包含着很多象征性意义，传递着送礼者对受礼者的重视和尊重，而礼品的形象与功能也隐含着送礼者对受礼者形象和个性的印象。礼品的性质不同，意味着送礼者与受礼者想要建立的关系也有所不同。例如，送给他人一套餐具做礼物与送一瓶香水做礼物，送礼者与受礼者想要建立的关系明显有所不同。

5. 短期状态

短期状态是指消费者在消费过程中的短期心理状态或条件，分为心情和暂时性条件两个方面。

（1）心情

心情是一种暂时性的情感状态，人们通常用"高兴""悲哀""压抑""忧伤"等词语来描述心情。心情既对消费过程产生影响，又会受到消费过程的影响，所以营销人员不仅要对因为某种心情而引发的消费者行为做出得体的反应，还要想办法影响消费者，使其拥有积极的心情，从而有利于营销。例如，在餐馆、酒吧、购物中心等场所，商家可以通过播放背景音乐来刺激消费者产生积极的心情。

（2）暂时性条件

暂时性条件是指疲倦、生病、突然增加收入或破产等暂时性状态。这些状态并不是经常性的，也不会与个体长时间伴随，所以对消费者行为的影响也是暂时的。例如，一个总是经济拮据的人与暂时缺钱的人的消费行为有显著的差别，总是经济拮据的人会想尽办法省钱，消费水平会很低，而暂时缺钱的人只是暂时性地收紧"钱包"，会随着收入的增加提高消费水平，甚至预期自己的收入可以弥补透支额度，从而产生超前消费。

🎓 头脑风暴

有些快餐店喜欢用红色作为品牌主色调，而科技或互联网公司则通常用蓝色作为品牌的主色调，你认为这可能是什么原因造成的？

二、实体店消费情景的塑造

消费者要在一定的消费情景中做出购买行为，而消费情景的优劣会对消费者的心理产生很大的影响。大量营销实践证明，优雅、整洁的购物环境会使消费者产生温馨的感觉。因此，研究消费情景及其对消费心理的影响是很有必要的，这有助于营销人员塑造良好的消费情景，从而促进销售。

在实体店方面，塑造消费情景主要围绕以下3个方面进行。

1. 物质情景

物质情景主要是指商场的外部设计和内部设计。这是消费者购物环境的重要部分，会对消费者的购买心理产生巨大影响。商家应根据消费者在进入商场前的预期心理要求来确定适宜的外部设计与内部设计。

（1）外部设计

外部设计主要包括建筑设计和门面设计。

① 建筑设计。建筑是一种艺术，是物质与精神的统一。商场建筑不仅具有形态功能，可以满足作为购物场所的空间需要；还具有心理功能，可以形成良好的购物情绪氛围，给消费者以美感，促使其产生购买欲望。

另外，建筑设计要符合实际，因地制宜，结合当地消费者的传统习惯，避免千篇一律的建筑格局。商场建筑应注重造型、色调，打造出独特、新颖和美观的设计风格，给消费者留下深刻的印象。

② 门面设计。门面设计分为4个方面，如图6-4所示。

• 招牌设计。商店招牌是指挂在商店门前作为标志的牌子，主要用来指示商店的名称和记

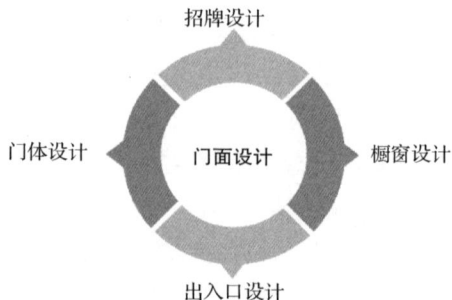

图6-4　门面设计

号，可以作为店标。招牌的设计应能够引起消费者注意，否则很难达到销售目的。目前较为流行的招牌是霓虹灯招牌，有的利用电子屏幕显示文字或变换图案，以达到刺激消费者视觉感官的目的。在设计招牌时，要考虑到消费者的可视性，提高招牌的可见度，扩大其影响力，使较远位置、来自不同方向的消费者都能看到招牌上的信息。

- 门体设计。门体设计是门面设计的重要部分。门体及其侧翼是人们在商场外以平面视线观察到的部分，是吸引消费者进入商场内部的面积较大的场景。透明、宽大的门体及其两翼能够使消费者对商场内部的场景一目了然，所以门体设计要增加门体的透明度和光亮感，可以尽量减少甚至取消木架或金属架，改用大面积玻璃架构。
- 出入口设计。出入口是消费者进出商场的通道，可以使消费者从店门到达货架，在设计时应当方便消费者进出。大型商场应当考虑到消费者人数众多，要开设多个出入口，以满足消费者从不同方位进出的需求。当然，对于不同的经营场所，出入口设计要有自己的特色。一般来说，出入口设计分为4种类型，如表6-6所示。

表6-6　出入口设计的类型

类型	特点	适合的经营场所	与消费者行为的关系
封闭型	店门入口较小，临街一面有时用橱窗或有色玻璃遮蔽	经营金银首饰、名贵工艺品、艺术瓷器等高档商品和特殊商品的商店；西餐厅和咖啡厅等	消费者会因为其封闭出入口而对其产生神秘、幽雅和高贵的感觉，这种类型主要面对有特定消费意向的人群，客流量不多，不影响出入
半开型	出入口占门面的一半左右，两翼临街位置有橱窗，陈列样品	经营时装、化妆品、医药用品、文化用品等大众化商品的商店	消费者可以通过橱窗和门面清楚地了解店内的大体布局，方便进出浏览和购买商品
全开型	临街位置全部开放，出入口很大，使消费者在路过时能很清晰地看到商场内部场景	水果店、生鲜超市等	消费者进出无障碍，来这里主要是购买生活必需品。消费者群体范围很广，所以出入口设计要满足消费者方便、实用、经济的心理需要
畅通型	设置两个以上店门，甚至明确区分和标明出口、入口位置	客流量大、经营商品种类繁多的大型商场，如百货商店、超市等	让消费者感觉很气派，最大限度地满足其进出商场的需要

- 橱窗设计。消费者观看橱窗就是为了获得商品信息，以方便自己选购商品，而商场中经营的商品种类很多，无法把所有商品都陈列出来，所以就要精选商品，把功能独特、样式新颖、造型别致的当季商品重点介绍给消费者。

在进行橱窗设计时，设计人员要运用多种艺术手法来烘托商品的外观形象和品质特征，构造完美、协调的立体画面，使消费者产生视觉享受。优秀的橱窗设计如同一件优秀的作品，具有强烈的艺术感染力，使消费者在视觉享受中对商品的印象更加深刻，进而产生购买欲望。

（2）内部设计

合理的内部设计要能为消费者提供便利的购物条件和环境，使其达到愉悦、兴奋、满意的购物心理状态，从而促成购买行为。一般来说，商场的内部设计包括商品陈列、音响设计、内部照明设计和色彩设计等。

① 商品陈列。商品陈列是商场内部设计的核心内容，是直接刺激消费者产生购买行为的

重要因素。商品陈列的基本原则是方便消费者选购。

要想达到方便选购的目的，商品陈列的设计要符合以下要求。

- 层次清楚，高度适宜。商品陈列要有层次感，同类商品尽量放在相邻的位置上，以缩短消费者寻找商品的时间；商品陈列的高度要能使商品很容易进入消费者的视线，并方便其拿取，一般来说，普通身高的消费者无意识展望的高度为0.7～1.7米，上下幅度为1米左右，如果高度太高或太低，消费者要仰起头或蹲下去才能看到并拿到商品，就非常不方便，很多消费者会直接略过这些位置。

- 适应习惯。商品种类不同，人们的购买心理也会有所区别。表6-7所示为各类商品及其消费者购买习惯。

表6-7　各类商品及其消费者购买习惯

商品类型	解释	举例	购买心理	商品陈列位置
低值易耗商品	在日常生活中消耗量较大、需求价格弹性小、价格较低、消费层次不明显的商品	饮料、糖果、瓜果蔬菜、清洁用品、油盐酱醋	这类商品使用频繁，人们希望购买方便，交易快捷	最明显、易于速购的地方，如商店底层、过道和出入口
衣着出行用品	人们日常生活中用于穿着打扮或出行的物品，可以显示一个人的气质、审美和消费层次	时装、皮鞋、手提包	这类商品的款式和价格差异较大，因此人们在购买时会进行仔细比较，综合考虑后再做决定	空间宽敞、光线充足的地方，便于消费者接触商品，以进行比较和分析，从容决策
家用贵重商品	这类商品是人们居家使用的高档生活用品，体积较大，使用寿命长	电视机、电冰箱、空调、音响设备、高档家具	这类商品各品牌的性能、价格和质量差异较大，且价格昂贵、使用周期长、售后服务要求高，人们在购买时要进行周密的思考和比较	选择店内比较深入、僻静和优雅的场所，设立专门区域提供咨询服务，使消费者谨慎决策、放心购买

- 保持整洁，空间适宜。商品陈列不仅要讲究层次和位置，还要保持洁净、整齐，经常清理灰尘；商品陈列应当在货架上保持疏密得体的状态，随时填补商品销售之后留出的空间，传达一种丰富、充实的感觉，但也不能过于严实，否则会使人觉得沉闷和压抑；货架之间的通道要宽窄适宜，保持通畅。

案例链接 ● ● ● ● ● · ·

观夏，以茶楼会馆打造东方雅韵

观夏是一个诞生于2018年的东方文化香氛品牌。该品牌素来以东方境界审度自然，意在创造出五感融通、可观可嗅可感的当代东方之美。观夏的线下门店多选址在设计风格具有地方特色的老式建筑中，以建筑作为媒介，传递品牌的文化美学。

在成都，观夏就将线下门店"观夏蜀馆"开在一座位于老街区的老式建筑内。建筑体外部的灰色墙砖和屋内的木质结构都被完整地保留下来，整个建筑体的外观与观夏的品牌观念相得益彰。

进入"观夏蜀馆"，一张巨幅屏风映入眼帘。沿着屏风走到底，是观夏在每个线下门店都设有的净手区（见图6-5），消费者可以在这里使用观夏的东方草本系列产品体验净手仪式。

在成都，人们去茶室喝茶是一件习以为常的事情。在"观夏蜀馆"的设计中，茶室也是主要元素之一。例如，设计者以"置围间"为灵感用巨幅屏风隔出了品茶空间，空间内的家具及展台设计灵感来源于都篮（收纳茶具）、注子（保温）等古代茶具、茶器（见图6-6）。

"观夏蜀馆"内的灯光设计错落搭配，构建出别具一格的灯光层次，与素雅、现代的室内设计相得益彰，好似一幅流动着东方美的写意画。

图6-5　净手区

图6-6　以古代茶具、茶器为设计灵感的陈列展台

"观夏蜀馆"的设计者在室内安装的照明灯光恰到好处地与室外自然光形成自然衔接，将室内营造出像家一样舒适自然的氛围，同时兼顾凸显陈列香氛产品的微小空间，在细微处让光线与设计融合。

【案例解析】观夏的线下门店"观夏蜀馆"突破了传统实体门店的设计思维，借老式建筑重塑文化空间，打造了充满沉浸式体验的空间。整个门店的设计充分体现了成都的城市特色，让观夏通过古建筑空间与城市产生深度联结，有效提高了观夏的品牌辨识度。

② 音响设计。音响设计主要是指背景音乐设计。在商场内，适度的背景音乐能够调节消费者的情绪，活跃气氛，使其产生舒适心情，从而给营业环境增加新的生机。

研究表明，古典、高雅的轻音乐适合在定位较高的精品店播放，使消费者产生一种品位很高的感觉，进而认同商家的定位。流行音乐更适合大众口味，在商场听到这种音乐时，消费者会感觉商品的价格更接近自己的购买力，贴近自身生活，所以这种音乐适合在大卖场播放。除了古典、高雅与流行的区别之外，音乐的节奏舒缓与否也对消费者行为产生影响。例如，商场在平时应播放慢节奏的音乐，使消费者感到轻松，从而放慢脚步，增加购买时间；而在促销时，商场应播放快节奏的音乐，音量也可以稍微大一些，这样可以增加消费者的紧迫感，使其尽快做出购买决策。音乐也可以起到掩盖嘈杂声，使其不被消费者注意的作用。总之，营销人员要想使音乐对消费者购买行为起到积极的推动作用，就要使其成为消费者购买经历的一部分。

③ 内部照明设计。光线充足且柔和，不仅能够缩短消费者选购商品的时间，还可以吸引其注意力，引发其良好的购物情绪。照明可以分为3种，分别为自然照明、基本照明和特殊照明。

- 自然照明。自然光柔和、明亮，是最理想的照明光源。商场在设计时就应充分考虑最大限度利用自然光线，如增加玻璃墙面的面积。不过，自然光线受到多种因素的影响，无法完全满足商场内部照明的需要，所以需要其他照明方式进行补充。
- 基本照明。基本照明是在商场内部的天花板上安装以荧光灯为主的照明设备。一般来说，照明光线强一些，有利于调动消费者的情绪，使其产生愉悦的心情。
- 特殊照明。特殊照明用来突出某种特殊商品的特性，以更好地吸引消费者注意，激发其购买兴趣。特殊照明多采用聚光灯，适合金银首饰、珠宝玉器、手表挂件等贵重、精巧的商品，不但方便消费者挑选，而且还能更好地展现商品的高档层次，给人以稀有、高贵的感觉。

④ 色彩设计。商场的色彩设计不仅是一种装饰，也是一种经营手段，会对人们的消费心理产生特殊影响。

色彩可以改变人们对特定场所温度的感觉。在赤、橙、黄、绿、青、蓝、紫七色光谱中，赤、橙、黄属于暖色调，绿、青、蓝、紫属于冷色调。暖色调给人温暖、热烈的感觉，而冷色调给人凉爽的感觉。因此，在不同的季节、不同的地区，商场应选择合适的色彩基调，为消费者打造舒适的购物环境。

除了冷暖感以外，色彩还具有象征感，各种色彩可以引起人们不同的联想。表6-8所示为主要色彩及其象征作用。

表6-8　色彩及其象征作用

色彩	象征作用
红色	会加快心跳，散发活力，传达紧迫感、激情、兴奋和力量
橙色	代表欲望，能够吸引消费者对某一行为产生注意力，指导其做出某种行为
黄色	代表轻盈、乐观、快乐、青春，通常用来吸引年轻消费者
绿色	象征自然、生活、舒适和健康，使人产生放松的感觉
蓝色	象征耐心、忠诚、诚信、安全，能够给消费者值得信任和受到保护的感觉
黑色	象征强大、优雅、时尚，具有神秘感，是代表奢侈品、健身市场和高级服务的最佳颜色
粉色	一种浪漫的颜色，主要用于女性用品
紫色	象征冷静和抚慰，同时体现智慧和成熟，多用于化妆品

2. 信息传播情景

消费者做出购买决策是以掌握的信息为依据的，尽管广告宣传、人际传播等因素可以使消费者了解到一些商品信息，但这些信息是单向的、局部的信息，而消费者在商场能够全面接触到商品的全部信息，并能进行互动。正是因为互动的产生，商场要注重信息传播情景的塑造，其中包括信息内容的塑造和信息环境的整合。

（1）信息内容的塑造

在传达信息之前，商家要依据消费者的习惯对信息进行精简，从而使这些信息真正转化为消费者的认知。精简可以按照以下方面来进行。

① 信息传播要有主次之分。因为环境的感官刺激非常丰富，人们往往不能完全处理，只是把自己需要的、重要的信息挑选出来，而忽略那些自认为不重要的信息，所以商场在传播信息时应有主次之分，分清重点，不要面面俱到。

② 迎合消费者要求。商场向消费者提供信息时要迎合其要求，把消费者最关心的价格、促销活动和商品性能展示出来。

③ 简单明了地传递信息。信息的复杂程度直接影响受众的理解和接受程度。商场要把消费者想要了解的信息简单明了地传递出去，使其更快地了解商品信息，从而减少决策的时间。

④ 信息要清晰一致。不管采用什么媒介来传递商品信息，信息都应当清晰一致，不能相互矛盾。商场传递的信息离消费者最近，消费者会当场与以往信息进行对比，一旦信息一致，就会强化对该商品的认可，加快购买行为的发生；反之，则会犹豫不决，最后放弃购买。

（2）信息环境的整合

对于消费者来说，信息的传播情景不仅包括商场，还有一个大的外部环境。当消费者在商场内无法获取足够的信息时，便会转向外部环境寻找信息，主要媒介是大众媒体和口头传播。因此，商场要利用各种方法将自己显现在消费者眼前，使其对自己产生印象，以便于他们在产生消费想法时能够首先考虑自己。

所谓信息环境的整合，就是将外部流动信息环境与商场固化的信息环境相互整合，形成一个以信息促进销售，再以销售促进信息传播的良性循环。这样一来，商家的信息传播成本会随着社会自发传播和消费者的口头传播逐渐降低，从而达到低成本运营的目的。

3. 服务体验情景

消费者在商场进行消费时，除了受到商场物质环境及信息环境的影响，还会受到商场工作人员的服务以及体验情景的影响。服务体验情景的塑造主要包括4个方面：情感体验化、服务视觉化、体验互动化和体验戏剧化。

（1）情感体验化

情感体验化是指商场通过提供服务使消费者产生情感体验，影响其购物情绪和情感。在感性消费时代，商场不仅要宽敞、舒适、洁净和明亮，还要精心设计感性元素，迅速调动消费者的情绪，激发其购买行为。专业的感性情景设计应以消费者体验为中心，充分调动其感官，以达到预期的情绪效果。

如今人们在消费时大多追求满足自己的个性，获得精神上的愉悦。商场应当敏锐地把握这一趋势，推出迎合消费者需求的情感化产品，提升销量，赢得市场。

（2）服务视觉化

服务视觉化即服务有形化，是指通过某些实物来展现服务的内涵，使消费者更好地把握服务。服务视觉化主要包括两个方面，分别是环境和信息沟通。环境是指消费者进行消费活动的场所，应做到干净、卫生，并做好照明，控制噪声。信息沟通中最主要的因素是商场的工作人员，尤其是促销人员，因为服务主要由促销人员提供，他们要发挥能动性，为消费者提供人性化的服务，并引导其注意商品信息。

（3）体验互动化

体验互动化是指让消费者主动参与到消费相关活动中，以激发其体验情绪。体验互动化没有固定的模式，商场要根据自身情况调配资源和场地，灵活地开展相关活动。例如，商场可以设立一个信息反馈和征询的服务程序，方便消费者与商场建立联系或反馈相关意见，从而增加其成就感，产生消费偏好。

（4）体验戏剧化

戏剧化是营造消费体验的有效方式。有时商家可以通过戏剧化的方式把过去令人讨厌的体验调整成愉悦的体验。例如，有名的杭帮菜餐厅"外婆家"在每次叫号时，都会有甜美的女声录音喊道："外婆喊你回家吃饭喽！"这种叫号方式也是消费体验的一部分。

头脑风暴

你是否逛过或了解过一些具有设计感的实体店？说一说这些实体店的设计特点，以及你的感受。

三、网店消费情景的塑造

对于网络购物来说，网店消费情景主要体现在网店的页面上。因此，要想塑造令人满意的网店消费情景，卖家要在网店装修上下功夫。

装修精美的店面会给买家以美的享受，更好地衬托商品，使买家在浏览页面时心情愉悦，延长停留时间，提高下单的概率。另外，精美的装修会让买家觉得卖家十分重视店铺，可以给买家安全感，增强其购买信心。

网店装修大致可以从以下几个方面来展开。

1. 起一个好的店名

名字应以吸引关注和便于记忆为第一目的。一个响亮且朗朗上口的名字会让人眼前一亮。网店起名虽然没有统一的标准，但大体上需要遵循以下原则。

（1）店名简洁明了

网店的店名应简单，容易记忆。假如卖家使用了较生僻或烦琐的词语作为店名，买家无法有效阅读和识别，自然也就无法记忆与传播。

（2）与商品直接相关

网店的店名应与主要经营的商品直接相关，这样可以让买家在看到店名的第一眼就知道网店的主营业务、主要商品品类，以及商品的特征。这样的店名会起到画龙点睛的作用，如专营乐器的"正音堂"等。

（3）有一定的文化底蕴

具备一定文化底蕴的店名可以提升网店的形象，使店铺看起来更有文化品位，增加网店的品牌内涵。

（4）新颖、有趣

网购的主要消费群体是喜欢新鲜事物的年轻人，他们追求前卫，所以店名大多选取新颖、有个性的词语。

2. 设计好的店招

店招是一家网店的门面，假如店招不够吸引人，就很难让买家对商品产生深刻的印象，所以构思和创意在店招设计中极为重要。

（1）店名样式的设计

店名起好以后，当然要在显眼的店招位置呈现出来。店名样式的设计要考虑店铺商品的主要风格与特色，而且要与店名搭配。

（2）背景图片的选择

要想让店招引起买家的兴趣和重视，就要让店招设计具有较强的视觉冲击力，而影响视觉冲击力的主要因素就是背景图片，包括背景图片的形象与主色调、动态图片的颜色变换、图片大小与位置等。

为了避免店招过于花哨，背景图片不要使用过多的颜色，以防买家形成视觉疲劳。一般来说，背景图片使用1~3种颜色，而且要减少使用刺激性较强的颜色。

（3）店招文字的设计

店招上除了有店铺名字外，通常还会有其他文字内容，包括店铺宣言、优惠信息等。在设计这些文字时，要保证文字准确无误、简洁易懂。

另外，要协调好这些文字与店名的关系，不能为了突出某些文字而湮没店名，因为优惠信息和广告只是为了促进短期购买，而店名是保证长期经营的根本。开网店不能只注重眼前利益，要为网店的长期发展考虑。

3. 商品分类导航栏的设计

条理分明的商品分类导航栏不仅方便卖家对商品进行批量管理，还可以为买家购物提供引导，帮助买家节省购物时间和精力，使其感受到卖家的体贴与周到。

大部分的商品分类导航栏位于网店首页的左侧，但如果空间有限或者由于具体内容的需要，有的卖家会把商品分类导航栏隐藏在店招下的下拉菜单中，这样不仅使商品分类导航栏位于更显眼的位置，还可以节省空间。

假如店铺中的商品种类特别多，详细分类占用的位置也很多，就十分不利于买家浏览与查找。这时可以考虑使用级联菜单，在上一级分类中再次分类，这样会显得条理分明。

为商品分类导航栏添加商品排序功能，买家可以按照自己的需求优先看到自己希望找到的商品。商品排序是按照新品上架的时间来分类的，不仅方便推荐新品，还可以使买家很方便地找到曾经购买的或者亲友推荐的商品。

4. 色彩设计

在店铺装修中，色彩设计要符合店铺主题，体现出店铺的品牌文化及正面形象，以达到加深买家记忆的目的。

店铺装修要想获得突出的视觉效果，色彩的选择与搭配要符合以下原则。

（1）页面外观统一

店铺整体的颜色要给人一种统一、协调的感觉，保持页面外观的统一。外观统一并非指只用一种颜色，而是使用一种主色调，并在此基础上搭配一些其他颜色。

（2）色彩搭配有主次之分

整个页面不能只有一种颜色，这样会显得过于单调和压抑。店铺页面中的色彩搭配要有主次之分，对比要鲜明。背景图片与文字要有明显的色彩对比，而且背景图片不能使用过于复杂的图案，这样会模糊文字的主题内容，使其无法得到很好的表现。

（3）颜色类型要控制在3种以内

尽管不同色彩有着不同的表现力，但店铺装修并非要用到所有的色彩。一个页面用到的色彩最好控制在3种以内，假如使用的色彩过多，就会让页面看起来杂乱无章。

店铺页面中的色彩主要由主色、辅助色和点缀色组成，色彩搭配要符合黄金比例 $6:3:1$，即同一页面中主色占60%的面积，辅助色占30%的面积，点缀色只占10%的面积。卖家在选择主色时，要系统地分析受众群体的消费心理特征，找到更易于接受的色彩，然后确定合理的辅助色和点缀色。在确定主色以后要延续使用下去，除非发现之前的定位不太准确。

（4）节庆促销可以选用不同色彩风格

在各种传统节假日、"双十一"、"6·18"或者店铺周年庆等特殊的日子，卖家可以为店铺页面添加一些喜庆的色彩，以突出节庆氛围，使买家受到感染，从而产生强烈的购买欲望。

5．字体的创意设计

为了增加店铺页面的美感，卖家可以对字体进行创意设计，使字体的表现形式更加丰富，彰显店铺的个性。

字体的创意设计主要包括以下3个方面。

（1）设计文字的立体感

卖家可以通过添加修饰形状或阴影的方式来制造文字的空间感，再通过调整文字的色彩和阴暗来增强文字的立体感，以提升文字的表现力。

（2）设计连体字

卖家可以使用一些特定的线条将某些存在笔画联系的单个字紧密地连接在一起，使多个文字形成一个整体，增强文字的流畅感。

（3）在字体上添加修饰元素

通常情况下，设计和制作立体字或连体字会花费很长时间。其实卖家只要对文字进行一些合理的调整，添加一些适当的修饰元素，就可以提升文字的创意效果。

6．文案排版设计

一般来说，网店页面是由文字和图片构成的，卖家可以运用一些技巧来编排文字和图片，有效地协调两者之间的关系，从而提升页面的表现力。

文案排版设计分为以下几种方式。

（1）垂直分割

卖家可以采用垂直分割的方式将版面分为左、右两个部分，把文字和商品的图片分别排列在版面的左右两侧，使文字和图片在视觉上一目了然，使版面在视觉上形成从左到右的流畅感。

（2）水平分割

水平分割是指将版面分为上、下两部分，分别将文字和图片排列在版面的上半部分与下半部分。由于人们通常是按照从上到下的顺序浏览页面的，所以这种排版设计方式符合人们在视觉上的浏览习惯。

（3）文图文

文图文的排版方式是指将商品图片放在版面的中间，把文字放在左右两侧。这种排版方式可以突出商品，但假如两侧的文字排版不合理，很容易让买家在浏览页面时产生视觉疲劳。因此，卖家不要把关键性的文字信息分散地放在左右两侧，这样会导致买家无法在第一时间接收重要信息，不妨把重要信息放在一侧，而将次要信息或修饰性的内容放在另一侧。

（4）商品包围文案

商品包围文案的排版方式是把文案放在版面中间，而商品分散在文案周围，在保证画面干净、整洁的前提下，增加画面的律动感。一般而言，如果版面中展现的商品较多，那么这一排版方式就较为适合。

7．商品详情页设计

商品详情页是网店中最容易与买家产生共鸣与交易的地方。一个优质的商品详情页能够赢得买家的信赖，激发买家的消费欲望，促使其下单购买商品，是提高转化率的重要入口。

在商品详情页中，商品详情描述的内容框架如下。

（1）创意海报

创意海报中的图片是吸引买家的关键，主要作用是在买家浏览商品详情页时第一时间吸引买家的注意力。

（2）商品卖点

卖家要善于突出商品的卖点和独特属性，展示其优势和作用，并强调买家购买商品可以获得的利益。

（3）商品规格参数

商品规格参数主要有长、宽、高、质量和功耗等，卖家可以通过多种形式来展示商品的规格参数：对于大众类消费品来说，可以使用配图形式，或者与常见标准规格的实物（如书本等）进行对比；对于机械设备或服装等参数比较专业且繁多的商品来说，可以采取表格形式展示商品参数。

（4）商品细节图

商品细节图是将商品的某一部分放大来展示其质量、做工和工艺，以便突出该商品与其他同类商品相比所具有的优势。当然，商品细节图不一定只是图片，卖家也可以在图片上添加一些必要的文案。

（5）商品对比

卖家可以将自己商品的参数与同行业其他商品的参数进行对比，以凸显自己商品具有的卖点。

（6）商品全方位展示

卖家可以通过多种方式对商品进行全方位展示，使买家可以感受到真实的商品使用效果，以拉近双方的心理距离。例如，对于服装类商品，卖家可以向买家展示模特穿戴效果；对于设备配件类商品，卖家可以向买家展示商品的使用状态。

（7）商品包装展示

商品包装展示一般展示商品使用的包装材料、包装方法和包装风格等。如果商品易碎、怕潮，卖家可以展示商品包装的结构加固和防潮处理效果。

（8）店铺/商品的资质证书

卖家可以展示表明身份属性的证书，以及有关商品的认证标识，以展示店铺的实力。

（9）企业实景拍摄

实景拍摄企业的生产车间和办公大楼，尤其要展示商品的生产情况和生产设备等，让买家看到企业的实力。

（10）售后保障

在商品详情页中添加售后保障信息，例如，是否支持7天无理由退换货、支持什么快递、商品出现质量问题该如何解决等。有了这些售后服务保障，买家默默下单的转化率就会提升，也减轻了客服人员的工作负担。

四、新零售消费情景的塑造

新零售模式经过几年的发展，已经趋于稳定，目前我们理解的新零售就是建立在新技术的基础上改造传统零售业态，提高行业效率，进而为消费者提供更优质的消费体验的过程。从零售本质来说，企业获得竞争优势主要源于价格和消费体验。按照零售业发展的一般规律来看，当零售技术有了重大发展时，价格变化会非常明显，创造出更加良好的消费体验成为重要任务。

要想塑造新零售消费情景，零售企业应在对目标消费者生活方式准确洞察和全面研究的基础上，构建出一种新零售商品表现形式。

零售企业首先要转变观念，即由多年前以商品和品类为中心、以自我为中心的经营理念转变为以消费者为中心、以消费者的生活场景为中心的经营理念。这是一个比较大的转变，尤其是对企业的管理者、采购人员、营销人员是一个较大的考验，只有更懂消费者，才能更好地塑造出打动消费者的消费情景。

在塑造新零售消费情景时，零售企业可以从以下几个方面入手。

1. 重构供应链体系

塑造新零售消费情景，需要新的供应链体系做支撑，以消费者的生活需求为中心，打破以往的品类理念。例如，零售企业可以运用大数据、移动互联网、智能物联网、自动化技术及先进设备，实现人、货、场之间的最优匹配，从供应链、仓储到配送，构建自己的完整物流体系，实现原料采购供应链协同。

企业可以利用大数据平台深度挖掘消费者数据，并反向导入平台化体系，进而分析数据与数据之间的交叉点，充分理解消费者的具体诉求，利用前端的销售数据去影响后端的供应链生产，形成闭环后可以有效地控制成本。

2. 跨界融合

随着消费者的需求越来越复杂，消费者行为呈现出碎片化的特点，单一的零售模式难以满足消费者的需求，因此跨界融合是零售业发展的趋势。例如，零售和交通、旅游、文化产业的融合，零售和消费者工作场所的融合，零售和医疗、保险、金融等生活服务行业的融合等。

案例链接

六神×乐乐茶，联合打造可以喝的"花露水"

日化品牌六神与销售新式茶饮的乐乐茶，携手推出了一款名叫"薄荷玫瑰冰椰椰"的茶饮，该款茶饮一经上市，迅速在消费者中掀起一阵消费热潮。

外形上，这款联名奶茶高度还原了六神花露水的经典瓶型，瓶身上印有"六神"Logo和"玩转冰凉""薄荷清爽""冰爽60s"等宣传语。瓶内装的是乐乐茶出品的蜜瓜椰乳冰沙，在口味上还原了薄荷清凉冰爽的感觉。

这款奶茶从包装到口味都为消费者打造出"喝"花露水的新奇体验，所以被消费者戏称为"花露水奶茶"，许多好奇的年轻消费者纷纷下单品尝。在抖音、微博等平台关于六神花露水奶茶的话题也引发了众多网友的讨论，六神和乐乐茶的品牌得到进一步的传播。

【案例解析】跨界营销的重点在于品牌之间存在互补性，一个品牌只有和另一个品牌之间存在"界"，才能将自身品牌打入对方品牌的消费者阵营，从而实现缩小自身品牌的消费者"盲区"的营销效果，体现跨界营销的意义。

这里所说的"互补"，并非指自身品牌与竞争对手品牌之间的消费者"共享"，而是指不同领域、不同行业、不同产品之间的互补；并非指产品功能上的互补，而是指消费体验上的互补。

这种互补要求两个品牌的目标消费者之间存在一定的共通性，在消费需求和消费体验上要有一定的共同点。六神与乐乐茶属于完全不同的行业，它们的产品在消费体验上具有互补性，二者的跨界营销很好地延伸了各自目标消费者的使用场景记忆。

3. 向次级消费区域下沉

早期由于受到成本、技术和消费者接受程度的制约，新零售一般在一、二线城市开展，受众十分有限。随着模式成熟和成本降低，越来越多的消费者开始接受新零售模式，于是新零售向次级消费区域下沉就成为必然。

不过，一、二线成熟的零售模式不能完全照搬到三、四线城市，因为三、四线城市消费者的消费习惯与一、二线城市有较大的差异，所以零售企业要根据区域消费特征对已有模式进行改造，从而创造出更符合次级消费区域的消费情景。

4. 打造沉浸式购物情景

传统的购物情景一般是在现实环境中塑造出来的，如装潢、音乐、气味等，但在网络购物渠道中无法利用这些，因为消费者无法现场体验。不过，随着科技的发展，VR、AR和裸眼3D技术等能够帮助消费者在购买商品前直接看到自己使用商品的情景，如服装穿在身上的效果、手提包与服装的搭配效果等，这种沉浸式的购物情景可以提升消费者的购物体验。

📖 应用实战 ●●●●··

分析消费者在国潮商品上的消费特征

一、实训目标

分析消费者对国潮商品的看法和消费行为特征，掌握文化、经济等社会环境对消费者消费行为的影响。

二、实训背景

随着国民经济的发展和民族文化自信的增强，中国本土品牌和商品引起了新的消费热潮，国潮影响了消费者衣食住行各个领域。分析国潮品牌崛起的原因，以及消费者在国潮商品上关注的焦点，有助于企业开发符合消费者需求的国潮商品。

三、实训步骤

1. 3～5人为一组，通过多种渠道收集关于国潮商品市场发展现状的资料，收集的资料要包括推动国潮品牌和商品发展的原因、国潮类商品的热门品类等。

2. 设计并发放调查问卷，更好地了解消费者购买国潮品牌商品的经济和文化原因、购买的主要品类、看重国潮商品的哪些元素等。

3. 统计并分析收集到的资料和回收的调查问卷，撰写一份以"国潮品牌发展情况"为主题的调查报告。

4. 根据调查报告，为企业研发、生产国潮商品提供相应的建议。

四、实训总结

学生自我总结	
教师总结	

📖 课后练习 ●●●●●

一、简答题

1. 简述家庭购买决策的4种方式。
2. 简述消费情景对消费者购买行为的影响。
3. 简述实体店服务体验场景的塑造方法。
4. 物流服务质量主要体现在哪些方面？

二、案例分析题

作为家居建材行业新零售模式的试水者，林氏木业与阿里巴巴深度合作布局智慧门店。在智慧门店中，林氏木业抛弃了常规的按照家具风格划分门店空间的模式，将商品融入生活方式中，通过深化场景互动为消费者带来沉浸式的购物体验，让消费者在体验某种生活场景的过程中产生消费动机和行为。具体来说，林氏木业布局的智慧门店具有以下3个特点。

（1）以不同消费群体划分空间，构建体验式场景

林氏木业分析了温馨家庭、年轻情侣和单身一族3种消费群体的画像特征，然后以这3种消费群体划分门店的空间，分别构建符合这3种消费群体需求的生活场景，然后引导消费者在这些场景中进行体验并产生消费。

（2）将家具体验与玩乐相融合

林氏木业联合天猫将旗下一家北京门店打造成了集潮流生活、家庭娱乐、聚会派对、休闲购物于一体的"造乐Home趴馆"。场馆内分为游戏街区、乐动空间、元气能量站、焦点派对等多个潮流主题空间，让消费者在轻松的购物环境中边玩边逛，在逛和玩的过程中产生消费欲望。

（3）智能购物云货架展示商品

林氏木业智慧门店通过使用互动大屏、云货架等智能设施，在门店内以投影的形式向消费者直观展示更多款式、更多颜色的商品，解决了实体门店因空间有限而无法完全展示所有商品的问题。

阅读以上材料，结合本项目所学的知识，分析林氏木业智慧门店的设计是如何运用外部环境对消费者行为进行影响的。

产品：激发消费者行为的直接因素

知识目标

- 掌握产品命名、产品商标设计、产品包装设计的心理策略。
- 掌握产品定价及价格调整的心理策略。
- 掌握建立品牌资产的策略。
- 掌握激发消费者行为的品牌营销策略。

能力目标

- 能够对产品名称、产品商标设计、产品包装设计提出建议性意见。
- 能够根据消费者心理提出产品降价或涨价的方案。
- 能够根据消费者行为特征提出有效的品牌营销策略。

素养目标

- 坚持自信自立，既不能刻舟求剑、封闭僵化，也不能照抄照搬、食洋不化。
- 坚持守正创新，以新的理论指导新的实践。

引导案例

百草味"锦食潮盒"，3D插画尽显国潮之美

百草味非常善于发现食品之美，其推出的"锦食潮盒"系列产品，将国潮之美发挥到了极致，如图7-1所示。

图7-1　百草味"锦食潮盒"礼盒

中国人对红色有着特殊的偏爱，红色象征着热情、吉祥、喜庆。"锦食潮盒"礼盒的盒身就采用了中国红来表达"年味"；金色象征闪耀、辉煌、光明，"锦食潮盒"四个字就以金色书写。中国红与金色搭配，更具国潮之美。

里面的礼盒为3D插画设计，四个面分别以"品市井""赏时节""新国味""新趋势"为主题，展现了市井小巷、古法熬糖、牧童放牛等多个场景，精彩演绎了多样"中国味"。

【解析】

百草味的"锦食潮盒"礼盒充分运用了中国元素，体现了中国元素之美，有利于激发消费者的文化认同感。近年来，随着民族自信的不断增强，国潮风格的产品越来越受到消费者的欢迎，市场上出现了很多国潮包装的产品，备受消费者的喜爱。企业可以尝试采用更丰富的形式在产品包装设计中融入国潮元素，彰显中国文化风采。

产品直接接触消费者，其中命名、商标、包装、定价、价格调整及背后的品牌资产等要素都会对消费者的购买行为产生或多或少的影响。企业要想保证营销工作取得成效，就必须围绕消费者的心理和行为来设计和实施相关的心理策略，打破消费者的心理阻碍，促使其做出购买行为。

学习知识

任务一　产品策略对消费者行为的影响

产品是激发消费者行为的直接因素，产品策略是充分利用各种产品要素来刺激消费者产生

消费欲望并做出购买行为的心理策略，包括产品命名、产品商标设计、产品包装设计、产品定价和产品价格调整的心理策略。

一、产品命名的心理策略

产品名称是指在一定程度上概括地反映产品某种特性的特定语言文字符号，既是消费者识别产品的标志，也是能引起消费者情感、联想等心理活动的刺激物。

产品命名就是为产品选择一个可以概括反映产品特点、用途的名字。具体来说，产品命名的心理策略和方法可以归纳为以下几种。

1. 以产品效用命名

这种命名方法直接反映产品的主要性能和用途，以突出产品的本质特征，便于消费者快速了解其功效，多用于日用工业品和医药品等产品。例如，"皮炎平"是治疗皮炎的外用药。

2. 以产品原材料命名

这类命名方法主要突出产品的主要成分和主要原材料，多见于食品类和医药类产品。例如，"六个核桃"是以核桃为原材料制作的饮料，"果粒橙"是以新鲜橙子的果肉为原材料制作的饮料。

3. 以产品外观命名

这类命名方法的特点是形象化，可以突出产品独特、新奇的造型与形象，从而引起消费者的关注，多用于食品类和工艺品类产品。例如，"猫耳朵"是一种形状与猫耳朵相似的面食，"小罐茶"的包装是精致的小铝罐。

4. 以产品制作工艺或制作过程命名

这类命名方法多用于具有独特制作工艺或研制过程的产品，可以使消费者了解产品在研制过程中的严谨与不易，从而提升对产品和品牌的信任感，同时满足消费者的求知心理。例如，"二锅头"酒在制作过程中要经过两次换水蒸酒，并且只取第二锅酒液的中段，酒质纯正。

5. 以产地命名

以产地命名主要是因为产品具有悠久的历史，尤以产地的产品最具特色，享有盛名。在产品名称中冠以产地，可以突出产品的地方风情，使其独具魅力。例如，"汾酒"是产于山西省汾阳市的传统名酒，"金华火腿"是浙江省金华市的特产。

6. 以人名命名

这种命名方法是以发明者、制造者或历史人物等的名字为产品命名，可以将产品与特定的人物联系起来，从而使产品在消费者心中留下深刻的印象。例如，时装品牌"皮尔·卡丹"的创始人就是意大利的服装设计师皮尔·卡丹，奢侈品品牌"圣罗兰"的创始人是伊夫·圣罗兰先生。

7. 以外来词的汉语翻译命名

这种命名方法主要用于进口产品，既可以满足消费者的求新、求奇、求异心理，还可以克服某些外来词语翻译上的困难，但要求译名朗朗上口，并且寓意良好。例如，"Coca-Cola"的中文译名是"可口可乐"，读音朗朗上口，并且会让人联想到可口可乐带来的畅快感觉。

8. 以色彩命名

以色彩为产品命名可以突出消费者的视觉感受，使其对产品留下深刻的印象。例如，"白玉"豆腐突出了豆腐白嫩、细腻的形态。

案例链接

好名字助力品牌传播

杭州娃哈哈集团有限公司（以下简称"娃哈哈集团"）创建于1987年，其产品涵盖包装饮用水、蛋白饮料、碳酸饮料、茶饮料、果蔬汁饮料、咖啡饮料、罐头食品、乳制品等十余类200多个品种，其中纯净水、AD钙奶、营养快线、八宝粥是家喻户晓的产品。

在为产品命名时，娃哈哈集团曾经通过新闻媒体在社会上征集名字，最终集团领导选择了"娃哈哈"这一简单、易记的名字。这个名字也有效推动了品牌传播。

【案例解析】从发音上来看，"娃哈哈"三个音节都是由一个声母和一个单韵母"a"组成，而"a"发音简单且响亮，便于孩子阅读。从听觉效果上来看，"哈哈"是叠音词，具有独特的音响效果，能给人带来愉悦的感受。此外，"哈哈"是模仿人的笑声而产生的拟声词，能够形象地表现一个人的喜悦之情。从视觉上来看，"娃哈哈"这个名字能让人产生哈哈笑的视觉感受和愉悦的情绪。最后，有一首流传较广的儿歌叫《娃哈哈》，而"娃哈哈"与这首儿歌同名，非常便于品牌传播。

二、产品商标设计的心理策略

商标是用来区别一个经营者的产品或服务和其他经营者的产品或服务的标记。消费者选择某个产品，往往是认准某种商标进行选购。

商标主要有3种类型：一是文字或字母型（见图7-2），二是图案型（见图7-3），三是组合型（见图7-4），即由文字或字母与图案组合而成。

动画7-1

图7-2 文字或字母型商标	图7-3 图案型商标	图7-4 组合型商标

产品商标设计的心理策略主要有以下几个方面。

1. 简洁明了，形象生动

商标是消费者识别产品的工具，也是企业提升商业广告效果的营销手段。因此，商标文字应当简练，易于拼读；图案要形象生动，让人一目了然，在很短的时间内就记忆深刻。商标中的图案与文字要能表现产品形象，达到图文形式与产品内容的完美结合。图7-5所示的商标便是图文完美结合的范例。

（a）大众汽车商标　　　　（b）宝马汽车商标

图7-5　简洁明了、形象生动的商标

2. 符合审美需求，造型优美

商标代表着产品形象，消费者对商标的喜爱程度在一定程度上代表着他们对产品的喜爱程度。因此，要想树立美好的产品形象，商标设计者就要努力创作出富有艺术魅力、造型优美、符合消费者审美需求的商标形象，以迅速俘获消费者的心，使其百看不厌。例如，"可口可乐"商标的美术体字母设计呈现出行云流水的艺术感，能给人以美的享受，如图7-6所示。

图7-6　"可口可乐"商标

3. 考虑消费者的心理特征，投其所好

商标是用来向消费者推介产品的，所以在选择文字和图案时要考虑消费者的偏好，这就要求设计者了解目标消费者的心理特征，然后根据目标消费者的生活习惯、受教育程度和对产品的特殊喜好对商标的图文、色彩、形状、读音和韵律进行谨慎选择，以适合消费者的需求，使其产生美好的联想，进而刺激其产生购买欲望。

例如，"娃哈哈"商标（见图7-7）就与创建时的目标消费者一致。1988年，根据许多小孩挑食、偏食、营养不良等状况，当时的杭州保灵儿童营养食品厂推出了自己的第一种产品——娃哈哈儿童营养液。该产品一经投放市场便受到广大消费者的青睐，成为公司的拳头产品，公司也随之更名为杭州娃哈哈营养食品厂。

图7-7　"娃哈哈"商标

4. 适应各地风俗习惯，避免歧义

在经济全球化的时代，国内市场和国际市场联系紧密，要想把产品推向更为广阔的市场，在设计商标时就要充分了解各地乃至各国的风俗习惯，并做出合理的调整，以避免商标的图文设计让消费者产生歧义。

例如，我国的白象牌电池曾因商标名称产生歧义而出口受阻。"白象"的英文译名"White Elephant"在西方含有"华而不实之物、无用的东西、累赘"之意，而这直接影响了西方国家中以英语为母语的消费者对该产品的印象。

🎓 **头脑风暴**

在网络上收集以下产品的相关信息，并说一说这些产品的名称、商标设计分别运用了什么心理策略。

刘一手　　同仁堂　　格力　　白象

三、产品包装设计的心理策略

产品包装是指用于盛装、包裹、捆扎产品的容器和包扎物，是保护功能与艺术美感的融合，也是实用性与新颖性的融合。

一般来说，产品包装设计的心理策略包括以下几个方面。

1. 遵循消费者的消费习惯

人们通常具有一定的消费习惯，所以设计人员在进行包装设计时要考虑消费者的消费习惯，根据产品自身特点设计出符合大多数人消费习惯的包装效果。例如，消费者在购物时追求方便、快捷，采用透明或者开窗式包装（见图7-8）的商品十分方便挑选。

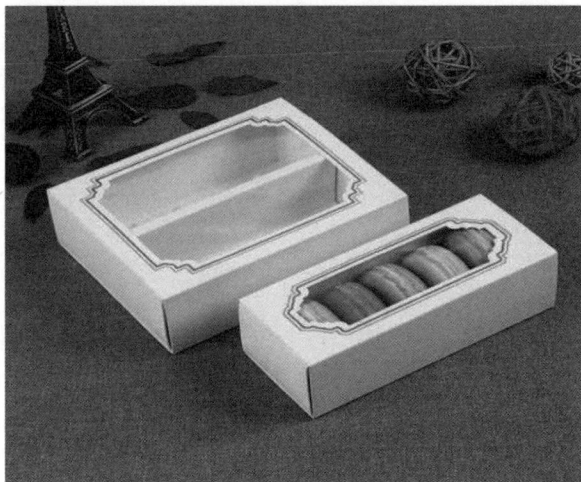

图7-8　开窗式包装

消费者在购物时还有"求实"和"求信"的心理，所以设计人员在进行包装设计时要注意消除消费者对产品的疑虑。例如，在罐装食品包装上注明"如发现盖子鼓起，请勿

食用"的标识，使消费者主动识别变质食品，如果包装没有异样，他们就会对产品的品质放心。

2. 按照消费者的年龄设计包装

产品包装要想迎合所有年龄层的消费者，往往很难实现，所以设计人员在进行包装设计时，要根据消费者的不同年龄进行合理的设计。

对儿童来说，包装要满足其求趣心理和好奇心理。例如，美国一家公司在其生产的饼干罐盖上印有各种趣味性十足的谜语，消费者只有把饼干吃完以后才能在罐底看到谜语的答案，这种包装设计使该产品备受欢迎。

年轻消费者通常喜欢与众不同、极力表现自我，所以针对他们的产品包装设计可以尝试打破传统，以新奇、时尚为主。

老年消费者注重质朴、可靠，所以针对他们的产品包装设计以朴素、简洁为主。

3. 根据消费对象的可支配收入设计

可支配收入的差异一般会导致消费者对产品包装的要求不同。可支配收入较高的消费者不仅对产品的质量有较高的要求，还对产品包装有较高的要求。因此，以这类消费者为目标对象的产品，其包装设计要精致、优雅，彰显品位和档次。可支配收入较低的消费者往往更注重产品的质量，对产品包装没有太多的要求，因此以这类消费者为目标对象的产品，其包装设计要简洁、实用。

企业可以根据消费者的消费水平将产品划分为不同档次、不同等级，然后根据档次和等级进行相应的包装设计，形成系列产品。这就是等级包装策略，该策略可以使不同收入水平的消费者心理都得到满足。

🎓 头脑风暴

说一说令你印象深刻的产品包装有什么特点，运用了什么心理策略。

四、产品定价的心理策略

产品价格是消费者购买行为的重要影响因素，所以企业在进行产品定价时要考虑消费者的心理，采用合理的定价策略。

1. 撇脂定价法

撇脂定价法又称高价法或吸脂定价法，是指在产品刚刚进入市场时将价格定位在较高的水平，以求最大利润，从而尽快收回投资，然后随着时间的推移再逐步降低价格。适合采用撇脂定价法的产品主要是全新产品、受专利保护的产品、需求价格弹性小的产品、流行产品，以及未来市场形势难以测定的产品等。

这种定价策略的优点在于：能够尽快收回成本，赚取利润；全新产品在上市之初，消费者对其尚无理性认识，购买动机多属于求新、求奇，利用消费者的这一心理，通过这种定价策略可以提升产品形象；前期制定较高的价格，后期进入产品成熟期后可以拥有较大的价格调整余地，价格适应能力较强。

当然，这种定价策略也有缺点：高价不利于开拓市场，很容易导致新产品开发失败；高价和高利润会吸引竞争者大量涌入，市场上会迅速出现大量仿制品和同类产品，产品价格会迅速下降，如果没有其他有效的产品策略相配合，就会伤害企业为产品建立的高价优质形象，从而流失大量消费者。

2. 渗透定价法

渗透定价法与撇脂定价法相反，是指在新产品进入市场初期将其价格定在较低的水平，迎合消费者"求实"和"求廉"的心理，尽可能吸引更多的消费者。这种定价策略的目的在于快速进入市场，在短期内加速市场成长，以获得较高的销量和市场占有率，从而获得成本经济效益。

尽管该策略具有迅速占领市场、提高市场占有率和刺激消费需求等优点，但其利润微薄，容易对企业优质产品的形象造成不良影响，而且产品价格变动的余地很小，很难应对短期内可能骤然出现的竞争或需求变化。

3. 尾数定价法

尾数定价法是指在确定产品价格时保留零头，使消费者在心理上有一种便宜的感觉，如某品牌大米定价49.9元。

4. 整数定价法

整数定价法与尾数定价法相反，通常采用合零凑整的方法制定价格，一般以"0"作为尾数。

这种定价策略针对的是消费者的求名心理，适用于名牌优质产品。例如，一枚980元的戒指可以标价为1 000元，因为对有购买力的消费者来说，他们不会特别在意多付20元，但提价20元使这枚戒指的价格从3位数上升为4位数，让消费者的心理更加满足；一件高档西服，如果完全按照市场的平均价格定价，应为797元，但有经验的商家会把零售价格标为800元，这样不仅不会失去顾客，还能增强顾客的购买欲望，因为这类高档品的购买者主要是高收入者，他们重视质量，认为价格高就是质量好的象征。

5. 声望定价法

声望定价法是一种有意识地给产品制定高昂价格，以提高产品地位的定价方法。消费者往往具有崇尚名牌的心理，很多人会以价格来判断产品质量，觉得价高者必定质优。因此，声望定价法不仅补偿了商家在提供优质产品或服务上的支出，还有利于满足不同层次的消费需求。

不过，只有具有较高声望的企业或产品才能采用这一定价策略，如果产品名气不大，就需要通过广告宣传来打造声望，而且在打造声望时要有自己的特色，不能一味地模仿。另外，声望定价的价格水平不能过高，如果超过消费者的承受能力，他们只能通过购买替代品来满足自己的需求。

6. 习惯定价法

习惯定价法是指根据消费者的习惯心理而定价的方法。消费者在长期的购买实践中，对某些经常购买的产品已经形成习惯性的价格标准，如果价格不符合其标准，他们就会产生疑虑，从而影响购买。也就是说，即使产品的生产成本降低，商家也不能轻易降价，否则容易引起消费者对产品品质的怀疑；即使产品的生产成本增加，也不能轻易涨价，否则容易引起消费者的反感，这时商家只能靠薄利多销来弥补成本增加的损失。

7. 认知价值定价法

认知价值定价法也称感受价值定价法、理解价值定价法，是指企业根据消费者对产品的认知价值来制定价格的一种方法。

消费者在购买产品时，总会与同类产品进行比较，选择既能满足其自身需要，又符合其支付能力的产品。消费者对产品的价值认知来源于其主观判断、以往经验和对消费体验的认知，同时产品效用预期、质量保证、服务承诺、分销渠道、品牌声誉和可信度等因素也会影响消费者对产品的价值认知。

企业在定价时应突出产品的差异性特征，综合运用非价格因素来影响消费者，提高消费者认知价值，从而提高产品价格。例如，可口可乐在普通商店可能售价为每瓶3元，但在五星级酒店，其价格会成倍上涨，而消费者也能接受，这是因为消费者受周围环境的影响提高了对产品的认知价值。

8. 分级定价法

分级定价法又称分档定价法或系列定价法，是指在制定产品价格时把同类产品分成若干个等级，价格按照等级而有所不同。这使消费者简化了购买过程，更方便挑选，使其产生一种按质论价、货真价实的感觉。

不过，分级定价法要符合目标市场的需要，等级价格相差不能过大或过小：等级价格相差过小，消费者会怀疑分级的可信度；等级价格相差过大，一些希望获得中间价格的消费者就会感到不满。

9. 折让定价法

折让定价法是指在特定条件下，企业或商家为了鼓励消费者购买产品，向其提供低于原价格的优惠价格。表7-1所示为折让价格的表现形式。

表7-1　折让价格的表现形式

折让价格形式	具体说明
数量折让价格	根据消费者一次或累计购买的产品数量或金额给予折扣
季节折让价格	鼓励消费者在淡季购买季节性产品而给予折扣
新产品推广折让价格	为打开新产品的销路，鼓励消费者积极购买新产品而给予折扣

10. 处理价格法

在产品流通过程中，产品会由于各种各样的原因出现库存积压或质量下降的现象。遇到这种情况时，企业要尽快采用处理价格法。在制定合理的处理价格时，企业要考虑消费者对降价产品的心理反应。

在降价时，降价幅度要适中。幅度太小，很难吸引消费者；幅度太大，容易让消费者产生疑虑。另外，产品的价格要保持相对稳定，不要连续降价，否则消费者会等待进一步的降价而持观望态度，推迟购买。

头脑风暴

▌五、产品价格调整的心理策略

　　产品价格一经制定，并不是一成不变的，它会受到各种因素的影响而产生变动和调整。例如，面对材料成本的变化、市场供求情况的变化或消费流行趋势的变化等因素，企业如何进行适当的价格调整呢？这时企业不能只考虑产品价格等外部因素，还要考虑消费者的心理反应。

　　企业在对产品价格进行调整时，最先刺激的是消费者的感受。很多企业以为降低价格对消费者有利，能让他们花更少的钱买到更多的产品，从而刺激其购买欲望，然而事实并非如此，常常是产品价格降低了，购买的消费者反而更少了。这是因为降低价格使消费者产生了一系列不好的联想，如"便宜没好货，降价产品是不是过期产品或残次品""便宜的产品无法满足自尊心和满足感""新产品是不是即将面世""以后可能还会降价，再等等"。

　　与之相反，提高价格反而会刺激消费者的购买欲望，这时他们或许会产生这样的心理："这种产品很畅销，现在不买以后就很难买到了""产品涨价，说明这种产品有特殊的使用价值，性能优越""产品现在涨价，以后可能还会涨价""产品涨价，说明现在很热门，有流行起来的趋势，赶紧入手"。

　　总之，消费者对企业调整价格的原因、目的有着不同的理解，所做出的心理反应也不尽相同。因此，企业在调整产品价格时，一定要仔细分析各种影响因素，准确把握消费者的价格心理，采取合理的调价策略，从而达到促进销售、增加利润的目的。

　　1. 产品降价的心理策略

　　消费者不一定会因为产品降价而产生购买欲望，那么到底该如何降价才能达到促进销售的目的呢？这主要取决于产品是否具备降价的条件，以及企业能否及时、准确地把握降价时机和幅度等。

　　产品降价的条件如下。

- 消费者注重产品的实际性能和质量，而很少将产品与自身社会形象联系起来。
- 消费者非常熟悉产品的质量和性能，产品降价后仍对其保持足够的信任度，如某些日用品和食品等。
- 企业可以充分说明产品降价的合理原因，并使消费者接受。
- 企业及其品牌的信誉度高，产品降价会让消费者产生物超所值的感觉。

　　在降低产品价格时，企业可以采用以下心理策略。

　　（1）准确把握降价时机

　　在降价时，时机的选择很重要，把握好降价时机可以极大地刺激消费者的购买欲望，反之则可能无人问津。

企业在选择降价时机时，要根据产品和企业的具体情况而定。时尚和流行产品要选择竞争者大量涌入时降价；季节性产品应当在换季时降价；一般产品选择在进入成熟期的后期时降价；如果企业是市场追随者，则在市场领导者率先降价后采取跟进降价策略；重大节日可以进行降价促销，如"元旦""春节"等；遇到其他一些特殊原因时也可以采取降价策略，如企业举行周年庆活动、返利活动等。

（2）选择适宜的降价幅度

产品的降价幅度适宜，能达到吸引消费者购买的目的。如果降价幅度过小，很难激发消费者的购买欲望；如果降价幅度过大，企业则会减少利润，甚至亏本经营，有时还会引起消费者对产品品质的怀疑。

产品降价幅度及其产生的效果如表7-2所示。

表7-2　产品降价幅度及其产生的效果

降价幅度	产生的效果
10%以下	几乎没有促销效果
10%～30%	产生明显的促销效果
50%以上	除非说明充分、合理的降价理由，否则消费者的疑虑会显著增加

（3）采用变相降价策略

降价应慎重，很多时候直接降价会招致同行的不满与攻击，甚至引发价格战，不利于市场秩序。要想规避直接降价带来的不利因素，企业可以采用变相降价策略，即暗降策略，如使用优惠券、馈赠实物、更换包装等，这样既能维护企业及其产品的形象，又能促进产品销售，提升市场占有率。

2. 产品涨价的心理策略

产品涨价会影响消费者的利益，引起消费者的不满，从而影响销售。然而在实际经营中，企业经常面临不得不涨价的情况，如原材料价格上涨、产品供不应求等。

与产品降价一样，产品涨价也需要一定的条件，具体如下。

• 消费者的品牌忠诚度很高，不会因为涨价而轻易改变其购买习惯。
• 消费者注重产品的特殊使用价值或优越的性能，认为该产品具有不可替代性。
• 消费者有求新、求奇、攀比等心理，愿意为喜欢的产品增加支出。
• 消费者可以理解产品涨价的原因。

在产品涨价时，企业可以采取以下心理策略。

（1）涨价幅度不能过大

与产品降价相比，消费者对产品涨价更为敏感，所以企业涨价的幅度不能过大，可以循序渐进地小幅度涨价，以免引起消费者的抱怨和不满。通常认为，产品涨价以5%为界限，在该范围之内的涨价比较符合消费者的心理承受能力。

（2）间接涨价

直接涨价往往会使消费者反感，所以企业应尽量采用间接涨价方式，如更换产品规格、花色、包装等，将产品以新的面貌展示给消费者，从而达到涨价的目的。

（3）做好解释和售后服务工作

企业不管是何种原因对产品涨价，势必会在一定程度上损害消费者的利益，他们难免会产生某些抵触心理。为了最大程度上消除消费者的抵触心理，企业应当通过各种渠道向其解释涨价的原因，并提高售后服务的质量，以获得其理解和支持。

任务二 品牌对消费者行为的影响

品牌有广义和狭义之分：广义的品牌是指具有经济价值的无形资产，用抽象化的、特有的、能识别的心智概念来表现其差异性，从而在人们的意识中占据一定位置的综合反映；狭义的品牌是通过对理念、行为、视觉、听觉4个方面进行标准化、规则化，使之具备特有性、价值性、长期性与认知性的一种识别系统的总称。

随着消费市场品牌数量的快速增加，人们的消费理念也在不断发生变化。品牌要想立足，就必须打造出自己的核心竞争力。

▍一、品牌的基本功能

品牌是一种名称、标记、设计，或者是它们的应用组合。品牌是连接企业与消费者的纽带，对企业和消费者都具有重要的意义。

品牌的基本功能主要体现在以下几个方面。

1. 识别功能

识别功能是品牌作为区分标志的功能，也是品牌最基本的功能，能够帮助消费者在最短的时间内找出自己需要的产品。品牌是一种无形的识别器，是产品和企业的"整体"概念，代表产品的品质、特色和企业的承诺等。品牌具有产品视觉个性形象，消费者可以据此在众多产品类别中选择出自己的购买对象。

2. 信誉功能

信誉功能是品牌用以承诺和保证的功能。品牌的最终目的是通过提供利益优势谋求与消费者建立长久、稳定的关系，赢得消费者长期的偏好与忠诚。

3. 价值功能

价值功能是品牌作为无形资产的功能。品牌所代表的意义、品质和特征可以产生品牌价值。品牌代表着企业形象，在消费者心目中品牌实力与企业形象往往联系在一起，良好的品牌有利于塑造企业形象。随着品牌的知名度、美誉度的提高，品牌本身的价值也会逐渐攀升，进而为企业带来巨大的经济效益。

4. 促销功能

由于品牌是产品的品质、特色、档次的标志，极易引起消费者的注意。品牌的促销功能表现为快速吸引消费者的目光，使品牌忠诚者将注意力聚集在品牌活动上，吸引并促使消费者做出购买决策。

二、品牌价值体系的维度

品牌营销绝不是单纯的价格营销，而是在建立品牌价值体系的基础上进行品牌价值营销。如今，消费者的需求已经从单一的好产品需求升级到复合的品牌需求，不再是价格主导的时代，而是价值引擎的时代。

在这个"唯价值论品牌"的时代，我们首先要认清品牌的价值体系。品牌的价值体系包括3个维度，如图7-9所示。

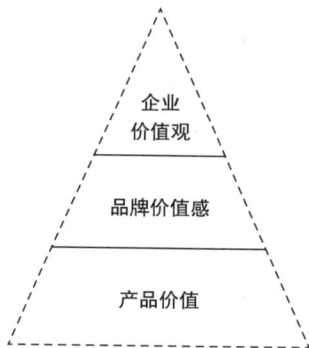

图7-9 品牌价值体系的3个维度

1. 产品价值

产品价值要求产品对消费者有真正的价值，使其在使用过程中可以充分感知产品的使用价值，获得满足感。

产品价值是一个品牌最基础的价值，只有产品具备使用价值、能够满足消费者的需求，才具备成为品牌的前提条件。然而，在当今市场上，只有基本的使用价值是远远不够的，因为消费者不再满足于单纯的产品价值，而是在此基础上追求品牌价值感。

2. 品牌价值感

品牌价值感也称精神价值，是指消费者心中对某品牌的价值判断、评估和认同。很多消费者认为奢侈品比低端品牌更好，这里所说的"更好"不是指产品使用价值更好，而是指品牌价值感更好。因此，一个品牌要想实现产品价值的更大溢价，最需要做的是让品牌在消费者心中具备更高的价值感，这就需要企业建立体系化的品牌内容，以获得消费者对品牌的认可，打造出一个高溢价、高竞争力的品牌，从而形成"价格卖得高，产品卖得好"的局面。

品牌价值感是一种公共的价值认知，其建立并不一定需要消费者直接体验到产品价值。例如，很多人没有驾驶过劳斯莱斯和保时捷，但他们相信劳斯莱斯和保时捷一定比普通轿车更好。相反，缺乏品牌价值感，不管产品本身有多大的使用价值，都有可能不被消费者认可，从而陷入价格比较之中。

3. 企业价值观

企业价值观是指企业在追求经营成功的过程中所推崇的基本信念和奉行的价值取向，也称信仰价值。很多企业容易忽视自身价值观，觉得企业价值观只是一句口号或者企业内部文化的一部分，没有必要刻意传播，其实这种想法是不可取的。企业之所以要确立并传播自己的价值观，是因为消费者对品牌价值感的持续认同一定是建立在对该企业价值观的认同上的。

三、建立品牌资产

品牌资产又称品牌权益，指与品牌、品牌名称和标志相联系，能够增加或减少企业所销售产品或服务的价值的一系列资产与负债，主要包括品牌认知度、品牌知名度、品牌联想、品牌忠诚度、品牌溢价能力和其他专有资产（如商标、专利、渠道关系等），并通过多种方式向消费者和企业提供价值。

品牌资产具有以下4个特点。

其一，品牌资产是无形的。

其二，品牌资产以品牌名字为核心。

其三，品牌资产会对消费者行为产生影响，包括其购买行为和对营销活动的反应。

其四，品牌资产依附于消费者，而不是依附于产品。

品牌是一个以消费者为中心的概念，所以品牌资产也可以从消费者的角度来进行阐释。基于消费者的品牌资产是指由于消费者头脑中已有的品牌知识导致的消费者对品牌营销活动的差异化反应。消费者构成市场，所以品牌资产其实是一种基于消费者的资产。

要想建立品牌资产，可以按照以下4个步骤逐步完成。

1. 建立品牌显著性

品牌显著性又称品牌知名度，指消费者是否能够认识某个品牌。其包括两个维度：品牌深度和品牌广度。

- 品牌深度：消费者认出某品牌的难易程度。假如消费者可以非常容易地认出某品牌，则该品牌的品牌深度较大。

- 品牌广度：消费者是否能够在自己需要购买产品时或者在某种特定消费情景下想起某品牌。假如消费者在想要购买产品时第一时间联想到某品牌，就说明该品牌的品牌广度较大。

总之，如果消费者可以很快地认出某品牌，并在需要购买某品类产品或服务时优先想到该品牌，那么该品牌的显著性非常高。当某品牌在最初进入市场或者进入一个全新的市场时，要优先建立品牌显著性。

2. 建立品牌绩效和品牌形象

品牌绩效是指品牌所代表的产品或服务能否在功能上较好地满足消费者的需求，如产品的性能和质量、服务的态度和效率等。企业要想建立良好的品牌绩效，就需要制造并出售质量优越的产品，提供超值的服务。

企业要想建立良好的品牌形象，就要适应市场的变化，不断寻求发展，树立品牌创新意识，制定品牌创新战略，实施品牌创新工程，进行技术、设备、材料、产品、组织、管理等方面的创新，以进一步提升市场竞争力。

案例链接

五芳斋，守护和创新中华美食

浙江五芳斋实业股份有限公司（以下简称"五芳斋"）主要从事以糯米食品为主导的食品研发、生产和销售。五芳斋以"守护和创新中华美食"为使命，通过产品与技术创新，将食材之美、技艺之美、味道之美，合成为产品之大美。

面对市场竞争，五芳斋积极寻找消费者的需求变化，不断对产品进行创新，打造更加符合消费者需求的产品。同时，五芳斋注重品牌建设，着力打造以糯米食品为核心的中华节令食品领导品牌，坚持开发高端、健康及轻食系列产品，在粽类产品、江南湿点系列产品、月饼、糯团等传统食品领域持续创新，陆续推出臻粽高端系列、创新的FANG粽系列、新工艺的锁鲜粽系列等新品。这些产品均成为同品类产品的标杆。

此外，五芳斋还推出了馄饨、烧麦、汤团、饭团等江南湿点系列产品。这些产品满足了消费者多样化、差异化的需求，夯实了五芳斋在行业中的领先地位。

【案例解析】"创新是第一动力"，坚持创新是品牌持久保持竞争力的有效策略之一。五芳斋通过不断创新产品，满足消费者多样化的需求来提升产品价值，并通过创新提升品牌绩效，增强对市场的应变能力。

3. 构建品牌反应

品牌反应是指消费者会如何对某个品牌产生反应，它可以分成两种类型：品牌判断与品牌情感。

品牌判断是指消费者对品牌的总体评价，包括品牌质量、品牌可信度、品牌广度，以及品牌的领先性。即使一个品牌的产品质量很好，品牌可信度较高，但它对消费者并没有什么意义，那么消费者在购物时便不会将其作为可选项，即其品牌广度较小，消费者对该品牌的正面印象无法有效转化为市场销量或溢价。

品牌的领先性是指消费者是否认为某品牌的产品与其他品牌的同类产品相比更好，是否可以比其他品牌的同类产品为消费者提供更多的利益点。

品牌判断是来自消费者大脑的品牌反应，与其相对应的是发自消费者内心的品牌反应，即品牌情感。品牌情感的内容、具体阐释及发生的特点如表7-3所示。

表7-3　品牌情感的内容、具体阐释及发生的特点

品牌情感的内容	具体阐释	发生的特点
温暖感	品牌让消费者感觉宁静与平和的程度	大多是在消费者使用某品牌产品时发生的，相对而言强度较大
有趣	品牌是否能够让消费者感觉到轻松与快乐	
兴奋感	品牌是否让消费者感觉充满能量和活力	
安全感	品牌是否为消费者提供舒适感和安全感	
社会认可	消费者在使用该品牌时，认为周围的人产生了正面反应，也对其他使用该品牌的人产生好感	更为私人和隐秘，持续时间较长
自我尊重	消费者在使用该品牌时是否感受到成就感和满足感	

不管品牌反应来自大脑还是内心，最重要的是消费者能够将品牌反应真正内化，并在看到该品牌时产生正面反应。只有这样，品牌联想才能真正发挥作用，并转化为品牌的市场销量、市场溢价或消费者忠诚度等市场表现。因此，企业要重点关注消费者品牌反应的强烈程度。只有当消费者在接触到某品牌时可以自发地产生强烈、正向的反应，品牌判断和品牌情感才能对

消费者行为产生积极影响。

4. 激发品牌共鸣

品牌共鸣有一个重要的表现，那就是消费者对某品牌存在较深的心理依赖，并由此产生了消费行为，如重复购买等。品牌共鸣可以分成以下4类。

（1）行为忠诚

行为忠诚是指消费者在数量、份额或种类等方面重复购买某品牌的产品。一个品牌要做到让消费者大量购买，才能保证获得盈利。

（2）态度忠诚

行为忠诚是品牌共鸣的基础，但还远远不够。例如，有些消费者购买某品牌的产品并非出于对该品牌的喜爱，而是因为缺少竞品。一旦市场中出现大量竞品，该品牌的消费者就会大量减少。因此，态度忠诚对品牌共鸣来说特别重要。拥有品牌忠诚度的消费者会经常提到他们喜欢这个品牌，甚至把该品牌当作自己的最爱。

（3）品牌社区

消费者在对某品牌产生共鸣以后会"爱屋及乌"，也会认同使用同一品牌的其他消费者，彼此之间产生亲切感，从而建立品牌社区，共同交流关于品牌的话题。

（4）品牌参与

消费者在对某品牌产生共鸣以后，还会积极、主动地在购买和使用该品牌产品之外花费时间、金钱或进行其他投入。这就是积极的品牌参与，表明这些消费者已经成为该品牌的忠实用户。

案例链接 ● ● ● ● ·

小米社区，一个激发参与互动的品牌社区

在移动互联网时代，品牌社区是指以核心品牌的消费者为中心建立起来的非地理意义上的社会关系网络。在品牌社区中，消费者作为一个群体存在，他们可以在该社区中进行有效沟通。品牌社区为消费者与企业之间的沟通架设了一座重要的桥梁。

在这一方面，小米公司的小米社区是一个典型。小米公司会在小米社区中发布新产品上市的消息，介绍新产品的特点和功能，而"米粉"则在小米社区中发布他们对产品的观感评价和使用评价。通过网络上的互动，小米公司的各种产品能够被更好地了解和认可，而且"米粉"之间也因为坦诚的沟通与交流提升了共同利益，改善了所购小米产品的使用效果。

【案例解析】企业要具备与消费者进行深度互动的能力，不仅能在产品的销售、营销和服务过程中与消费者进行互动，还能在产品设计、供应链管理、人力资源管理等方面与消费者实现互动，让消费者在购物过程中获得参与感。企业可以通过创建自己的虚拟社区与消费者进行互动，也可以利用消费者已经创建的社区与其进行互动。

▍四、激发消费者行为的品牌营销策略

品牌营销的过程是企业通过市场营销活动使消费者对企业品牌和产品形成认知的过程，也是企业构建高品位的营销理念，以不断获得和保持竞争优势

动画 7-2

的过程。

最有效的营销不是建立庞大的营销网络，而是利用品牌符号把无形的营销网络印刻在消费者心里，让消费者从内心接受产品。一个企业要想提升品牌效力，让消费者主动做出购买行为，可以采取以下营销策略。

1. 开创品类品牌

在竞争激烈的现代社会，企业要想扩大自己的市场份额，打造品牌价值，获取巨大的商业利润，开创新的品类是一个非常直接、有效的方法。例如，香飘飘奶茶在国内开创了"杯装奶茶"品类。另一个方法就是将自己的品牌打造成品类第一，因为消费者大多只会记住某品类的第一品牌，而对第二品牌或第三品牌则记得比较模糊。

2. 扩展品牌区域

企业可以从品牌所在的区域不断往外扩展，从而深耕品牌影响力，形成品牌效应。

第一，企业要让自己的品牌与品牌所在区域的消费者建立情感联系。这是区域品牌的一大优势，因为人们普遍对自己所生活的区域具有浓厚的情感联系，所以在消费时一般倾向于选择本地品牌。

第二，扩大品牌辐射力，吸引区域外的消费者。企业要深度挖掘所在区域的文化，将自己的品牌与区域结合，形成区域特色和区域优势，从而吸引区域外的消费者，扩大品牌效应。

3. 设计品牌口号

一个品牌要想得到快速传播，提出一个有传播力的品牌口号会取得事半功倍的效果。欧莱雅的品牌口号是"巴黎欧莱雅，你值得拥有"。欧莱雅在全世界范围内选择极具魅力的艺人进行品牌代言，通过代言人的美丽故事带出产品，为欧莱雅树立了奢华、高端、国际范儿的品牌形象。这句口号不仅让欧莱雅进一步打出了自己的品牌，也为美妆行为注入了更强有力的概念。

4. 形成品牌符号

消费者对一个品牌的认识，到最后可能就归结为一个简单的符号，即品牌标志。消费者每天要接收大量信息，记忆负担很重。要想使消费者对品牌印象深刻，企业就要给自己的品牌设计一个简单而又独特的符号，并在传播过程中将品牌符号深深印刻在消费者的脑海中。

品牌符号化之所以有如此明显的效果，主要是因为简化了消费者对品牌的判断，同时也节省了企业与消费者沟通的成本。企业可以通过视觉、声音、语言等各种符号与消费者进行精神层面的沟通，彰显品牌的魅力。

5. 设计品牌故事

品牌故事是品牌建设的一部分，它可以打动消费者，促使消费者分享品牌故事来传播企业的品牌。那么，企业该如何设计品牌故事呢？

首先，要厘清品牌文化的脉络，因为品牌故事的内容是由品牌理念、品牌价值观决定的；其次，要研究产品，品牌故事要符合或凸显产品的核心价值；再次，要研究目标受众，要讲出能够激活消费者共同记忆或共同情怀的品牌故事；最后，要有创意，尽量用精准无误、超乎寻常的创意直击人心，刺激消费者传播。

案例链接 ●●●●●

ERDOS，定义时尚羊绒

品牌ERDOS以生产和销售羊绒制品为主，其品牌故事如下。

从中国走来，带着时尚羊绒的惊喜。

是自然的馈赠，更是艺术的升华，

来自国际视野的智慧，为设计注入灵感之光。

天然的杰作，灵动的美学，

在细腻雅致与轻松闲适间轻盈游走。

让设计留下自然的注脚，

用虔诚热爱，焕新品质羊绒，

以美的敏锐，为四季剪裁，

引你领略，未曾领略过的万种可能。

尊重对美的感悟，

更懂得品质生活的艺术。

用想象，雕琢动人细节，

以独到审美，演绎独立而自信的时尚态度。

为羊绒赋予时尚的意义，

为时尚融入羊绒的品质。

【案例解析】这个品牌故事用优美的语言体现了ERDOS旗下羊绒制品融合了自然与时尚的特点："自然的馈赠""天然的杰作"表明ERDOS的产品用料天然；"用想象，雕琢动人细节，以独到审美，演绎独立而自信的时尚态度"强调产品具有时尚品位；"为羊绒赋予时尚的意义，为时尚融入羊绒的品质"则对品牌特点进行升华。

6. 凝练品牌精神

品牌精神指在消费者认知中，品牌所代表和蕴含的意义、象征、个性、情感、品位等文化因素的总和，是品牌文化的重要组成部分。品牌精神是品牌或品牌决策者在长期生产和经营中沉淀下来而形成的事业信念、价值观念或经营宗旨。

现代社会是一个消费感性化的社会，每一个卓越品牌的魅力在于其凝结了理念、情感、象征等文化内涵，满足了消费者情感、心理层面的需要，激发了消费者的购买冲动，而这也成为赢得市场竞争的关键要素。

📖 应用实战 ●●●●●

分析产品和品牌策略对消费行为的影响

一、实训目标

通过调查同品类下不同品牌的产品在产品命名、商标设计、包装设计、定价，以及品牌建设等方面的特点，分析其分别运用了什么心理策略。

二、实训背景

面对激烈的市场竞争，各个企业为了提高自己的市场占有率会加强品牌建设，为产品起一个有创意的名字，会精心设计产品的商标、包装，并确定适当的定价。不同的产品和品牌策略会对消费者的消费行为产生不同的影响。

三、实训步骤

1. 选择一个品类的产品或服务，如酸奶、口红、手机等，并从市场上选择5～8个销售该品类产品或服务的品牌。

2. 分析这些品牌在产品命名、商标设计、包装设计、定价和品牌建设上的特点，并将分析结果填写在表7-4所示的产品和品牌策略对比分析表中。

表7-4　产品和品牌策略对比分析表

项目	品牌1	品牌2	品牌3	品牌4	品牌5
产品命名					
商标设计					
包装设计					
定价					
品牌建设					

3. 至少访问5位消费者，询问他们对以上所选的5～8个品牌的产品命名、商标设计、包装设计、定价、品牌建设的评价，让他们说一说会不会购买这些产牌的产品，并说明理由。

4. 将对比分析表和访问结果结合起来，撰写一份关于产品和品牌策略的分析报告。

四、实训总结

学生自我总结	
教师总结	

📖 课后练习 ●●●●●●

一、简答题

1. 简述产品商标设计心理策略的内容。
2. 简述撇脂定价法的优缺点。
3. 简述产品涨价需要的条件。
4. 简述建立品牌资产的4个阶段。

二、案例分析题

山东德州扒鸡股份有限公司（以下简称"德州扒鸡公司"）主要从事以扒鸡产品为主、其他熟食为辅的卤制食品研发、生产和销售业务。作为具有百年传承历史的老字号企业，德州扒鸡公司始终秉承"匠心传承，创新发展"的经营理念，坚持创新，努力传承与发扬中华美食。

德州扒鸡公司一贯坚持"高品质原料、高品质生产、高品质产品"的要求，坚持选好料，保证扒鸡产品原料的安全与营养；同时，专门制订了扒鸡专用鸡的评价体系，严格筛选生产扒鸡的专用鸡，以保证专用鸡的口感和品质。

在发扬传统技艺的基础上，公司建立了专业的实验室、化验室，运用现代科技对扒鸡产品进行检验检测，并打造了自动流水线，实现多环节把控，确保出厂的所有产品品质如一。

为了拉近与年轻消费者的距离，公司实施"德州扒鸡"和"鲁小吉"双品牌战略。公司以"德州扒鸡"为主品牌，以传承工艺和文化为主，主攻礼品和正餐市场；引进速冻扒鸡生产线，推出特色预制菜，丰富了产品种类，并为消费者提供了更多选择。

2020年德州扒鸡公司推出鸡肉零食品牌"鲁小吉"。"鲁小吉"主要进军休闲零食领域，结合现代年轻人的饮食习惯和消费场景，推出各种小包装的卤味零食，并于2022年推出了适合健身人士食用的低脂鸡胸肉肠。

在第七届"淘宝造物节"中，德州扒鸡推出了盲盒"摇滚鸡"，在一定程度上刷新了消费者对德州扒鸡的认知，进一步向消费者展现了德州扒鸡的创新和"潮"能力。

阅读以上材料，结合本项目所学的知识，分析德州扒鸡公司的品牌资产是如何建立的，其品牌价值体系体现在哪些方面。

广告与营销：刺激消费者行为的"催化剂"

知识目标

- 了解广告诉求的概念、分类和选择依据。
- 掌握增强广告效果的心理策略。
- 掌握运用新媒体实施市场营销的策略。
- 了解开展整合营销的基本步骤。
- 掌握以消费者为导向的整合营销策略。

能力目标

- 能够根据产品及目标受众的特点策划新媒体营销策略。
- 能够结合消费者行为特点提出有效的整合营销方案。

素养目标

- 加快构建新发展格局，着力推动高质量发展。
- 坚持不懈用创新理论武装头脑、指导实践、推动工作。

引导案例

安慕希多场景整合营销，为年轻人打造专属潮牌酸奶

自推出高端希腊酸奶以来，安慕希就凭借其浓醇的口感与高蛋白营养在常温酸奶品类中建立起壁垒性的差异化优势。近年来，安慕希在布局营销战略时逐步尝试数字化策略，进行创意传播，与年轻人开展多种类型的深度互动，努力实现品牌年轻化战略。

首先，玩转名人营销，并以时下流行的Vlog为营销载体，与某位名人合作，在该名人生日当天拍摄了一支生日Vlog，让该名人在视频中演绎、示范饮用安慕希酸奶。该名人在微博上发布Vlog以后，粉丝和网友争相模仿，扩大了产品传播范围，为品牌聚拢了很高的人气，并为后续的线下营销活动积累了大量活跃用户。

不仅如此，安慕希还在抖音上发起了"嗨翻生日趴"挑战赛，随着代言人号召与KOL的带动，安慕希又通过一波互动福利刺激更多网友加入挑战赛中。通过人气平台的导流，安慕希的销量呈现快速上涨的趋势。

其次，推出"派对新包装"，把包装玩出新意。对快消品来说，外包装能够给人以直接的视觉刺激。外包装不再单纯地起到包装、保护商品的作用，更能体现出产品的附加价值，有助于产品的营销宣传，成为品牌与消费者沟通的重要媒介。

安慕希从年轻人喜欢社交入手，深挖出"引领时尚的年轻人大都喜欢聚会、开趴"这个点，聚焦多种夏日欢聚场景，以充满个性与潮流感的派对为设计风格，融入气球、彩带、灯光等元素，推出了9款酸奶新包装，以满足年轻人的个性化、多元化需求。

最后，通过小程序提升消费者参与感。品牌只有与消费者友好互动，玩在一起，才能达到消费者与品牌有效沟通的目的。针对年轻人喜欢开派对的特点，安慕希在微信小程序上搭建了"嗨翻派对"，玩法新奇、有趣，充满潮流感，深受年轻消费者的喜爱。当然，该小程序的扩散和传播除了其本身有趣以外，高价值赠品也是一大助推力。诱人的大奖刺激众多网友参与和分享，使该小程序形成病毒式传播。

【解析】

在消费升级的趋势下，年轻消费者的需求不断变化。安慕希紧抓消费者心理，凭借出色的营销成为备受年轻消费者关注的焦点。这一切源于安慕希精准地洞察了年轻消费者的社交属性，并与其进行真诚的情感沟通，建立了良好的社交关系。

广告的功能是使消费者对产品形成明确概念，诱发消费者的情感，引起购买欲望，从而促使购买行为发生。企业可以通过分析消费者行为，力求使广告包含更多的信息，以便有针对性地作用于消费者购物全过程，增强广告效果。要想更好地促使消费者产生购买行为，除了广告以外，系统性的营销也必不可少。好的营销就是替消费者做决定，而成功的营销背后少不了对消费者的尊重和理解，以及对其想法和理念的解读。只有做到这些，才能引导消费者的消费行为。

学习知识

任务一　广告对消费者行为的影响

广告是传播消费信息非常有效的一种方式，其传播效果的好坏直接影响消费者的购买行为。企业在进行广告宣传时，要考虑广告与消费者行为之间的关系，充分发挥广告传播的优势，同时减少或避免广告传播对消费者造成的不良影响。

一、广告诉求与消费者行为

广告诉求是指产品广告宣传中所要强调的内容，俗称"卖点"。广告诉求体现了整个广告的宣传策略，往往是广告成败的关键。广告诉求选择得当，会对消费者产生强烈的吸引力，激发起他们的消费欲望，促使其购买产品。

动画 8-1

广告诉求方式可以分为感性诉求和理性诉求。

1. 感性诉求

人的情感十分丰富，也很容易被激发。广告的最终目的是诱发消费者的购买行为；而人们的购买行为往往与情感活动关系密切。在广告中，情感活动越强烈，消费者就越容易产生购买行为，情感活动甚至会在一定程度上决定购买行为。感性诉求广告正是基于这种条件产生的。

广告中的感性诉求不完全从产品本身的固有特点出发，而更多地关注消费者的心理需求，企业运用合理的艺术创作手法来创作广告内容，寻找可以激发消费者情感共鸣的出发点，使消费者在动情之余接受广告信息的传播，从而产生购买行为。

在广告创意中，企业常用的、积极的、高层次的情感诉求因素主要有以下几种。

（1）关爱感

人们总是渴望获得来自亲人、朋友、爱人及社会的关爱，以关爱感发起情感诉求，很容易被消费者所接受。爱情是情感诉求中的重要元素，而巧克力品牌德芙在进行广告宣传时多采用以爱情为主的感性诉求方式。调查显示，巧克力消费人群的主要年龄范围为15～24岁，德芙正是抓住了年轻人的爱情这一主要感情。年轻消费群体购买德芙巧克力的原因主要是恋爱和交往。在与另一半交往过程中，送一块巧克力正好可以表达出甜蜜的、浓浓的爱意。德芙的大多数广告选用爱情这一主题，很好地满足了年轻消费者的心理需求。

（2）美感

爱美之心，人皆有之。美是人们获得关注、欣赏的一个重要因素。以美感发起情感诉求，可以体现出产品带给消费者的利益，满足消费者的爱美之心。例如，雅诗兰黛护肤品有一句经典的广告词："如果你在十六年前用上雅诗兰黛的护肤品，十六年后你的皮肤会像十六年前一样嫩。"这句广告词简约而不简单，包含的信息量非常大，通过连接"过去"和"未来"，传递了"本产品能够持久有效帮助消费者护肤"的信息，精准地把握并迎合了女性消费群体爱美、希望永葆青春的心理。

（3）生活情趣

生活中蕴藏着丰富的情趣，如好奇、休闲、幽默等，它们可以唤起积极的心理感受，很容易感染到诉求对象，因此生活情趣也是感性诉求类广告的常用手段。例如，有一句流传已久的广告语："生命就该浪费在美好的事物上。"知乎App用"发现更大的世界"来强调探索与发现的好奇心。

（4）自我观念和个性

品牌到了发展的高级阶段，需要以个性化内容和风格充分展示消费者鲜明的自我观念，包括个性、价值观、自信、自豪、自我实现的感觉。例如，饿了么的"这世界，多数人想要，少数人敢要"，QQ浏览器的"我要的，现在就要"等。

感性诉求作为一种有效的广告策略，尽管其作用是理性诉求广告难以超越的，但也不能一味地使用，必须根据产品的特性有针对性地选择广告诉求方式，因为对有些产品来说，理性诉求的效果会更好。

案例链接

vivo赋予科技人文温度

为了宣传vivo X80手机，vivo推出了一个广告动画《黑猫的烦恼》。生活在"喵星球"的黑猫和白猫在每年的结婚纪念日都会拍摄一张照片，但由于某些原因，"喵星球"逐渐陷入黑暗，因此在拍照时黑猫总是不能被镜头捕捉到，黑猫的身影在照片中逐渐"消失"，它们的合照变成了白猫的"单身照"。

为了和白猫拍摄一张清晰的照片，黑猫尝试了很多办法，但都失败了。在一次许愿中，黑猫得到了一台vivo X80手机，使用这款手机的夜视仪功能，在结婚十周年之际，黑猫和白猫终于拍摄出了一张效果极佳的纪念照，弥补了多年的遗憾。

【案例解析】这个宣传片最大的特点就是将科技以温情的方式呈现。在宣传片中，vivo X80手机承担的是支持者的角色，它强大的功能弥补了黑猫和白猫多年的遗憾，展现出vivo温暖、柔软的一面，引发了情感共鸣，唤起了消费者心中对爱情的珍惜。vivo与消费者之间形成更有温度的情感沟通，让品牌散发出独特、温柔的光芒。

2. 理性诉求

理性诉求是指广告诉求定位于消费者的理智动机，通过真实、准确、公正地传达企业、产品或服务的客观情况，消费者经过概念、判断、推理等思维过程之后理智地做出决定。理性诉求类广告会清清楚楚地告知消费者，如果他们购买某种产品或服务会获得怎样的利益，或者不购买某种产品或服务会受到怎样的影响等。恰当地使用理性诉求可以增强广告的说服力，使用不当则会变成对消费者的说教，令消费者产生反感情绪。

理性诉求的表现形式主要有以下几种。

（1）直接陈述

直接陈述是最直接的方法，一般用于说明产品的特点和功能。例如，全新力士润肤露的广告词："全新力士润肤露有三种不同滋润、配方和香味，充分呵护不同性质的肌肤。如白色力士润肤露，含有天然杏仁油及丰富滋养成分，清香怡人，令肌肤柔美润泽，适合中性和油性肌肤。"这则广告简单明了地陈述了力士润肤露的产品特性及功效，可以使消费者对该产品有一个全面的认识。

（2）引用数据或图表

引用数据能够让消费者对产品或服务产生更具体的认知。如果需要引用的数据较多，或者产品结构、设计特性难以用语言阐述，就可以引用简单明了的图表，从而向消费者传达更精确的信息。

（3）类比

类比是形象地传达信息的重要方法，一般选择消费者熟悉的、与产品具有相似或相反特征的事物与产品并列呈现，从而准确地对比出有关产品本身的重要事实。

（4）设问

采用设问修辞，用自问自答的方式可以引起消费者的兴趣，或许他们在生活中会有相似的疑问，而且尚未得到解决；也有可能他们还没有意识到存在的问题，但该问题一直困扰着他们的生活。总之，广告中提出的问题可能会触动消费者的内心，促使其将广告文案浏览完毕，并对广告印象深刻。

3. 诉求方式的选择依据

在选择广告诉求方式时，企业可以依据以下因素来进行。

（1）产品的市场形象成熟程度与同质化程度

如果产品的市场形象成熟程度和同质化程度较高，不同品牌之间的性能和功能没有太大的差异，那么广告诉求就不适合强调性能、属性等理性信息，因为这样做无法引起消费者注意，强化其记忆的效果，说服力也受到削弱；而应诉诸消费者的感性心理机制，在品位、情调等方面与同类型的产品相互区分。

（2）产品质量可供直接判断的可能性

如果目标消费者能够依据自身经验判断产品质量，那么他们会在接触到广告信息时根据内心设定的标准形成心理上的期待。产品若能满足消费者的期待心理，说服力则强，否则会被认为空洞不实。

若目标消费者无法直接判断产品质量，内心无法形成对产品的评估标准，那么即使广告中出现了产品性能或功能等信息，对他们来说也形同虚设，而且很多技术性的语言枯燥乏味，对其产生不了吸引力。这时，可以依靠故事情节、色彩和音响来增加广告的情调，采取明星推荐的方式使消费者在晕轮效应的影响下认同产品信息。

（3）产品的使用场合

产品的使用场合也是企业在选择广告诉求方式时需要考虑的因素。通常情况下，公共场合使用的产品适合制定感性诉求策略，因为消费者在公共场合中的自我形象心理很突出，感性诉求很容易作用于消费者信息处理的边缘路径（每个人都会以两种不同的方式处理信息：一种是以详尽的方式，用严谨的思考处理信息，即核心路径；而另一种是以简单、粗略的方式处理信息，即边缘路径）；而非公共场合使用的产品，如家电、日用品等，其广告策略应以理性诉求为主。

4. 感性诉求与理性诉求的融合

现代营销学之父菲利普·科特勒认为，品牌至少反映6个方面的内容，即属性、利益、价值观、文化、个性和使用者。由此可见，企业在开展具体的广告营销活动时，不可能像理论分析时那样完全采取二分法，广告的感性诉求方式与理性诉求方式也无法截然分开。在实际的广告创意中，广告诉求方式的最佳选择是感性诉求与理性诉求的融合。

如果一则广告作品充斥着过多的理性知识符号，让消费者保持长久注意，容易使其产生心智疲倦；而过多的情感经验符号会过度吸引消费者的情感，使其轻松、愉快，但转移了他们的注意力，会弱化其对产品的功能、特性等信息的注意力。因此，广告作品是两种类型的符号优势互补，既要吸引消费者的注意力，又要唤起消费者强烈的情感参与，从而达到最佳效果。

另外，消费者是理性与感性的结合体，既有理性需求，也有感性需求。根据马斯洛的需求层次理论，人们的心理需求从低到高依次为生理需求、安全需求、社交需求、尊重需求和自我实现需求。人们满足了低层次的需求后，便想满足更高层次的需求。

面对多元化的社会和个性化的消费者，广告不仅要通过理性诉求方式简洁、高效地为消费者提供所需的产品信息，满足消费者的基本需要，还要用感性诉求方式来帮助消费者寄托某种情感或精神，解决他们的烦恼，使其产生愉快的情绪，这样才能让其留下真正满意的感觉，使其接受广告，并乐于购买广告中宣传的产品。

▌ 二、网络广告与消费者行为

网络广告是随着互联网的发展而逐渐兴起的新生代的广告媒介，在移动互联网时代，网络广告已成为网络用户经常见到的一道"网络风景"，改变着人们的消费行为。与传统广告相比，网络广告具有以下优势：传播范围广，不受时间和空间的限制；交互性强；针对性明确；形式多样，感官性强。

基于上述网络广告的优势，网络广告对消费者行为可以产生以下各方面的影响。

1. 增加消费者的购买决策信息

网络给信息发送者提供了几乎无限而且非常廉价的信息空间，只要受众愿意接受并且需要这些信息，他就可以尽可能地详述相关产品信息。消费者是因为对产品感兴趣，或者需要某种产品才去主动观看广告的，就消费者本身而言，他们需要产品的详细资料，诸如产品性能、价格、结构等方面的信息，但消费者不是专家，不可能考虑到产品的各个方面，如果广告能够提供某些消费者曾经忽视但实际上对他们来说很重要的信息，唤起他们的注意，就很容易得到他们的认可和欣赏，最终促成消费。

总之，网络广告超越时空的特性为消费者提供了大量购买决策信息，给了消费者更大的决策范围，消费者可以将各种因素放在一起综合考虑，最终选择最适合自己的产品。

2. 个性化营销效果明显

从品牌的角度来看，网络广告可以让他们更加深入地理解受众，以此向其提供个性化营销。品牌方可以运用各种高科技工具来观察消费者的搜索行为并进行分析，了解消费者最想寻找的产品和服务，从而更恰当地向这些人群投放广告，提升营销效果。

3. 技术手段多样化，精准传达品牌特色

消费者通常需要一种信任和认同来对广告产生正向反应，通过在社交媒体平台上展示品牌的个性化和人性化，品牌方可以在吸引消费者的同时建立品牌形象，提升品牌权威和忠诚度。

为达到这些目标，企业或品牌要使用一些重要的策略和技巧。例如，运用一些网络营销技术，如SEO、SEM、社交媒体广告，并不断优化这些技术，以达到最佳效果。此外，保证广告内容的质量，运用各种广告形式，从视频广告到横版广告都不能缺少。最重要的是，企业或品牌要考虑营销的整体价值，在各个渠道的营销中保持协调一致，从而更好地向消费者表达品牌特色。

三、增强广告效果的策略

要想使广告达到理想的效果，企业就要在广告的策划、设计、制作和播出的过程中重视对消费者心理活动规律的探究，运用合理的广告心理策略，增强广告的表现力、吸引力、感染力和诱导力，使广告真正起到传递信息、促进销售、树立形象和指导消费的作用。

广告引发消费者购买的心理过程包括引起注意、增强记忆、启发联想和增进情感。

1. 引起注意

广告界流行这样一句话："使人们注意你的广告，就等于你的产品推销出去了一半。"由此可见，引起人们的注意是广告成功的第一步，是广告心理过程的起点。为了引起消费者的注意，让广告取得预期效果，企业可以采取以下策略。

（1）增大刺激强度

人们每天可以通过各种媒体接触到大量广告信息，而其中大部分会被忽略，只有5%左右的信息可以引起人们的注意。其中，对人的感官有较强刺激的信息可以优先引起人们无意或有意的注意。刺激性强的信息一般具有变化性，如时装模特身上穿的服装、精美的广告画面、闪耀的霓虹灯广告等。

在进行广告设计时，企业可以有意识地增大广告对消费者的感官刺激强度，增强信息的识别性，以便引起消费者的注意。

（2）增强信息的趣味性

人们往往对有趣的信息更有兴趣，也更为注意。趣味性强的广告信息比平淡的广告信息给消费者的印象会更深刻。

2. 增强记忆

人们的记忆过程有一个普遍的心理表现，即遗忘。心理学家研究证明，人的感觉记忆时间很短，只能保持0.25～2秒，受到注意的感觉记忆可以转化为短时记忆，但最长不超过1分钟。而消费者在注意到某款产品后不一定会立刻购买，从注意到购买可能会经过一段比较长的时间，短时记忆无法起到作用。因此，广告宣传要有意识地进行多次重复，反复刺激消费者的视觉与听觉，加强其对有关信息的印象，延长信息的存储时间，使短时记忆转化为长时记忆。

在进行多次重复宣传时，广告中要尽量减少记忆材料的数量，做到短小精悍、简明扼要，因为在同样的时间内，需要记忆的材料越少，记忆的难度就越小，记忆效果也就越好。另外，广告信息要采用形象化的方式来展示，因为直观、形象的信息可以使人一目了然，快速掌握事物概貌，增强记忆效果。

3. 启发联想

联想是由一种事物的经验想起另一种事物的经验。在广告中，启发联想能够使消费者扩大或加强对产品的认识，引起对产品的兴趣，并产生愉悦的情绪，刺激其为满足自身需要而购买产品。

联想的类型多种多样，如表8-1所示。

表8-1　联想的类型、说明和举例

类型	说明	举例
接近联想	在空间或时间上相接近的事物之间形成联想	"美好的一天，从早餐开始，肯德基丰富早餐，营养搭配。"该广告将"美好的一天"与肯德基早餐食品关联起来，让消费者一想起吃早餐，就会想到购买肯德基早餐食品
相似联想	在形状或性质上类似的事物之间形成联想	美国一家饼干公司生产了一种使用防潮包装的苏打饼干，在广告中向消费者展示了这样一幅画面：一个穿雨衣的小男孩手捧着防潮饼干盒。这个广告将"防潮"与"雨衣"联系了起来
对比联想	在具有不同特点、相反特点或相反性质的事物之间形成联想	"横扫饥饿，做回自己"，士力架的这则广告语将同一个人前后不同的状态放在一起进行对比，突出了士力架的产品特色
关系联想	由事物之间的各种联系形成联想	"活出自己的味道，要靠自己的努力，更离不开我的高露洁360牙膏"，高露洁的这则广告将一个人的自信和成功与高露洁牙膏相挂钩，让消费者形成因果关系联想

4. 增进情感

广告不能只引起人们的注意、记忆和联想等认知层面的心理活动，还要引起消费者的情感体验与情绪。人有各种欲望和情感，一则具有浓厚感情色彩的广告可以产生强烈的情感冲击力，让消费者产生情感共鸣，从而拉近广告与消费者的心理距离，使消费者不由自主地卷入广告设置的情境中，最终被广告说服。

案例链接

999感冒灵，用情感戳人心

在"无情感不营销"的时代，很多品牌会倾向于选择情感营销来获取流量。在众多品牌中，999感冒灵做到了真正的"走心"营销。

《健康本该如此》短片，讲述了当下一些年轻人的熬夜现状。这则短片既符合999感冒灵的品牌调性，又贴近年轻人，获得年轻人的认可，"圈粉"无数。《有一种感谢，叫想念你的999天》，讲述了从陌生到熟悉、从短暂到永远的一种温暖。

而《种春天》用4个小故事折射出4种不同的人生境遇：客服人员因为挂掉一个骚扰电话而被投诉差点失业；打印店的老板因为一成不变的工作逐渐变得麻木冷漠；患有社交恐惧症的女孩因为害怕与人交流被指责没礼貌；一位父亲因为在意外中失去儿子而变得一蹶不振。但是，他们并没有被生活中的困难打倒，而是通过自己的暖心举动温暖了他人。

被误解的客服人员经过努力成功帮助盲人用户买到了999感冒灵；厌倦了生活的打印店老板主动免收了贫困学生的打印费；患有社交恐惧症的女孩克服心中的恐惧，拯救了被困的邻居；失去孩子的父亲替自己的孩子去赴约并为他人带去了快乐。999感冒灵借此片传递"播种善念，幸福会如约而至"的品牌态度。

【案例解析】999感冒灵的情感营销都是源于对人们平凡生活的关注，然后通过与品牌结合，用故事还原生活中的真实场景，从而打动消费者。

999感冒灵的情感营销之所以如此打动人心，原因主要有以下两点。

一是营造真实故事，引起用户共鸣。999感冒灵推出的故事片中的主人公总会让消费者想到自己，同时999感冒灵将品牌植入生活细节，让"暖暖的，很贴心"这一品牌主张变得更加具象，基于现实生活，让消费者产生了很强的代入感。

二是精准传播，为品牌抢占市场。999感冒灵的情感营销在向社会和大众进行暖心的情感输出时，与自己的品牌理念"暖暖的，很贴心"高度契合，这样的传播既能有效地提高品牌知名度，还不容易引起消费者的反感。

头脑风暴

收集一些品牌投放的广告，说一说这些广告采用了哪种诉求方式，运用了哪些策略来增强广告效果。

任务二　新媒体时代的市场营销

企业创新营销模式不但可以节约成本，带来可观的经济利益，而且能够树立良好的企业形象，提升品牌效应，创造更多效益。新媒体营销方式是一种全新的企业营销模式，因此企业要了解新媒体，并将其应用到创新营销方式的过程中，以创造更多价值。

动画 8-2

一、新媒体营销的特点与优势

新媒体营销作为一种新兴的快捷、经济的营销方式，呈现出不断发展和壮大的趋势。传统的营销方式已经不能适应时代的发展，越来越多的企业开始采用新媒体营销。与传统营销相比，新媒体营销有着许多独特的优势，可以帮助企业更好地实现营销目标。

（1）成本低

传统营销方式需要投入较多的资金，尤其是在电视、广播等渠道的广告投放；新媒体营销的成本相对较低，很多线上平台提供免费或低成本的推广服务，企业可以通过社交媒体、短视频等渠道实施内容营销。

（2）传播速度快

传统营销方式往往需要较长的周期，难以做到实时优化；新媒体营销具有更快的传播速度，信息可以在短时间内迅速传播给大量受众，同时企业还能根据用户反馈实时调整策略。

（3）互动性强

传统营销方式通常缺乏有效的互动渠道，信息传递相对来说是单向的；新媒体营销具有很强的互动性，企业或品牌可以通过社交媒体、短视频、论坛等与用户进行沟通交流，收集用户反馈，从而更好地了解用户的消费需求，同时树立良好的企业形象或品牌形象。

（4）营销精准度高

传统营销的受众分布较为广泛，针对性较弱；新媒体营销的受众群体更加多样化和年轻化，新媒体营销能够针对特定人群进行定向投放，提高营销的精准度。

二、新媒体时代的载体营销

载体营销是美国斯坦福大学提出的一种模式，其基本经营理念为：先进理念+完美平台+完善服务+良好信誉+优质产品=巨大商机。

在移动互联网时代，线上营销载体不断涌现，主要分为三大类，分别是官方网站、微博与微信，以及第三方平台。在三大营销载体初步搭建完成以后，企业也将进入营销推广中非常重要的一个阶段，即多渠道或单一渠道精细化内容的运营与维护。

1. 官方网站

企业的官方网站是企业塑造品牌形象、宣传企业文化的举足轻重的一环，一个优秀的官方网站可以传递企业的价值观和核心理念、社会责任与未来发展。尽管目前已进入移动互联网时代，但官方网站依然是企业在营销宣传过程中不可忽视的一个载体。

在建设官方网站时，企业要符合以下要求。

- 先明确网站的定位，找到核心的竞争优势。
- 打造视觉形象，设计一个风格别具一格的官方网站，展现企业或品牌的调性和专业、可靠的形象，从而引起用户的阅读兴趣，提高转化率。
- 搜索引擎优化，利用关键词的合理布局，不断更新内容，并根据定位精准投放广告，提高官方网站被搜索到的概率，同时建立和加强反馈系统，深化品牌与客户之间的情感连接。
- 选择技术过硬的制作团队，以保证官方网站制作精良、内容框架合理，确保客户对企业具有较高的信任度。

2. 微博与微信

微博与微信是移动互联网时代的典型代表。与企业官方网站相比，微博与微信不但为用户提供了便捷的互动入口，而且企业营销人员可以快捷地解答用户的问题，树立企业的正面形象。

微博带有浓厚的媒体基因属性，因此微博用户的关系主要建立在兴趣上，为弱关系传播，多为单向传播，注重的是传播的速度和内容的公开性，内容传播范围广，因此很多社会热门事件在微博获得曝光。

微信的社交属性浓厚，用户之间多为双向关系，更注重私人之间的交流和互动，信息传播速度相对较慢，但受众的信息消化率很高。

3. 第三方平台

对于企业来说，第三方平台的范围主要有新闻媒体、搜索引擎产品、论坛、视频平台、直播平台等。在如今的移动互联网时代，短视频和直播平台对营销的推动作用不容小觑。

短视频是一种时长较短，主要依托于移动智能终端实现快速拍摄和编辑，可以在社交媒体平台实时分享与无缝对接的一种新型视频形式。短视频凭借时间短、内容丰富、传播方式灵活、传播速度快等优势受到众多消费者的喜爱，也成为企业实施新媒体营销的必选方式之一。

　　企业可以选择与短视频达人合作，请短视频达人拍摄商品推广短视频，也可以自己创建并运营短视频账号，在短视频账号中发布营销推广短视频。企业如果选择与短视频达人合作，在确定短视频达人的人选时需要注意以下3点：其一，企业要确保所选择的短视频达人的人设风格或短视频作品风格与自己品牌或商品的风格相符；其二，短视频达人的账号数据表现良好，这样商品推广短视频才可能获得效果；其三，短视频达人能够持续输出优质作品。企业也可以自己注册并运营企业号，在企业号中发布营销推广类短视频。

　　直播是以视频的形式向消费者传递信息，其表现形式不仅立体化，还能让消费者进行实时互动，更容易吸引消费者的注意力。企业通过直播实施营销，要选择合适的直播模式，企业实施直播营销的模式主要有两种，即品牌自播和达人直播。品牌自播是指企业自己经营直播账号，自己进行直播。达人直播是指企业与达人主播合作，由达人主播在其直播间销售、推广企业的商品。其中达人直播又包括专场直播和拼场直播。

　　企业可以将品牌自播作为与短视频、图文等工具相似的营销工具来使用，通过品牌自播向消费者提供更优质的商品展示和客户服务，加深企业与消费者之间的情感联系，沉淀私域流量。企业线上店铺坚持日常开播，为店铺直播账号积累权重，为争取直播平台活动资源蓄力；线下门店导购坚持自播，与微信社群私域流量打通，融合新旧流量，直播与精细化社群运营共同发力。

　　在保持品牌自播的基础上，企业可以适当与达人主播合作，借助达人主播的影响力提高企业和商品知名度，打造直播爆款商品，并使达人直播与品牌自播形成合力，共同为品牌发展助力。企业与头部主播合作，借助头部主播的影响力，提高企业的知名度，为企业的线上店铺引流；企业可以借助腰尾部主播来深化企业的品牌价值与宣传企业商品的质量。

　　企业采取达人直播的方式，要选择适合自己的达人主播。企业在选择合作的达人主播时需要重点考虑3个方面的因素。

　　（1）达人的匹配度

　　达人的匹配度，包括达人主播的粉丝画像与企业目标用户群体画像的重合度，达人主播的人设定位、直播风格与企业的品牌调性、商品特性的契合度。达人主播与企业的匹配度越高，越有利于产生良好的直播效果。

　　（2）达人的性价比

　　达人的性价比，即达人主播的"带货"效果与合作费用的比例关系。知名达人主播"带货"效果较好，但其合作费用也比较高，一些普通主播的合作费用较低，但其"带货"效果往往较差。企业在选择达人主播时要考虑自身的成本，选择对自己来说性价比较高的主播。

　　（3）达人的专业度

　　达人的专业度，即达人主播的直播内容策划、直播商品讲解、粉丝互动等方面的能力。好的主播能讲解也能策划，专业度高的主播能让直播更具表现力，并产生良好的"带货"效果。

案例链接

雅戈尔十店联播带动销量

　　2020年4月18日，知名男装品牌雅戈尔开启首场"十店联播，百城同庆"直播活动。在此次联播活动中，有12家门店参与其中，12个直播间同时开播，各个门店各展所长，与品牌一起宣传。

在联播活动开始之前，为了提高各个门店参与的积极性，雅戈尔品牌总部提前一周对活动进行预热，品牌总部在小程序中利用营销工具设置了直播预告，吸引各个门店的员工订阅本场直播，为联播活动积累流量。

联播开始后，先是室外直播画面，由主播在室外介绍所在城市的文化背景，然后介绍雅戈尔的文化及其门店特色，并引导镜头进入室内，直播画面随之切换至室内，为观看直播的用户营造了逛街的感觉，增强了用户的代入感。在直播中，雅戈尔品牌总部还设置了抽奖、发放优惠券等活动，有效活跃了直播间的氛围，吸引了近百万人次的观看，产生了超过800万元的销售额。

当前，联播已经成为雅戈尔品牌常用的直播方式之一，联播活动不仅提高了雅戈尔各个门店的直播能力，还有效地提升了各个门店的销售业绩。

【案例解析】品牌联播是指由品牌总部设定一个直播间作为主会场进行直播，并将直播画面同步给品牌下设的各个门店，主会场上架的商品，设置的直播封面、优惠券、奖品等直播间内容也会同步到各个门店。在品牌联播中，虽然各个门店的直播画面相同，但各个门店的直播间是相互独立的，各个直播间产生的订单由各个门店负责，订单具有独立性。

由于服饰品牌商品款式多且更新速度快，各门店频繁地组织直播培训会增加人力成本，品牌联播适用于连锁品牌，可以让各门店直播间在保证及时上新的同时有效地节省人力成本。企业要勇于不断创新直播模式，多用新颖的直播内容来吸引消费者观看直播并下单。

🎓 头脑风暴

在淘宝网、抖音或快手平台观看一些品牌的直播"带货"，说一说这些品牌的直播有什么特点，以及你观看直播的感受。

三、新媒体时代的市场营销策略

新媒体的产生是社会不断发展的必然结果，在新媒体时代背景下，市场营销策略的改变刻不容缓。新媒体的发展在一定程度上对传统的营销模式造成极大的冲击，企业可以根据自身的市场定位和营销策略选择相应的目标市场，再通过新媒体平台有针对性地提供个性化的服务，这也就是新媒体环境下市场营销的核心内容。

新媒体时代的市场营销策略包含以下几点。

1. 打造良好口碑，实现口碑传播

传统的口碑传播是指亲朋好友之间的口耳相传，传播效率不高，在新媒体时代，营销信息可以借助互联网平台传播，口碑传播的速度加快。新媒体时代下的口碑传播是一种网络状的传播形态，传播者、接收者和传播媒介之间的界限较为模糊，人们可以自由选择传播媒体，并根据自己的需求创作和发布内容，使自己创作的内容在用户群体中得到高效、快速的传播。企业借助新媒体实施口碑营销，打造良好口碑，有助于企业或品牌的口碑传播。

2. 积累黏性粉丝，做好粉丝管理

新媒体时代是一个以用户为主导的时代，企业、商品、品牌都需要粉丝，粉丝是消费的主力军。粉丝的数量和忠诚度反映了企业的实力和品牌的号召力。因此，企业要积极发布优质内容，为用户提供价值，以此来吸引更多粉丝关注企业及其品牌。

在积累大量粉丝后，企业还要对粉丝进行集中管理，即构建社群，从而让粉丝群体的行为更统一，有更明确的指向性，进而在短期内达到预期目的。企业可通过社群打造更好的互动场景，使企业和粉丝有充分的交流机会，从而为决策优化、问题解决奠定基础。

3. 制造爆炸性传播话题，促成裂变式传播

裂变式传播具有传播速度快、更新频率高、传播范围广、运营成本低等特点。要想促成裂变式传播，关键是要创建传播源，制造爆炸性传播话题，从而激发用户自主传播，促使粉丝之间相互分享和讨论，使该话题呈现出快速的网络状分发，使相关的营销信息广泛传播。

4. 实施事件营销，扩大企业影响

事件营销是指企业通过策划、组织和利用具有新闻价值、社会影响以及名人效应的人物或事件，引起媒体、社会团体和目标用户的兴趣和关注，以求提高企业产品或服务的知名度、美誉度，树立良好的品牌形象，并最终促成产品销售的一种营销策略。

事件营销有两种模式：一是借力模式，二是主动模式。

借力模式是指企业将营销信息向社会热点话题靠拢，从而实现公众对热点话题的关注向企业相关营销信息的关注的转变。要实现好的效果，借力模式要遵循相关性原则，社会热点话题必须与企业的营销信息密切相关，也与企业的目标受众密切相关。

主动模式是指企业主动设置一些与自身发展需要紧密相关的议题，通过传播，使其成为公众所关注的热点话题。要实现好的效果，主动模式要遵循创新性原则和公共性原则，企业组织的议题必须有亮点，只有这样才能获得公众的关注；企业设置的议题要与社会公众密切相关，切忌自言自语。

任务三　整合营销与消费者行为

整合营销理论产生于20世纪90年代，是由美国西北大学市场营销学院教授唐·舒尔茨提出的。他认为整合营销就是根据企业的目标设计战略支配企业各种资源，以达到战略目标。

整合营销倡导更加明确的消费者导向理念，以消费者为核心来重组企业行为和市场行为，综合、协调地使用各种形式的传播方式，以统一的目标和统一的传播形象来传递一致的产品信息，实现与消费者的双向沟通，迅速树立产品品牌在消费者心中的地位，建立产品品牌与消费者长期、密切的关系，更有效地达到广告传播和产品营销的目的。

一、开展整合营销的基本思路与步骤

整合营销是把各个独立的营销活动综合成一个整体，产生协同效应，为企业

动画 8-3

创造最大程度的利润。具体来说，整合营销对企业具有以下重大意义：优化资源配置，实现企业的规模化经营，提升企业的整体竞争力，帮助企业建立品牌形象。

1. 整合营销的基本思路

整合营销主张把一切企业活动（如采购、生产、公关、产品开发等，包括企业经营战略或策略，以及具体的实际操作等）都进行整合重组，从而使企业在各个环节上达到高度的协调统一与紧密配合。

整合营销的基本思路有以下3点。

（1）以整合为中心

整合营销是以整合为中心的，注重综合利用企业的所有资源，实现企业的高度一体化营销，其营销方法就是整合，包括企业营销过程、营销方式和营销管理方面的整合，以及企业内外的商流、物流和信息流的整合。

（2）系统化管理

在生产管理时代，企业管理的重点在生产环节和组织职能。在混合管理时代，企业管理基本上是以职能管理为主体、各个单项管理的集合的"离散型管理"。在整合营销时代则不同，企业面临的竞争环境更加复杂多变，只有整体配置企业的所有资源，企业各部门、各岗位，以及总公司、子公司与合作伙伴协调行动起来才可以形成竞争优势。因此，整合营销必须采用一种系统化的管理。

（3）形成一致化营销

整合营销就是要形成一致化营销，形成统一的行动，这样不仅可以保障企业在发展过程中实现内部协调统一，还可以帮助企业与外部市场之间形成统一协调的关系，使产品适应市场需要。协调统一还有利于企业内部管理的一体化，帮助企业实现系统化管理，使各部门之间互相配合，实现企业内部资源的合理配置，从而形成强有力的竞争优势。

2. 整合营销的步骤

整合营销可以分为5个步骤，如图8-1所示。

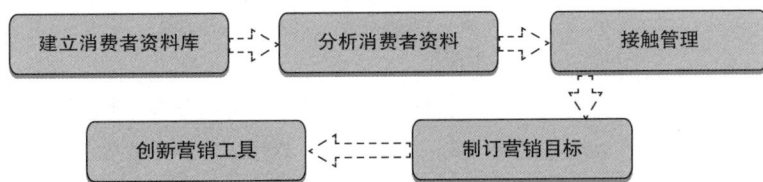

图8-1 整合营销的步骤

（1）建立消费者资料库

企业整合营销的第一步是建立消费者和潜在消费者的资料库，包括人员统计资料、心理统计资料、消费者态度的信息与历史消费记录等。

整合营销将整个焦点聚集在消费者和潜在消费者身上，因为一切企业或组织，无论是产品销量，还是利润，都要依赖消费者的购买行为。

（2）分析消费者资料

企业要运用消费者和潜在消费者的购买行为信息，通过分析来进行市场划分。与消费者的态度、意愿等主观性的因素相比，企业通过购买行为信息可以更清楚地预测消费者在未来会采取什么行动。

在整合营销中，消费者分为3类：对本品牌忠诚的消费者，对其他品牌忠诚的消费者，游离不定的消费者。这3类消费者有着不同的品牌喜好，要想了解其内心的想法，就必须对其购买行为信息进行分析与研究。

（3）接触管理

接触管理是指企业可以在某一时间、某一地点或某一场合与消费者沟通。在过去的卖方市场时代，消费者要主动寻找产品信息；而在现在的买方市场时代，市场上的产品信息超载，所以企业应该决定何时与消费者接触、采用什么样的方式与消费者接触。

（4）制订营销目标

确定了接触管理方式以后，就可以明确应当传播什么样的信息，并为整合营销计划制订明确的营销目标，而且这个目标应当是数字化的目标。

对一个竞争力很强的品牌来说，其营销目标可能包括3个层次：一是激发消费者试用本品牌的产品；二是使消费者在试用后表示认可，继续使用，并增加了购买量；三是改变消费者对品牌的忠诚度，使消费者从对其他品牌的忠诚转换为对本品牌的忠诚。

（5）创新营销工具

在确定营销目标以后，下一步就是选择完成营销目标的工具。如果将产品、价格都看作与消费者沟通的要素，那么企业会拥有更广泛、更多样的营销工具来完成营销目标，如广告、线上销售、线下促销等，关键在于使用哪些工具，以及怎样对工具进行有效、结合使用。表8-2所示为主要的营销工具及其构成要素。

表8-2　主要的营销工具及其构成要素

营销工具类型	构成要素
广告	印刷、广播、外部包装、包装内广告、宣传册、海报、宣传单、商品名录、广告牌、购物点（Point of Purchase，POP）
促销	优惠券、折扣、捆绑销售、样品、试用装、展览、展销会、赠品和礼物、抽奖、彩票
重要事件	体育运动、娱乐盛典、艺术活动、工厂参观、企业博物馆、街头活动
公共关系与宣传	演讲、慈善、研讨会、年报、媒体认同、公司杂志
线上和社交媒体营销	网站、公司博客、电子邮件、搜索广告、论坛、社交网站（Social Networking Site，SNS）、第三方聊天室
行动营销	短信、网络营销、社交媒体、App
直复营销和数据库营销	商品目录、电视购物、电子购物、传真、邮件投递、电话销售
人员推销	销售报告、销售会议、激励机制、销售样品

二、整合营销效果的评估

当企业开展整合营销活动以后，该如何评估其效果？著名品牌管理学者凯勒提出了评估整合营销效果的7C标准，如图8-2所示。

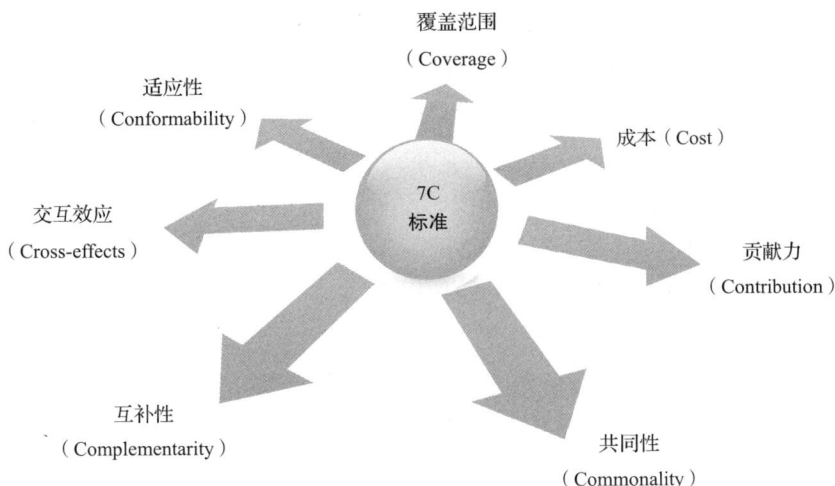

图8-2　7C标准

1. 覆盖范围

覆盖范围是指不同的沟通手段能够占据多少市场份额，以及不同的沟通手段存在的重叠部分。也就是说，覆盖范围是指不同的沟通手段占据目标市场的程度。这一标准让企业必须考虑不同的沟通手段覆盖的消费者群体的重叠程度。假如只有一小部分消费者重叠，企业的沟通效果就更像是多种沟通手段的简单叠加；假如覆盖的消费者群体重叠程度很高，那么企业首先就要考虑各个沟通手段之间的关系，然后考虑这些沟通手段的使用先后问题。

成功的整合营销沟通首先会考虑覆盖范围。例如，加多宝集团在与王老吉品牌分家之后，需要建立新的品牌。它通过投放电视广告，在线下超市的显眼位置摆放堆头和促销品（覆盖普通家庭大众），冠名各大综艺节目，在网站投放横幅广告、海报广告（覆盖年轻群体），在大排档或烧烤摊摆放海报（覆盖容易上火或害怕上火的美食爱好者）等多种沟通手段开展大范围的营销活动，取得了不错的营销效果。

2. 成本

营销人员必须根据营销成本对7C标准中的其他6个标准进行评估，以制订效果更好、效率最高的沟通计划。计算营销成本要进行各种定量分析。随着大数据技术的日益普及与成熟，企业可以获得以前很难接触到的大量数据资源。

3. 贡献力

贡献力是指某种沟通手段独立于品牌的其他沟通手段，单独达成理想效果和沟通目标的固有能力。每一种沟通手段的贡献力都取决于其是否扮演好预先计划的特定角色。要想提升整合营销沟通的贡献力，营销人员应当考虑众多因素，例如沟通手段的内容与目标消费者看到、听到、经历的沟通情境是否匹配。营销人员还要考虑品牌要达到的沟通目的，如激发消费者欲望、引导消费者搜索信息等。

4. 共同性

共同性是指在运用不同的沟通手段塑造品牌形象时所传递的内容要保持一致。营销人员经常需要设计不同的沟通手段，并协调其发布的信息，使其有效合作，以便在消费者脑海中形成有关品牌的独特、强有力且正面、积极的形象。

一般而言，和品牌含义一致的信息与不一致的信息相比更容易加深消费者的印象，不一致的信息会使消费者对品牌的理解产生错乱，降低消费者品牌联想的强度，弱化消费者对品牌的偏好。这就要求营销人员在通过不同的渠道实施不同的营销沟通计划时要学会强化品牌意义，不同的广告要具有相同的主题，而不是用不同的广告展示品牌的不同方面。例如，某品牌的产品在电视广告中塑造了创新的形象，推出的一系列广告片都在展示品牌的创造性，吸引消费者进入当地的专卖店，然而店员在介绍该产品时一直强调产品的价格优势，这使消费者产生困惑，认为该产品的创新形象是虚假的，从而拒绝购买。

5. 互补性

沟通手段不同，其效果也会有所不同。要想充分且有效地传递品牌定位，营销人员通常会采用不同的沟通手段来设计与传递丰富多样的信息，这是考虑到各种沟通手段之间互补性的结果。

互补性有利于打造一个内容丰富的、有凝聚力的品牌形象。营销人员大多会合理搭配沟通手段，以引发特定的消费者反响，或者建立一种特定类型的品牌联想。例如，赠送样品等促销手段能够吸引消费者试用产品，但很难培养其品牌忠诚度，而这正是社交媒体、社群等沟通手段的"强项"；企业的赞助行为和慈善行为会增加消费者对品牌的信任感，但仍然需要依靠各种媒体来传递产品的功能、特性等信息。

6. 交互效应

交互效应是指不同的沟通手段之间互相产生叠加影响，存在正向的交互效应与反向的交互效应。

多种沟通手段被有效地协调，并按照正确的顺序执行时，各沟通手段之间就会产生正向的交互效应，每一种沟通手段的效果都得到了强化，从而提升整体的沟通效果。整合营销沟通不到位时，各沟通手段之间可能会互相削弱彼此的效果，从而大大弱化整体的沟通效果。

交互效应要求企业精心设计和协调两种以上的沟通方法，协调沟通内容中与品牌有关的信息以及沟通的效果，以提高后续的沟通手段的成功率。例如，广告宣传可以使消费者知晓品牌，更深刻地了解品牌，借助该效应的影响，后续促销的成功率会大大提高。

7. 适应性

在整个营销沟通过程中，消费者并非以固定的顺序接触企业的沟通手段，而是以任意的顺序接触，甚至跳过其中一些沟通手段。由于某些原因，有的消费者可能接触不到营销人员为其设计的沟通手段，所以有的营销信息可能被很多消费者熟悉，但在其他消费者眼中是十分陌生的。另外，不同的消费者在接触到每一条营销信息之前所接触的信息也是不同的。

这种差异为营销沟通工作带来了巨大的挑战，例如，品牌期望消费者在接触到产品折扣信息之前就早已对产品有了一定程度的了解，这样折扣信息就能发挥出最大的效用，但实际情况可能是消费者从未听说过该品牌的信息。

适应性是指一种沟通手段能够说服不同类型的消费者，不管消费者过去接触过哪些沟通手段，或者将来会接触哪些沟通手段，他们都能接受目前营销人员给他们传递的信息。

全体消费者的背景不同，有的消费者具有丰富的品牌知识，有的则缺乏品牌知识，要想说服所有的消费者是非常困难的。目标消费者群体的构成越复杂，就越需要不同的整合营销沟通方案，以保证完全覆盖目标消费者群体，并形成必要的互补。

当然，由于企业的资金有限，整合营销沟通方案无法做到面面俱到，所以营销人员必须集中实施某几个沟通手段，并尽可能多地接触目标消费者，以尽快完成营销目标。

▌三、以消费者为导向的整合营销策略

整合营销理论的中心思想是：整合企业内外所有资源，重塑企业的生产和市场行为，调动一切可能的积极元素实现企业统一的传播目标。整合营销理论强调以消费者为导向，建立消费者资料库，与消费者进行多方面的接触，并与其保持长期而紧密的关系。具体来说，整合营销策略可以从以下几个方面着手。

1. 以消费者为导向

一个产品的市场被创造出来，并不是依靠生产技术人员和产品性能，而是依靠花钱购买产品的消费者。现代企业的任何工作都要紧紧围绕消费者来展开，明确消费者的需求和欲望，提高其满意度，按照其习惯和偏好来设计、生产和销售产品，这样才能实现销售目的，收获预期利润。

以消费者为导向主要体现在注重产品质量、创新产品包装形象、营造适宜的消费环境等多个方面。

2. 建立消费者资料库

随着现代营销市场日益细分，对消费者的确认变得极为重要。企业在整合营销过程中，要有效地使用消费者资料库，根据消费者资料库发掘现有消费者和潜在消费者，然后进行消费者分析，确定目标市场，跟踪市场领导者，进行经销商销售管理，运用资料库为消费者提供帮助，刺激其需求。

企业建立现有消费者和潜在消费者资料库可以协助企业进行整体营销规划和控制，衡量企业的品牌传播活动，并借以改善未来的各种联系，确保一切营销活动计划和整合营销计划能够顺利实施。

3. 整合营销渠道

有效的分销网络是产品或品牌持久的竞争优势，所以企业应把营销渠道作为重点来经营和管理。营销渠道可以分为直接渠道、间接渠道和混合渠道。

直接渠道是指直达目标市场消费者的渠道方式，包括直接人员销售、直接营销、电话营销、在线营销、制造商代表、销售代理或经纪人。在直接渠道方式下，企业拥有产品的所有权，并对销售、分销和产品货款的收缴负责，但与消费者接触的成本较高，从而限制了企业接触更多消费者而获利的能力。

间接渠道是指不能直达目标市场消费者，存在中间商的渠道方式，包括零售商、商业分销商或经销商、综合批发商和专业批发商。

有时，间接渠道与直接渠道可以组合在一起成为混合渠道，为企业提供更好的接触和服务目标消费者的方式。一般而言，如果产品的技术含量较高、地域依赖性较强，或者服务要求较高，混合渠道就更为合适。例如，微软公司派出直接销售人员拜访大企业客户，而用当地的转销商处理实际销售、交付和服务方面的工作。

另外，由于网络的普及，电子商务和网络购物也成为十分重要的营销渠道，在产品推广、促进销售和品牌宣传上占据越来越重要的位置。

4. 进行接触点管理

随着科技进步和媒介的发展，消费者接触品牌的途径越来越多，各种广告媒体形态层出不穷，如印刷媒体（报纸、杂志）、电波媒体（电视、电台、电影）、户外媒体（灯箱、海报、广告牌、车体）和互动媒体（互联网、数字电视、手机、虚拟现实）等。不同的广告媒体决定了不同广告形式与受众接触的特点，也决定了接触的效果和成本。不同的媒体适用于不同的品牌传播策略。

品牌对消费者产生影响的关键其实并非局限于传统意义上的媒体，而是整合传播视野中消费者的品牌接触方式。

接触是品牌与相关利益者群体趋向某个具体接触点上的行为和体验过程。相关利益者群体包括消费者、企业雇员、社区、媒体、供应商等。媒体通常是实现品牌与消费者以及其他相关利益者接触的渠道，但非媒体接触形式也是渠道之一，如亲友不经意间提及品牌。这从侧面说明接触点无处不在。我们可以这样认为，每一个和品牌有关的消费者或潜在消费者与一个品牌所承载信息的互动都可以被称为品牌接触点。

根据企业及品牌自身的信息传播方向，消费者与其他相关利益者的品牌接触信息可以分为计划内信息、计划外信息、产品或服务信息3个类型，如表8-3所示。

表8-3 品牌接触信息的类型、解释和举例

类型	解释	举例
计划内信息	经过企业及其管理部门精心选择，并力图表达自身产品或品牌价值、经营理念与社会责任的信息	销售推广、广告、销售材料、人员推销、活动赞助、新闻发布等
计划外信息	通常来自企业及其管理部门难以掌控的各种信息	对手的评论、商界评论、重大灾害引起的各种难以预料的信息等
产品或服务信息	由产品、价格、各种各样的服务或各种流通元素传递出来的信息	产品信息是指产品设计、定价、功能和分销传递中的所有信息；服务信息是指从企业或品牌的业务人员、送货人员、售后人员及其他服务类接触中获得的信息

计划内信息具有信息传递的主动权，但其影响力通常很小，因为消费者与其他相关利益者将这些信息看作企业宣传自我的工具，习惯于对此视若无睹。

计划外信息的管理难度很大，通常也是企业或品牌希望极力回避的信息，但对消费者和其他相关利益者来说，这些信息的影响力远远超过计划内信息。

对产品或服务信息，如果产品和服务好，可以传递积极的信息，消费者就会从中获得良好的感受，对品牌留下深刻的有利印象，从而巩固当初的购买决策；如果产品的性能和服务保证与广告承诺的不相符，就会产生不利信息，影响消费者对企业及其品牌的认同。

因此，企业要提高工作人员的整体素质和修养，使其能够为消费者提供更优质的产品和服务，从而减少来自消费者的消极信息，增加积极信息，进而提升企业及其品牌的影响力。

5. 整合促销方式

促销也称销售促进，是营销策略的一个重要组成部分。促销有狭义和广义之分。狭义上的促销是指短期提升销售量的各种活动，广义上的促销是指企业从事的所有以满足消费者需要或

欲望为目标的活动。

以往人们只是狭义地来理解促销，把它当作一种短期激励的辅助手段。随着市场环境的变化与整合营销理论的导入，这一观念慢慢发生了变化，开始将促销上升到品牌形象与品牌关系价值的高度。

针对消费者的促销方法如表8-4所示。

表8-4 针对消费者的促销方法及其解释

促销方法	解释
发放折价券	用折价券代替一部分款项，消费者在购买产品时可以获得折扣
改变包装变化	通过包装规格的变化激发消费者购买，或者利用产品包装酬谢消费者
减价销售	在约定时间内，采取价格优惠的方式（如节日减价）鼓励消费者购买
赠送样品	主要瞄准潜在消费者，刺激其购买反应，如邮寄样品等
举办消费者竞赛	让消费者回答产品相关知识，宣传产品特点，间接刺激消费者的购买欲望
举行抽奖活动	以奖品为诱因，迎合消费者的碰运气心理，以达到既定的促销目标
讲习推广	有组织、有计划地进行集中讲解，使消费者了解产品知识，并推荐产品
设立会员俱乐部	以喜爱企业的品牌或产品的消费者为对象，设立消费者俱乐部或联谊会
参观展示	企业公开生产和工作状况，让消费者有更直接的了解，从而赢得其信赖

促销方法不在于多，而在于精，营销人员需要因时、因地、因人对各种方法进行整合。营销人员要清楚促销只是整合营销策略的手段之一，塑造品牌不能只看短期行为，要充分关注消费者，并通过各种方式与其接触，建立紧密的关系，打造消费者忠诚。

6. 与消费者及相关利益者建立关系

企业要以消费者为中心，首先要做到密切关注消费者，与其建立密切的关系。这是建立品牌、打造消费者满意和忠诚的前提。企业与消费者之间是相互依赖和相互满足的关系，满意度和忠诚度较高的消费者是创造企业盈利的那部分人，而培养愉快而忠诚的消费者则成为企业的重要目的之一。

当然，在整合营销过程中，企业不仅要考虑到消费者，也要考虑到众多的其他相关利益者，因为他们都可以影响企业的利益。企业营销人员应综合考虑，把握整合营销的重点、方式和方法等，通过与消费者及其他相关利益者之间的有效沟通建立密切的关系。

📖 应用实战 ●●●●●

品牌广告营销分析

一、实训目标

通过调查分析某品牌投放的各类广告，掌握广告对消费者行为的影响，并能为品牌制定广告策略提供合理的建议。

二、实训背景

进行广告营销是各个企业和品牌宣传商品，提升自身影响力必选的方法之一，分析消费者对广告的评价，有利于企业和品牌了解广告的营销效果，并对广告进行调整和优化。

三、实训步骤

1. 3～5人一组，选择一个品牌或品牌旗下的一款商品，如王小卤或王小卤的虎皮鸡爪、华为或华为nova系列手机、完美日记或完美日记眼影盘等。

2. 多渠道收集资料，统计并分析该品牌或该款商品的广告营销策略。学生可以将收集到的资料整理成表格，如表8-5所示。

表8-5　某品牌或某款商品广告营销策略

广告营销策略	具体说明
广告营销主要渠道	
品牌代言人	
广告宣传语	
广告表现形式	

3. 至少访问10位消费者，向他们展示该品牌或该款商品的广告，并询问他们观看广告的感受和对广告的评价，让他们说一说看过广告后是否有购买商品的欲望，并说明理由。

4. 将统计的该品牌或该款商品的广告营销策略和访问结果结合起来，撰写一份关于某品牌或某款商品的广告营销效果分析报告。学生可以根据分析结果在报告中提出一些优化广告的建议。

四、实训总结

学生自我总结	
教师总结	

📖 课后练习 ● ● ● ● ● ·

一、简答题

1. 简述广告诉求方式的选择依据。

2. 企业选择达人主播时需要注意哪些事项？

3. 简述新媒体时代的市场营销策略的内容。

4. 简述开展整合营销的基本步骤。

二、案例分析题

在海外美妆品牌占据较大市场份额的背景下，"完美日记"凭借其全方位的营销策略，从一个小众品牌成长为美妆品牌的新兴势力，收获了大批粉丝的喜爱。

"完美日记"在市场调查和目标用户分析的基础上进行了新媒体营销定位，确定了以内容为主导的新媒体营销策略，在不同的新媒体平台上进行品牌的营销推广，选中小红书作为营销主平台。"完美日记"从4个方面进行品牌和产品营销推广：自产"笔记"，以美观的店铺装修、专业的内容生产、趣味性的美妆分享等塑造自身形象，以吸引用户的注意力；邀请普通用户发表他们真实的使用感受，通过生活化和真实的美妆方法分享引起用户的共鸣，增加企业与用户的互动，提升用户对品牌的信任；联合美妆KOL发表专业的产品测评和对比内容，以专业性来增强用户的购买欲望，增加忠实用户；邀请了小红书中热爱分享的知名人士推广其产品，通过知名人士的粉丝效应和广泛传播力来扩大传播范围。

此外，"完美日记"还充分结合其他新媒体平台（如抖音、哔哩哔哩）进行矩阵化营销。这些短视频平台的用户数量巨大，且平台年轻化的用户特征也符合"完美日记"的目标消费人群。"完美日记"通过与短视频平台的"带货"达人合作，以短视频来展示产品的特点，扩大"完美日记"的影响范围；"完美日记"还邀请了KOL带话题发送图文、视频等形式的微博，以专业内容营造热度，邀请知名人士代言，以知名人士的影响力提高"完美日记"的知名度。

另外，"完美日记"在知乎平台上以专业的态度解答用户对产品功效、实用性等方面的疑问，以知识影响用户对产品和品牌的看法，有效提高了用户对品牌和产品的认知度和信任度。

阅读以上材料，结合本项目所学的知识，分析"完美日记"开展整合营销的基本思路，指出其整合营销用到的营销工具有哪些。

项目九

消费者购买决策：引发购买行为的关键点

知识目标

- 了解消费者购买决策的类型和内容。
- 掌握消费者购买决策的基本环节。
- 掌握网络消费与传统消费购买决策过程的区别。
- 掌握网络消费者购买决策的模式。

能力目标

- 能够阐述消费者购买决策的基本环节。
- 能够区分网络消费与传统消费购买决策的过程。

素养目标

- 坚持创新是第一动力，深入实施创新驱动发展战略。
- 倡导绿色消费，推动形成绿色低碳的生产方式和生活方式。

引导案例

阿芙，用极致思维提升消费者满意度

淘宝网内知名精油品牌阿芙精油，运用极致思维，将从吸引消费者购买、购买行为发生、收货到二次购买这一购物过程中的消费者服务与消费者体验做到了一个新的高度。

（1）借助口碑营销，吸引消费者购买

阿芙上线的最初阶段，在网上签了500名女性消费者，利用口碑营销，宣传品牌和精油产品的功效，借助博客达人的推荐带动网友转发讨论。低成本的口碑宣传给阿芙带来了高质量的流量，并聚集了最初一批消费者。

（2）具有特色的客户服务

在消费者购买产品的过程中，阿芙的客服人员起到了关键作用。他们24小时轮流上班，快速对消费者的询问做出回应。阿芙还将客服人员分为淑女组、"小清新"组等不同风格的组别。客服人员可以根据自己的性格特点选择到各个组别，消费者也可以根据自己喜欢的性格类型来挑选客服人员。这样的分组设定更容易达成阿芙客服一直追求的"和消费者成为闺蜜"的目的。更夸张的是，阿芙的每位客服人员都配备视频设备，客服人员可以远程看到消费者的皮肤状态，从而为他们提供销售建议，彻底打破网购的距离感，提升了消费者体验。

（3）刺激消费者二次购买

在刺激消费者二次购买的环节中，阿芙将提高消费者的体验做到了极致。

① 试用品。购物体验是电子商务的短板，这在美妆行业中表现得尤其突出。消费者在网上购买化妆品无法试用，缺乏良好的消费者体验。为了克服这一缺点，阿芙会在发给消费者的包裹中放上各种试用装小样。即使消费者只买一个产品，小样也多达五六个。消费者免费获得小样，不仅会提高满意度，还能通过小样尝试其他产品，进而引发二次购买。

② 惊喜赠品。除了试用装小样，阿芙的客服人员还会在包裹中加入各种惊喜赠品，如手套、面部按摩锤等。这些颇费心思的小赠品都成了阿芙的间接营销工具，吸引消费者再次购买。晒阿芙开箱照片甚至成为一些消费者的习惯动作。

（4）设置"首席惊喜官"

除了在购买过程中为消费者提供极致的购物体验，阿芙还设置了"首席惊喜官"，他们每天从消费者留言中寻找有价值的信息，猜测哪个消费者可能是潜在的推销员、专家或者联系人。找到之后，"首席惊喜官"就会询问消费者的地址并向他们寄出包裹，为这个可能的"意见领袖"制造惊喜，进而使阿芙获得更高的曝光量和更多推荐。

【解析】

阿芙的极致思维对消费者的购买决策产生了重要影响，口碑营销也有效地提升了阿芙品牌的知名度。

此外，阿芙的特色客户服务、给消费者寄试用装小样和赠品、设置"首席惊喜官"等措施也有利于提高消费者的满意度，影响消费者的二次购买决策。消费者想要再次购买精油类产品

时，可能首先就会想到阿芙。

消费者在了解购买决策的内容以后，可以做出更加理性的消费决策，最大限度地满足自身需要。企业通过研究和分析消费者的购买决策过程，能够清晰地认识到影响消费者购买行为的各种因素，从而有针对性地制定合理的营销策略，达到促进销售的目的。

学习知识

任务一 消费者购买决策的类型与内容

消费者购买决策是消费者为了满足某种需要，在一定的动机下，对需求满足方案进行整理、分析、评价和选择，然后实施选择的方案并进行购后评价的过程。消费者购买决策是一个非常复杂的过程，既是一个认知过程，也是一个行动过程。

一、消费者购买决策的类型

消费者购买决策有很多类型，区分的维度不同，划分的类型也不一样。下面将重点介绍两种消费者购买决策的分类方法。

动画 9-1

1. 按照消费者参与度与品牌差异大小分类

消费者参与度又称消费者介入，指消费者搜索、处理产品相关信息所花的时间和消费者有意识地处理产品相关信息所花的精力。它决定消费者对信息类别的遴选和做出购买决策的过程。

按照消费者参与度与品牌差异大小两个维度分类，消费者购买决策可以分为4类，如表9-1所示。

表9-1 消费者购买决策类型

项目	消费者参与度高	消费者参与度低
品牌差异大	复杂型购买决策	多变型购买决策
品牌差异小	协调型购买决策	习惯型购买决策

（1）复杂型购买决策

复杂型购买决策是指消费者在参与度高且品牌差异大的情况下所做出的购买决策。消费者在购买功能复杂、价格昂贵、风险较大、购买频率较低的产品时，一般采取这类购买决策。总体来看，消费者对这类产品的了解较少，需要收集大量信息，特别慎重地对购买方案进行整理和对比，从而降低购买风险，所以决策的时间较长。房产、汽车、复杂的电子产品、奢侈品、出国旅游等购买决策都属于复杂型购买决策。

对于消费者的复杂型购买决策，企业应当了解消费者获取信息的渠道，通过广告、公关等营销手段及时、准确地向消费者传递产品信息，帮助其了解和熟悉产品的性能与特色。

（2）多变型购买决策

多变型购买决策是指消费者在参与度低且品牌差异大的情况下所做出的购买决策。如果消费者购买的产品品牌有很大的差异，但价格都很低，而且消费者可以选择的品牌非常多，他们就不会花太多的时间选择品牌，不会专注于某一类产品，而是经常变换产品。例如购买饼干，消费者这一次购买的是巧克力夹心饼干，下一次可能会购买奶油夹心饼干。消费者变换品牌或产品品种，并非出于对产品或品牌的不满意，而是喜欢尝鲜。大多数小包装食品、文具、普通的日化用品等购买决策属于多变型购买决策。

对于消费者的这种购买决策，市场领导者与挑战者的营销策略是不一样的。市场领导者会想方设法避免消费者更换品牌，通过占有货架、增加库存和持续性广告宣传来鼓励和提醒消费者形成习惯性的购买行为；市场挑战者则通过降价、发放优惠券、提供折扣、免费赠送或宣传新产品特色等来刺激消费者更换品牌。

（3）协调型购买决策

协调型购买决策是指消费者在参与度高且品牌差异小的情况下所做出的购买决策。在这种情况下，消费者会购买那些不经常购买且购买风险很大的产品。尽管消费者在做出购买决策时有很多考量，但更关注价格、购买时间、购买地点等因素，而不是比较不同品牌的差异，所以在产生购买动机后会很快付诸购买行动。

消费者在购买产品一段时间之后，尤其是在使用产品以后，可能会觉得与预想的不同，或许是产品的某个特征不够称心，或许是突然觉得其他品牌更好，从而产生后悔购买该产品的心理。为了减轻心理上的不平衡感，消费者会积极、主动地了解更多关于已购产品的有利信息，以证明自己的决策是正确的。

对于消费者的这种购买决策，企业可以通过价格调整、售货地点的选择、售后服务、提供有利信息等方式消除其不平衡心理，坚定其购买某种产品的信心。

（4）习惯型购买决策

习惯型购买决策是指消费者在参与度低且品牌差异小的情况下所做出的购买决策。在这种情况下，消费者会购买价格低廉、购买频率高、同质化严重的产品。虽然经常购买，但消费者并不会对某一品牌形成偏好，他们选择某一品牌只因为这是自己熟悉的，不用深入收集信息并评估品牌，只要去经常购买的地方购买，或者采取就近原则购买产品即可，如油盐酱醋、日常使用的便利品等。

对于消费者的这种购买决策，企业要力求在消费者心中留下深刻的印象，可以采用价格优惠和广告促销手段，在广告中强调产品的主要特点，突出其视觉标志与形象，并多次重复广告信息，以加深消费者对产品的熟悉程度。

2. 按照消费者是否拥有产品所有权分类

对于消费者来说，只要拥有了产品所有权，就意味着消费者可以永久使用该产品，而只拥有产品的使用权，就意味着消费者只能在规定的时间段内使用该产品，超出规定的时间段后就无法继续使用。

根据消费者是否拥有产品所有权，可以把消费者购买决策分为流动性消费与实体性消费。

（1）流动性消费

流动性消费是指消费者没有产品所有权的消费，其强调产品使用权的短暂转移，如数字音乐、电子书、租赁经济、共享经济等。流动性消费的对象不一定是虚拟产品，如共享单车、共享汽车、共享充电宝等都具备流动性消费的特点。

选择流动性消费的消费者进行购买决策的主要标准是产品的灵活性、可适应性、流动性和轻便性。在他们看来，获取产品的使用权比获取产品的所有权更有价值，他们通过短暂获取产品的使用权来摆脱获取产品所有权带来的巨大负担。

流动性消费更多意义上是信息时代的产物，其灵活性的特点使消费者能够通过互联网渠道快速实现交易。例如，购买QQ音乐或网易云音乐的数字音乐，购买优酷视频、腾讯视频或爱奇艺上的付费电影等。消费者在做决策时会在网上收集相关信息，特别是口碑评价，而且会在使用产品后积极分享使用体验。

另外，由于流动性消费用时较短，消费者很难与产品或品牌产生紧密的联系，因此也很难对品牌产生忠诚度，不过可以使消费者的选择更加多样化。

（2）实体性消费

实体性消费强调产品所有权的转移，如购买房产、汽车等。消费者在进行实体性消费时，会更关注产品的大小、质量、稳定性和安全性等属性信息。消费者在进行实体性消费时，一般会选择线下渠道，这也是其传统形式。不过，随着电商的快速发展，选择互联网渠道的消费者也越来越多，但消费结果是相同的，那就是消费者可以永久拥有实体性的产品。

对于同一类产品，实体性消费要比流动性消费的价格更高。例如，纸质书的价格比电子书更贵。因此，消费者在选择实体性消费时，会投入更多的时间和精力来处理产品信息，也更容易对实体性产品产生品牌忠诚。

当然，流动性消费与实体性消费并不是割裂和相互排斥的，而是连续且相互融合的。也就是说，消费既可以是流动性的，也可以是实体性的，这在互联网时代下体现得尤为明显。

🎓 **头脑风暴**

消费者只要信用良好，就可以使用芝麻信用分免押金享受一些服务，这极大地减轻了消费者在做消费决策时的经济压力。请你说一说消费者使用芝麻信用分进行消费属于哪种类型的购买决策。

▌二、消费者购买决策的内容

消费者购买决策的内容大致可以归纳为7个方面（5W2H），即Who（谁来购买）、Why（为什么买）、What（买什么）、How many（买多少）、When（何时买）、Where（何处买），以及How（如何买）。

1. Who：谁来购买

在消费过程中，消费者可能会扮演提议者、影响者、决策者、购买者和使用者等角色。提议者是指首先提出或有意购买某一产品或服务的人，影响者是指提出的看法或建议会对最终决策产生影响的人，决策者是指做出购买决定的人，购买者是指实际付出购买行动的人，使用者是指实际消费或使用产品或服务的人。

不同的购买决策可能有不同的人参与，而同一购买决策也可能有不同的人参与。企业应当找到目标消费者群体中的提议者、影响者和决策者，对其进行广告宣传，激发他们的购买欲望，促使其尽快下定购买决心。

2. Why：为什么买

了解为什么买，也就是确定购买背后的需要与动机是什么。影响消费者购买的需要与动机是很复杂的，即使是同一购买行为，可能也存在多种动机。例如，消费者购买巧克力的动机可能是补充能量，也可能是送礼品等社交需要，还可能是追赶流行时尚等彰显自我的需要，或者是不想错过巧克力打折的时机，又或者是通过吃巧克力打发时间等。这些动机有时并不会单独出现，消费者可能既想补充能量，又想赶时髦吃"网红"巧克力；既想打发时间吃点零食，又不想错过巧克力的打折时机。

正是因为消费动机的复杂性，很多时候消费者也不一定明白自己为什么要买。虽然消费者认为自己的动机很清晰，知道自己为什么要买某个产品，但是在考虑不同品牌或不同产品型号之间的选择时会发现自己的动机非常复杂。例如，消费者知道自己是因为想补充体力而购买巧克力，但货架上的各种巧克力都能满足其需求，为什么会选择其中的某一个品牌呢？消费者未必知道驱使自己做出购买决策的真正原因，但营销人员十分有必要了解消费者购买本公司或竞争对手产品的原因。只有清楚购买原因，营销人员才能更好地调整产品品类结构，有计划地进行产品开发，并利用对消费者的动机洞察来设计营销传播信息。

3. What：买什么

了解购买什么，是指确定购买的目标和对象。在决定购买什么时，消费者首先要选择产品品类。例如，消费者想要使自己的业余生活更丰富多彩，那么到底是购买一把吉他，还是买一台平板电脑，又或者是买一本小说？在选择产品品类以后，消费者还要选择产品的品牌。例如，如果消费者选择购买平板电脑，那么是购买小米公司的平板电脑，还是华为公司的平板电脑？

消费者在选择产品时，除了要考虑产品品类和品牌，还要考虑产地、等级、规格、款式、包装、价格和售后服务等因素。

激烈的市场竞争导致产品属性不断增加，各大品牌都在针对产品的属性实行差异化策略，这让消费者决定"买什么"成为一个十分复杂的决策过程。企业在进行市场营销时，要善于发现消费者购买产品背后的动机，找到其追求的利益，在宣传时努力从品牌、款式、规格、色彩和价格等方面增强对消费者的吸引力，从而降低消费者决策的复杂程度，促使其产生购买行为。

4. How many：买多少

了解买多少，是指确定购买的数量，既包括单次购买量，也包括购买频率。购买数量会受到个人支付能力、运输和存储能力，以及市场供应能力的影响。当消费者的经济实力较强，产品方便运输和存储，且市场供应量较大时，消费者对某种产品的购买数量就会增加。

消费者在评估购买方案时，除了受以上因素的影响外，还会评估产品的一系列属性，对其进行先后排序。在购买日常产品时，如果消费者先考虑替代性较低的属性，再考虑替代性较高的属性，其购买数量就会增加。例如，消费者购买酸奶时，会对酸奶的各种属性进行先后排序，包括品牌、脂肪含量、口味、净含量、产品形态等。在这些属性中，酸奶的脂肪含量替代性很低，因为酸奶是脱脂、低脂还是全脂对消费者来说有很大的差别，不能互相替代，而口味属性的替代性就稍微高一些。因此，如果消费者先考虑脂肪含量，后考虑口味，其购买数量会大于先考虑口味再考虑脂肪含量时的购买数量。

当某产品有促销活动时，消费者的购买数量也会相应增加。例如，网购如果不包邮，消费者买得越多，运费越贵，就会导致消费者不会买太多；而卖家推出"满××元包邮"以后，消费者就有了增加购买数量的动力。

另外，使用量与购买数量是相互促进的关系。购买数量增加，使用量就相应增加，而使用量增加，反过来也会推动购买数量增加，前提是消费者对某产品的品牌忠诚度要高，或者已经形成了购买习惯。

5. When：何时买

何时买是指确定购买时间。购买时间主要受4个方面因素的影响，如图9-1所示。

图9-1　购买时间的影响因素

（1）消费者特征

消费者特征既包括社会经济特征，也包括消费者个体特征。

在社会经济特征中，可支配收入是一个重要的影响因素。如果消费者的收入不高，经济拮据，可能会推迟购买贵重物品的时间。

在消费者个体特征中，冲动购买特质是一个重要的影响因素。所谓冲动购买，是指消费者自发地、不假思索地立即付诸购买行为。高冲动购买特质的消费者一般无法抑制被激发的购买意向，十分容易产生冲动消费，购买时间很短。

（2）购买任务的紧急程度

购买任务的紧急程度决定了消费者有无充裕的时间对购买方案进行评估。如果购买任务非常紧急，消费者在毫无预料的情境下必须在短时间内购买某种重要产品，其购买时间会很短。例如走在大街上，突然遇到倾盆大雨，就急需买一把雨伞。

紧急购买情境的特征主要体现在：一是紧急购买情境与产生的需求是消费者毫无预料的；二是紧急购买情境对消费者有时间限制，消费者必须在短时间内做出决策；三是产品对消费者来说十分重要，时间拖延不得，必须快速购买该产品。

（3）产品特征

产品的众多特征都会对消费者的购买时间产生影响。例如，产品是日常用品还是耐用品，日常用品的购买大多属于习惯型购买决策，产品同质化严重，消费者在购买时大多不会深入了解产品信息，而是按照习惯购买自己熟悉的品牌，或者就近购买，所以购买频率较高，购买时间较为随意；耐用品的购买需要消费者投入大量时间和精力做出购买决策，所以购买时间较长。

另外，是否为全新产品也对购买时间有很大影响。一般来说，创新的扩散需要一个过程，大多数消费者对新产品持观望态度，所以可能会推迟购买时间。

（4）购买环境

购买环境包括购买地点的远近、卖方的经营时间，以及各种营销活动等客观因素。营销活动所营造出来的稀缺感与产品的体验感都会刺激消费者的购买欲望，从而增加其做出即时购买决定的概率。

6. Where：何处买

消费者要确定到哪里买需要的产品，包括购物地点与商家，这一决策直接对应消费品营销策略中的渠道策略，要满足消费者的核心诉求——可到达性。可到达性包括两个维度，即可得性与便利性。

消费者对可到达性的极致需求是"随时随地"，这种需求在移动互联网时代获得了极大的满足，在线下主要受商家的营业时间和营业地点的影响。从一站式购物需求来看，可到达性还受商家的集聚度与搜索便利性的影响。

在移动互联网时代，商家集聚度和搜索便利性也得到很大提升，但在对即时性要求非常高的临时需求、高人际接触需求、体验需求的满足上，线下商业仍占据一定的优势。

当然，不管是在线上还是线下，消费者在选择购物的商家时还会受商家本身形象的影响。线下商家的形象主要由装潢、商品摆放、销售人员的着装与专业知识等因素形成，而线上商家的形象主要受网店装修与客服的影响。

7. How：如何买

如何买包括3个维度，如表9-2所示。

表9-2　如何买的3个维度及举例

维度	举例
购买方式	网购、托人代购、亲自前往商店购买
支付方式	现金支付、信用卡支付、第三方支付
付清方式	预付加尾款付清、一次性付清、分期付款

消费者如何购买会对企业的产品设计、价格政策、渠道选择和促销策略产生影响，而企业也可以利用互联网创新影响消费者的购买方式。例如，企业通过实施概率销售价格，可以更好地调整库存。

概率销售价格是指不确定的价格。假设某产品有红色和白色两种颜色，红色的销量不佳，而白色的销量很好。以往，企业会提供明确的折扣来消耗红色产品的库存，而现在可以利用概率销售价格做到这一点：当白色产品库存尚足时，假如消费者明确地提出购买红色或白色产品，即以100%的概率获得产品，产品的价格就是A元；假如消费者同意以某个小于100%的概率获得红色产品，价格就会是B元（$B < A$）。

也就是说，消费者在确定如何购买时，还可以选择价格的决定方式，而概率销售价格会帮助企业在应对不确定性需求的情况下更好地优化库存。

任务二 消费者购买决策的基本环节

消费者在购买产品或服务的过程中，一般要经历5个基本环节，如图9-2所示。

需求确认 ⇨ 收集信息 ⇨ 评估方案 ⇨ 做出决策 ⇨ 购后行为

图9-2 消费者购买决策的基本环节

一、需求确认

需求确认来源于因消费者理想状态与实际状态之间的差距而产生的需要不满足心理。当然，并非所有被确认的需求都会激发购买动机。

购买动机的激发取决于以下两个因素。

1. 理想状态与实际状态之间差距的大小

理想状态与现实状态之间的差距必须达到一定的程度，才可以激发消费者的购买动机。假如消费者希望自己的汽车每100千米的耗油量为7升，但现在为每100千米耗油8升，尽管理想状态与实际状态存在差距，但差距不太大，并没有达到促使消费者购买新车的地步。

2. 问题的相对重要性

即使理想状态与实际状态的差距很大，假如问题的重要性相对来说不大，消费者也不一定会解决这个问题。例如，某消费者拥有一辆开了6年的普通轿车，他希望能入手一辆新款高级轿车，尽管这两者之间的差距很大，但与送孩子上大学、为孩子购房相比，购买新轿车的重要性要相对小得多，所以该消费者可能会放弃购买新轿车。

营销人员可以在这一环节创造消费者的需要，使消费者了解到其目前状态与理想状态之间的不平衡。例如，改变消费者的理想状态或其对实际状态的认识，以此来扩大两者之间的差距，或者影响消费者对现有问题重要性的认识等。

二、收集信息

消费者在确认需求以后就开始收集信息，主要是为了获取可以解决问题的产品信息。根据信息来源，消费者收集信息的过程可以划分为两种类型——内部信息收集与外部信息收集，具体内容如图9-3所示。

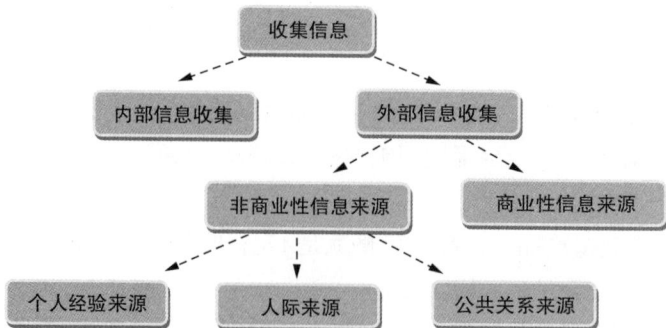

图9-3 消费者收集信息的类型

1．内部信息收集

内部信息收集是指消费者从长期记忆中提取可以帮助解决问题的产品信息。一般来说，当消费者认识到自己的需求以后会先进行内部信息收集，很多需求是可以通过这种方法得到满足的。当消费者回忆起某个可以满足需求的品牌或商店时，就会购买该品牌产品，或者去该商店消费，也就不再进一步收集信息。

2．外部信息收集

外部信息收集主要有两个来源，即非商业性信息来源与商业性信息来源。

（1）非商业性信息来源

非商业性信息来源是指与企业意图无关的产品信息来源，主要包括个人经验来源、人际来源和公共关系来源。

- 个人经验来源：个人亲自到商场观察、操作或实际使用产品所获取的经验或产生的认知。由于这些信息通常来源于消费者实际购买产品之前，所以一般是消费者在进行购买决策之前的最后一个信息来源。
- 人际来源：消费者的人际关系网络，主要包括亲朋好友、同事、同学、邻居等。人际来源信息的影响力大小与消费者对这些群体的信任程度有关，消费者越信任他们，其给消费者决策带来的影响就越大。意见领袖也是人际来源之一，他们在某一特定产品类别上有着丰富的知识储备，消费者经常向其询问，参考其意见或建议。
- 公共关系来源：主要包括大众传播媒体、第三方产品评审组织等。这一来源的信息通常因为具有很高的客观性与权威性而受到消费者的信赖。

（2）商业性消息来源

商业性消息来源的背后有强烈的商业动机，主要包括广告、经销商、推销员、产品包装、展览会等。尽管商业性消息来源的信息量很大，但由于其强烈的商业动机，消费者往往会非常警惕和怀疑。

三、评估方案

通过收集信息，消费者获得的各种有关信息有可能是重复或互相矛盾的，因此要加以整理和分析才能得到可供选择的方案，这是评估方案的前提条件。

消费者在整理和分析信息时，主要是对考虑集的解析。所谓考虑集，就是指消费者会把市场上的品牌以某种方式组织成一个集合，其前提是消费者知晓品牌的存在。

考虑集分为3个集合，分别是参考集合、不满意集合与惰性集合，如表9-3所示。

表9-3　考虑集的3个集合及其说明

考虑集的集合	说明
参考集合	消费者在某一特定产品大类中进行购买选择时所考虑的所有品牌的集合，意味着集合内的品牌属性均大于竞争对手
不满意集合	消费者知晓但不大可能去购买的品牌集合
惰性集合	即无所谓集合，指消费者认为没有突出特色，既无好感也无恶意的品牌集合

接下来消费者要评估方案，即建立评估标准，对考虑集内的品牌进行比较。评估方案主要

取决于以下几个方面的因素。

1. 产品属性

产品属性是指产品能够满足消费者需要的特性，如果汁的甜度、外包装的颜色和样式、果肉的含量、果肉的加工工艺流程、水果种植与采摘工艺等。

2. 属性权重

属性权重是指消费者赋予产品有关属性的不同权重。消费者赋予产品属性的权重并非一成不变，其会受到消费者所具备知识的影响。因此，当企业觉得现有产品属性无法与竞争对手相抗衡时，往往会开发新的属性，并通过营销活动增加其在消费者心目中的重要程度。有时受到某些特殊事件的影响，消费者也会新建或提高某种属性的权重。

尽管企业可以通过开发新的产品属性来建立优势，但产品属性并非越多越好。假如产品不断迭代，在原有产品上叠加功能会导致消费者降低对产品可用性的评价，甚至停止使用或转移到功能数量更少的产品上。

3. 品牌可信度

消费者越信任某品牌，就越有可能将其产品纳入考虑集。品牌可信度是指消费者对包含在品牌中的产品定位信息的相信程度。品牌可信度一般包含两个维度：诚信与专门技能。诚信是指企业履行承诺的意愿，专门技能是企业履行承诺的能力。也就是说，企业要想让消费者信赖品牌，就应当持续让消费者感知到自己自愿履行承诺的态度且有能力履行承诺。

通过提升品牌可信度，企业能够帮助消费者减少环境中的不确定性，影响消费者决策及消费者对品牌的忠诚度。

四、做出决策

经过评估方案以后，消费者便形成了对某个品牌的偏好与购买意向。但是，即使消费者有了购买意向，也不一定会做出购买行为，有3类因素会对消费者最终购买决策产生影响，如图9-4所示。

动画9-2

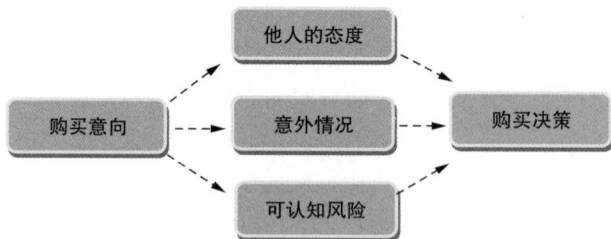

图9-4　影响消费者做出最终购买决策的因素

1. 他人的态度

消费者的很多购买决策并不是单独制定的，而是受到他人（包括家人、亲戚、朋友、同学或同事等）的态度影响而制定的，或者征求他人意见，或者在他人参与的情况下共同制定。他人的态度对消费者是否会购买有着重要的影响。一般来说，他人对消费者所偏爱品牌的否定态度越强烈，与消费者的关系越密切，消费者就越有可能改变自己的购买意向。

2. 意外情况

消费者遭遇的某些突发事件会使其改变购买意向。例如，消费者突然失业，失去稳定收入来源，就可能推迟或取消购买；或者消费者家中突然有人生重病，需要支出大额的治疗费用，原有的购买意向也可能会发生改变。

3. 可认知风险

消费者的可认知风险也会促使其改变、推迟或取消购买决定。可认知风险是指消费者购买某一产品不仅会带来满足感，还会带来一些他们不愿意接受的潜在危害或损失。可认知风险的大小随支出费用的多少、产品属性不确定的程度与自信程度而变化，当消费者对可认知风险的认识达到一定程度时，就有可能改变之前的购买意向。

🎓 头脑风暴

请说一说一个人在购买服装、外出就餐、参加跟团游时可能存在的可认知风险。

五、购后行为

在消费者购买产品以后，整个购买过程并没有完全结束，而是进入购后行为环节。消费者在这一环节会使用或消费购买的产品，并对其进行评价，传递自己对产品的认可或不满。另外，当消费者不再使用该产品以后，还面临着产品处置的问题。

消费者购后行为对企业有着至关重要的影响。首先，购后行为会影响消费者的重复购买。如果消费者对产品很满意，重复购买的可能性就很大；如果不满意，就很有可能停止购买该品牌的产品。

其次，购后行为对其他消费者的购买行为也会产生重要影响。如果消费者对购买的产品非常满意，就会自愿充当口碑宣传员，向其他消费者称赞该品牌产品，提升品牌的美誉度；如果消费者对购买的产品不满意，不但自己会停止购买，而且会向其他消费者表达自己的不满，使企业或品牌的信誉受损。

因此，企业应当采取各种有效的措施，尽最大努力提升消费者的满意度。企业不仅要如实地宣传产品，还要耐心听取消费者的意见，提升售后服务的质量，并时刻跟进消费者，在发现其表达不满时及时采取补救措施。

任务三 网络消费者的购买决策过程

如今，网络消费已经成为人们生活的一种常态，国内的网络消费水平也在不断提高。网络消费打破了传统消费的局限性，让消费变得更加便捷，而消费群体的特点及消费习惯也随之发生了变化。

一、网络消费与传统消费的购买决策过程的区别

不管是互联网时代的线上消费，还是传统的线下消费，消费者的购买决策

动画 9-3

过程都包括5个基本环节：需求确认、收集信息、评估方案、做出决策和购后行为。不过，由于网络消费使用了互联网工具，这些环节中的某些细节网络消费与传统消费还是有很大区别的。

1. 需求确认

在传统消费过程中，消费者大多由身边熟人的刺激而对某产品产生购买欲望。在互联网时代，信息传播速度空前加快，一个局部的潮流能够很快地传遍社会的每个角落，这使消费者产生了更多的需求，购买欲望更加强烈，因此更能刺激其消费。

在网络消费中，网络刺激是唤起消费者产生需求的主要诱因：一是企业开展的网络营销活动，如企业投放的网络广告、企业实施的网络公关活动等；二是网络媒体发布的各种信息；三是网络用户通过社交媒体分享的各类信息。

以上这些因素会直接或间接地对消费者的需求确认产生影响，例如，一些消费者在朋友圈、小红书等平台看到其他人分享的口红，为了与购买过该款口红的人有相互交流的机会，他们很可能就会对该口红产生需求。

2. 收集信息

在传统消费过程中，消费者更多是接受亲朋好友的推荐或者从电视广告中获得产品信息，收集信息的范围较窄，具有一定的局限性和被动性；而在网络消费过程中，消费者收集信息的渠道更多，成本大大降低，而且消费者会更主动、更有针对性地收集信息。

在网络消费中，消费者可以通过搜索引擎、电子商务平台、专业的比较购物网站、社交媒体平台等渠道来收集信息。在此环节，受到产品知识、产品价值、时间和精力投入等因素的影响，消费者在收集信息时表现出的主动性、积极性有所不同。

例如，当消费者对产品比较熟悉时，通常不用收集信息，根据经验就能做出购买决策，而当消费者购买自己不熟悉的产品时，通常会多方收集与产品相关的信息。又如，当消费者购买价值较小、风险较低的产品时，收集信息的主动性和积极性较低，主要根据以往的经验做出购买决策，而当消费者购买价值较高或风险较大的产品时，为了降低出现信息不对称风险的可能性，通常会更愿意收集信息；再如，当消费者需要在短时间内做出购买决策时，收集信息的主动性就会较低。

3. 评估方案

在传统消费过程中，消费者大多是通过试用来评估产品的使用价值等信息；而在网络消费过程中，消费者更在乎多元化与个性化。消费者可以通过电子商务平台、专业的比较购物网站、其他消费者提供的产品评价等渠道来对比同类商品的价格、功能、样式、可靠性、物流服务、售后服务等。有的消费者还会评估产品是否能满足自己的个性化需求。

4. 做出决策

在传统消费过程中，消费者做购买决策时更多地受到商家宣传的影响；而在网络消费过程中，消费者在做购买决策时更依赖他人的观点。例如，很多人会在下单之前查看他人对产品的评价，如果产品的差评太多，消费者就很可能放弃购买。另外，消费者还会主动浏览社交媒体上关于某种产品的讨论，寻找对自己有利的信息，以帮助自己做出正确的决策。

此外，很多消费者通过网络收集信息、评估方案后，很可能会选择在线下购买产品，这主要是以下3个原因造成的：第一，产品的价格，一般来说，当网上产品的价格比线下的价格更具优势时，消费者才会更愿意在网上购买；第二，风险程度，消费者在网上购物需要填写个人信息、通过网络来支付，需要面临个人隐私被恶意窃取和支付风险，对于不愿意承担这些风险消费者来说，他们可能更愿意在线下购买产品；第三，送货时间，网络购物需要耗费一定的运送时间，消费者需要等待一段时间才能收到产品，急于使用产品的消费者可能会选择线下购买。

5. 购后行为

在传统消费过程中，消费者在购买并使用产品后，一般很少做出正面评价，即使产品有很好的口碑，其传播速度也很慢，一旦消费者对产品不满，电话投诉比较多；而在网络消费过程中，消费者在购买产品后可以通过电子商务平台、社交媒体、虚拟社区等各种渠道发表自己对产品的评价，这些评价甚至会影响其他消费者的购买决策。当消费者的利益受到损害时，消费者可以直接寻找网络客服、网络店铺的运营者进行解决，也可以向电子商务平台进行投诉，以维护自己的合法权益。

二、网络消费者购买决策模式

现在越来越多的消费者使用互联网购买产品或服务。这已经成为消费者的一种普遍行为，对于企业来说是一个巨大的挑战。企业在进行网络营销时，需要特别注意消费者的购买决策模式。

1. 从AIDA到AISAS、SIPS

传统的消费者研究将消费者购买决策总结为AIDA模型。AIDA分别指引起关注（Attention）、产生兴趣（Interest）、产生欲望（Desire）和采取行动（Action）。在该模型中，企业是营销信息的传播主体，可以通过广告等方式吸引消费者的关注，使其产生兴趣和欲望，并促使其采取行动，做出购买行为。

在互联网普及以后，传播环境发生了巨大的变化，受众与媒介信息的关系产生变革，受众承担了信息接收者和信息发布者的双重角色。

针对网络带来的变化，日本电通公司提出了消费者行为的AISAS模式。这是对传统的AIDA模型的改造，出现了两个具备互联网特质的"S"，即搜索（Search）与分享（Share），突出了消费者主动行为的重要性，说明消费者成为营销信息的积极参与者与传播者，而不再单纯地作为信息的被动接收者。

后来，日本电通公司在AISAS的基础上又提出了SIPS分析模式，进一步强调了消费者的传播与分享所带来的重要影响。该模式分为4个阶段，分别是共鸣（Sympathize）、确认（Identify）、参与（Participate）、分享与扩散（Share&Spread），就是指消费者会关注能够引起共鸣的信息，并通过各种手段确认该信息与自己的价值观相符，然后参与该信息的相关分享活动，使该信息得到大规模的扩散。

其实，"搜索"和"分享"也存在于传统消费过程中。例如，"搜索"存在于"收集信息"环节，而"分享"存在于"购后行为"环节。不过，由于受到技术限制，消费者在这两个方面做的事情极为有限，对传统购买决策并没有产生太大的影响。

2. 从漏斗模型到消费者决策圈模型

传统的漏斗模型是指消费者的头脑中本来有很多可能购买的品牌（就像是一个漏斗上部较宽的部分），当他们系统地筛选候选产品时（在漏斗中向下挪动），备选品牌被一个个地"漏掉"，逐渐变少，直到最后消费者选择购买某一个特定的品牌产品（漏斗的底部非常窄），如图9-5所示。

如今，漏斗模型已经难以清楚地描述消费者更复杂的购买决策路径。潜在的消费者可能会从AIDA模型4个阶段中的任意一个阶段进入，甚至会跳过中间的一个或多个过程。因此，研究人员提出了一些更复杂的模型来描述消费者的决策过程。例如，麦肯锡公司的研究人员提出了消费者决策圈模型，又称消费者决策旅程，如图9-6所示。

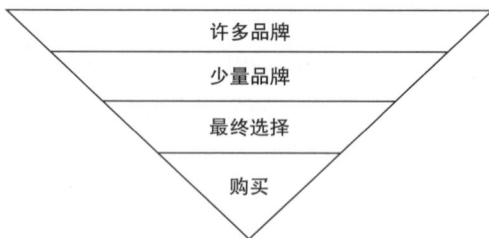

图9-5 消费者漏斗模型

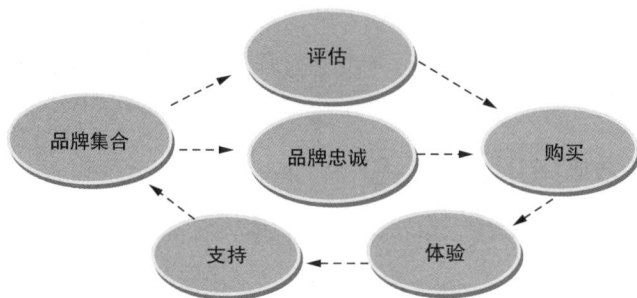

图9-6 消费者决策圈模型

消费者决策圈模型是指消费者会初步考虑一定数量的品牌，在品牌认知和品牌接触中确定初始的品牌集合，然后在评估自己的需求时在品牌集合中加入或删除一些品牌，最后做出购买决策，选择某个品牌，在购买后进行体验，依据体验进行下一个决策。该模型说明购后体验能够对消费者决策过程产生影响，良好的购后体验会让消费者形成品牌忠诚，从而跳过前期的考虑阶段，直接进入购买阶段。

将传统消费者购买决策模型与消费者决策圈模型相结合，可以得出互联网环境下的消费者购买决策综合模型，如图9-7所示。

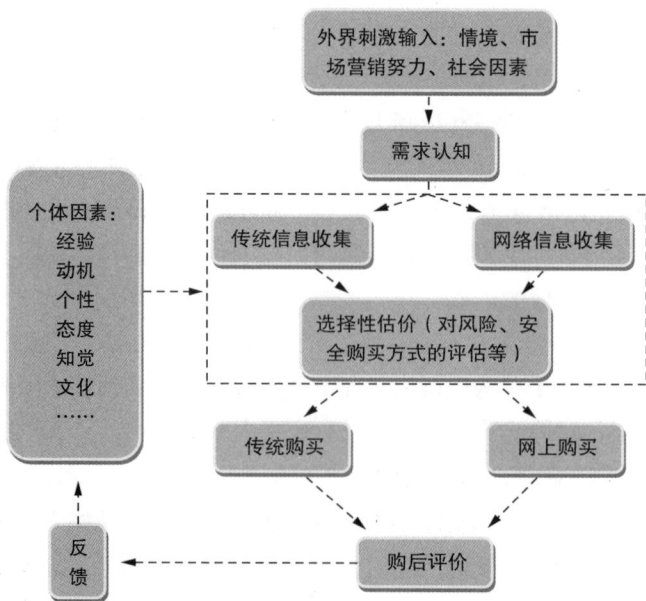

图9-7 互联网环境下消费者购买决策综合模型

该模型将购买方式的选择纳入消费者决策需要考虑的范围内，从而适用于传统购物方式、网络购物方式，以及介于两者之间的网上收集信息而线下购买的方式，弥补了传统与网络购买决策模型在考虑购买决策时购物方式单一的不足。

不过，该模型也存在一些缺陷：消费者对于购物方式的选择可能发生在信息收集之前，并且对于重复购买行为来说，消费者并不需要付出太多认知上的努力。因此，该模型更适用于购买介入程度中等、信息收集有限、决策规则简单、备选方案少、购后评价不多的"有限型"购买行为，以及购买介入程度高、大量信息收集、决策规则复杂、备选方案多、购后评价全面的"扩展型"购买行为。

▌三、社交媒体对消费者购买决策的影响

社交媒体是一类突出社交功能的网络媒体，基于人们的社会属性，利用人际网络，使信息传播更趋于个人化和圈子化。在消费者研究领域，社交媒体对消费者购买决策的影响研究已经成为业界关注的重点。

社交媒体营销传播与传统的单向传播在沟通方式上有很大的不同，它主要采用消费者参与的多向传播的网状传播结构。社交媒体营销是网络口碑营销的一种类型，社交媒体上的口碑已经成为消费者评判和推荐产品品牌的一个重要指标，尤其是活跃在社交媒体上的年轻消费群体，因此越来越多的企业开始运用社交媒体来传播产品或品牌信息，或者为消费者提供增值服务，以促使消费者增加购买频次与产品或品牌评论。

在社交媒体上对相关品牌的评价可以缩短消费者购买决策的时间，减少购买风险，帮助其做出良好的购买决策。在需求确认、收集信息和评估方案、购后行为阶段，社交媒体都对消费者购买决策产生了影响。

1. 需求确认阶段

消费者的任何购买决策都是从认识到自己有某种需求开始的，而需求确认是通过营销沟通等外部因素和内部因素共同刺激产生的，而社交媒体就是重要的营销沟通因素。社交媒体的"草根"属性决定了它是最接近消费者需求的一类媒体。

在功能上，社交媒体既是信息发布平台，又是信息交互平台，在传播品牌信息时有更多、更有趣的传播方式和途径，所以更容易引起消费者的关注和兴趣。另外，社交媒体的交互沟通特点使消费者在网络上体验着多元化角色，他们既是消费者，也是信息的创造者、传播者、接收者和评价者，所以他们的积极性很高，能够更果断、更明确地确认自己的需求。

企业在针对消费者开展营销活动时，要通过网络监测发现消费者对某类产品或品牌所持有的态度、需求倾向，并将这些信息以消费者感兴趣的形式展示出来，鼓励消费者参与，从而引发其主动搜索；通过发起各种品牌体验活动，让消费者对品牌产生共鸣，从而激发其购买欲望。

2. 收集信息和评估方案阶段

当消费者确认自己的需求以后，他们会从各种渠道搜索相关的产品信息，尤其是参与度高的产品。在这一阶段，消费者可以从社交媒体上非常方便地获取更多的产品信息，其中产品的正面口碑会增强产品对消费者的吸引力。因此，企业在这一阶段要丰富相关的产品或品牌信

息，其中一个有效的方式是建立社交媒体矩阵。

社交媒体矩阵是指在多个社交媒体平台上建立触达用户的媒体内容，从而完成对用户触点的立体化覆盖。社交媒体上相关产品信息的多少会影响消费者对该产品的关注程度，产品信息越多，就越容易在消费者搜索过程中获得关注，消费者的购买意愿就会越强烈。通过建立社交媒体矩阵，企业可以有效地为消费者提供评估方案所需的大量信息。图9-8所示为企业建立的社交媒体矩阵。

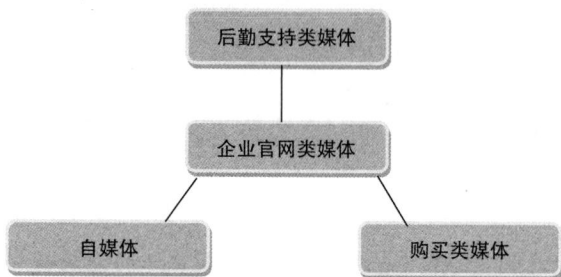

图9-8　企业建立的社交媒体矩阵

（1）后勤支持类媒体

后勤支持类媒体是指在消费者评估品牌的过程中，能够为其提供咨询和帮助的媒体，如搜索引擎、抖音短视频、小红书上的笔记、微信聊天、微博私信等。

（2）企业官网类媒体

企业或品牌的官方社交媒体包括官方网站、社交网站的官方主页等，主要用来发布产品的权威信息、组织品牌活动、发起品牌话题等。这类社交媒体相当于信息源，可以通过一些有影响力的意见领袖或者关键消费者进行人际传播，以扩散到多种媒体渠道。

在这类媒体上比较活跃的消费者通常有着很高的品牌忠诚度，乐于接收品牌发布的产品或活动信息，把自己看作品牌社区中的重要成员，并经常在社交媒体上传播品牌的正面信息，其对品牌的积极评价也会对其他消费者产生积极的影响。

（3）自媒体

自媒体是以个人传播为主的社交媒体，主要包括微博、微信公众号、头条号等。企业通过鼓励自媒体上的意见领袖带动核心群体，从而促进品牌信息的有效传播。

（4）购买类媒体

购买类媒体是指各种电商网站、团购网站和点评网站等，这些媒体既可以直接促进销售，又是传播产品评价信息的重要平台。

除了通过以上社交媒体矩阵传播信息，企业还要学会管理社交媒体上消费者评价信息的质量。消费者在获得信息后会对其斟酌和消化，形成品牌认知，并逐步过渡到品牌评估和筛选阶段。在这一阶段，企业要监测社交媒体上相关品牌的评价信息，及时发现负面评价，了解背后的原因和动机，并对其进行有效处理，对高质量、有价值的评价信息给予奖励。

3. 购后行为阶段

消费者在购买产品后还会有一系列的购后行为，而所有的购后行为都取决于购买满意度。在传统购买模式下，消费者在购后行为阶段对产品进行口碑传播时大多是口耳相传，其传播效应和传播范围都较小。在互联网时代，社交媒体为消费者传播购买感受提供了多元化的渠道，有关产品的正面信息和负面信息在短时间内便可以形成几何倍数的传播。

因此，企业要加强消费者购后行为阶段的负面信息管理，及时消除负面信息带来的隐患，这就要求企业深入了解消费者分享产品口碑的习惯。例如，他们会在哪些平台上分享、分享的内容是什么等，这对于企业的品牌管理来说是非常重要的。

📖 案例链接 ●●●●●

小米新媒体营销矩阵模式

小米科技有限责任公司从成立至今建立了以品牌为中心，延展至产品、服务、企业领导人的企业集群新媒体营销矩阵模式。

（1）微博矩阵

从2010年小米就开始布局微博矩阵，逐步形成完整的矩阵模式，公司官方微博@小米公司；产品微博如@小米手机、@小米电视、@MIX；企业领导人及高管微博如@雷军、@黎万强、@小米洪锋等，以及大量员工微博；商城微博如@小米商城、@小米有品、@小米之家等。

小米微博矩阵中各个账号之间互动较多，发布的原则内容通常都具有互动性、参与性和新闻性，有助于品牌推广传播。

（2）微信公众号矩阵

2013年年初，小米注册微信公众号，不到一个月的时间就拥有了近5万粉丝。小米根据公司的定位和事业部的不同，将微信公众平台细分为小米公司、小米手机、小米电视、小米游戏、小米商城、小米移动、小米有品等多个公众平台。

虽然这些公众平台定位不同，目标人群也有差异，但是小米进行微信活动推广的时候，完全可以利用这些公众平台进行推广宣传，促使推广力度最大化。小米还联合不同平台矩阵账号进行引流，通过策划活动把微博的粉丝引流到微信。

（3）抖音账号矩阵

小米最初把微信公众号当作和用户沟通服务的平台，而微博则是其向用户传递企业价值和产品价值的媒体平台。经过一段时间的新媒体运营，小米开始在抖音布局矩阵，建立了小米直播间、小米公司、小米手机、小米有品、小米MIUI、小米电视等多个账号。各账号之间同步运营，互相协作传播小米价值的企业价值和产品，形成了一个传播矩阵。抖音账号矩阵的运营者注重粉丝互动，确保内容持续更新，不断扩大粉丝数量，提升粉丝黏性。

【案例解析】新媒体营销矩阵通常指的是多平台、多账号的联合营销方式，不同的账号实行差异化运营管理，根据平台的定位及群体属性，有针对性地进行运营。每个新媒体平台都有其独特的内容风格、运营特点和特定的用户群体。企业可以充分利用各平台的特点及传播优势，有针对性地发布内容，最大限度地传播企业品牌或产品，以触达更多的用户群体。

小米公司依托互联网思维，通过不断构建纵横交错的新媒体营销矩阵，使品牌产生大范围、多频次的曝光，从而赢得很多粉丝的关注。

📖 应用实战

文创类产品的消费者购买决策关键点

一、实训目标

调查分析消费者在文创类产品上的购买决策过程，更好地理解和掌握消费者购买决策过程，并能够将学到的消费者购买决策关键点运用到营销实践中去。

二、实训背景

近年来，我国政府出台了大量促进文化创意产业发展的政策，文化创意产业蓬勃发展，市场上的文化创意产品和服务逐渐丰富和多样化，消费者对文创类产品也表现出极大的热情，文创产业市场发展前景广阔。

三、实训步骤

1. 3~5人一组，通过多种渠道，如发放调查问卷，查阅行业协会发布的行业资料、政府机关发布的统计资料、专业研究机构发布的调查报告等，收集能够表现消费者在文创类产品上的购买行为特点的相关资料，如推动文创类产品发展的原因、消费者对文创类产品的看法等信息。

2. 对收集到的资料进行整理、统计和分析。

3. 根据资料分析结果，撰写分析报告。分析报告中要包括消费者对文创类产品存在什么样的购买行为，并且要详细分析消费者购买文创类产品的决策过程。

4. 分析报告的撰写要规范，结构要合理，所使用的资料要全面、充实、准确。

四、实训总结

学生自我总结	
教师总结	

📖 课后练习

一、简答题

1. 简述消费者购买决策的类型。

2. 简述消费者购买决策的内容。

3. 简述消费者购买决策的基本环节。

4. 网络消费者的购买决策模式有哪些?

二、案例分析题

随着电商行业的不断发展及消费升级，我国的零食行业正在以前所未有的速度发展。很多之前在街头、炒货摊上卖的零食，经过产品与工艺升级、品牌化运作、包装精美化以后，在各大电商平台上热销。由于消费者对零食外观设计的重视程度不断加深，礼盒装零食的销量尤为突出，呈现出高端化的趋势。

此外，零食的健康化趋势也在不断上升，"天然""粗粮""无糖""无添加"已经成为零食的热门标签。

零食的主要消费群体是20~30岁的年轻人，他们对于零食不再单纯地要求好吃，还要求健康。例如，"低烘焙、无添加"的每日坚果系列，果蔬干、有机水果干等产品的销售规模呈现出大幅度增加的趋势。在全民健身的热潮下，少糖、无糖食品的销量也大幅度增加。

很多零食在外观、结构、口味和包装上设计得非常有新意，这对年轻消费者具有巨大的吸引力，能够满足他们的尝鲜心理。例如"考古巧克力"，消费者要先敲开巧克力外壳，除去中层的巧克力粉，就可以看到最里边的恐龙骨架。外壳和骨架是能直接食用的巧克力，中层的巧克力粉则可以冲泡饮用。另外，"CD唱片水果巧克力"也曾因出众的外观成为热门的"网红"零食，但味道并没有特色。

在看到"网红"零食的巨大影响力之后，很多老品牌也通过推出"网红"零食焕发出新的活力。例如，旺旺集团推出了一系列针对年轻人的产品，包括邦德咖啡、冰品"冻痴"、法式布蕾等；好利来推出了半熟芝士、冰激凌等。

当然，"网红"零食的规模化爆发也得益于电商平台的助力。天猫相关负责人曾表示，当工作人员发现某类产品销量增速非常快时，就会向有供应链和营销能力的头部企业做出反馈，使其尽快开发同类产品，从而带动整个市场的快速发展。例如，自热小火锅最开始是由较小的腰部企业做出的新品，在销量增长之后，平台推荐给头部企业，从而使这一新品实现了大规模生产。

阅读以上材料，结合本项目所学的知识，分析消费者购买"网红"零食在消费者购买决策的基本环节中的具体体现。

消费者购后行为：剖析购买行为的后续表现

知识目标

- 掌握有效改善消费者购后行为的策略。
- 了解消费者满意的基本内容，以及有效提升消费者满意度的策略。
- 了解消费者忠诚的内容和类型。
- 掌握提高消费者忠诚度的策略。

能力目标

- 能够提出有效改善消费者行为的建设性意见。
- 能够提出提升消费者满意度的策略。
- 能够根据实际情况灵活运用提高消费者忠诚度的方法。

素养目标

- 增强忧患意识，坚持底线思维，做到居安思危、未雨绸缪。
- 构建优质高效的服务业新体系，推动现代服务业同先进制造业、现代农业深度融合。

引导案例

尚品宅配，用个性化定制赢得消费者

尚品宅配成立于2004年，是国内率先提出"全屋定制"概念的家居品牌，能够为消费者提供一站式家居定制服务。尚品宅配的服务具有以下特色。

（1）打造"我+"生活方式系列产品

早在2016年，尚品宅配就成立了生活方式研究中心，结合十几年来收集到的百万计的家具定制案例，以及翔实的消费者需求，通过大数据分析，并根据家庭生命周期需求，推出了"我+"生活方式系列装修方案，系统地为处于不同阶段的家庭量身定制了具有阶段性特征的家装解决方案，如"二人世界""伴你童行""学业有成""家成业就""儿孙满堂"等。

（2）上门沟通，客户参与设计

先设计后生产是尚品宅配的一大特色。消费者下单后，尚品宅配的设计师会直接上门与消费者进行沟通，了解消费者对家装的需求，并现场免费进行尺寸测量。随后设计师会在3天内提供3D装修效果图，消费者可以提出修改意见，此举有效地提升了消费者的服务体验。

（3）模块化设计裁剪

尚品宅配采取智能化生产工序，通过3D模型拆分来生产零部件，有效提高了生产效率。同时，尚品宅配通过模块化设计裁剪将每块板材的利用率最大化，有效减少了材料浪费，节约了成本。此外，尚品宅配拥有专门的订单分析系统，该系统会将同材料、同类型的订单进行合并生产，提高生产效率。

（4）高效快捷的方案设计

通常设计师设计一套家装方案，需要花费相当多的时间与精力。为了减少消费者的等待时间，提升设计师设计方案的效率和质量，尚品宅配开发了云设计平台。云设计平台强大的数据处理能力与公司建立的海量设计案例库，能够帮助设计师快速地匹配消费者的房型与需求，为设计师设计定制化家装方案提供参考依据。

云设计平台有效提高了设计师设计的方案与消费者需求的匹配度，以及设计师的工作效率，确保3天内即可为消费者出具量身打造的个性化家具设计方案的服务承诺能够兑现，使得定制家具流程更为高效、快捷。

【解析】

定制化服务是指企业按照消费者的需求，为消费者提供量身定制的服务。定制化服务体现了企业充分尊重每个消费者的特殊性，从不同消费者的不同需求出发，灵活地为不同消费者提供服务的态度。

在提供定制化服务时，企业要通过多种渠道了解并确定消费者真正的需求，结合消费者的需求制定出有效的解决方案，并征求消费者的意见与建议，对方案进行适度的修改与调整，从而让定制化服务方案更加贴合消费者的需求。

消费者购后行为是消费者购买决策过程的一个重要阶段。消费者在这个阶段根据自身购买和使用产品过程中获得效用的程度决定下一步采取的行动。剖析购买行为的后续表现，有助于引导消费者购买产品并使用后形成积极的态度和品牌忠诚。本项目介绍消费者购后行为及消费者满意度和忠诚度的相关知识，对消费者购后行为的研究对企业生产经营和市场营销活动具有深远的意义。

学习知识

任务一　购后行为：消费者购买决策过程的最后阶段

消费者购后行为是指消费者在购买或消费商品后所发生的与该商品或服务，以及与提供该商品或服务的企业或组织有关的行为，是消费者购买决策过程的最后一个阶段。

消费者购后行为包括在商品使用过程中消费者的心理活动和倾向性行为，既包括对营销者和其他对象的抱怨、口头传播、闲置、再购买等外显行为，也包括对购买目标的实现程度和与最初期望之间的比较、未实现最初期望所产生的后悔情绪、满意的评价等内隐行为。

一、消费者购后行为的类型

消费者在购买产品后，往往会听到一些其他品牌产品的优点而产生认知失调的情况，这时需要搜寻一些信息来支持其原先的购买决策，以消除购后的怀疑和焦虑，证明自己做出的是明智的选择。营销沟通的任务是提供给消费者能够强化原先选择的信念与评价，以帮助消费者提高对原先购买品牌的信任程度。因此，营销人员在消费者购买产品后需要监测其购后产品的使用和处置情况、购后满意度及购后行为。

1. 购后产品使用和处置

产品的使用和处置包括所有对所购买产品或服务的使用与处置的外显行为。产品使用是指消费者直接使用产品和享受服务的行为和体验。消费者产品使用的行为特征可以从4个方面来分析，如图10-1所示。

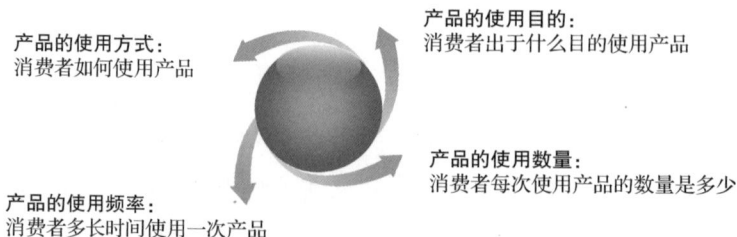

产品的使用方式：
消费者如何使用产品

产品的使用目的：
消费者出于什么目的使用产品

产品的使用数量：
消费者每次使用产品的数量是多少

产品的使用频率：
消费者多长时间使用一次产品

图10-1　消费者产品使用行为特征

营销人员必须全面了解消费者如何使用其产品，根据产品使用方式的不同来改进产品设计；通过了解消费者对产品的使用情况，可以发现产品的新用途，从而扩大产品销售；不同地区、不同人群在产品使用上存在一定的差异，这有助于进行市场细分。

消费者在购买某种产品前，一般都有购买动机和目的，如果消费者所购买的产品既无法满足初始目的，又不能满足更换目的，就可能将产品闲置或丢弃。当消费者不再使用产品时，就会面临产品处置问题。

消费者处置产品的几种常见方式如图10-2所示。

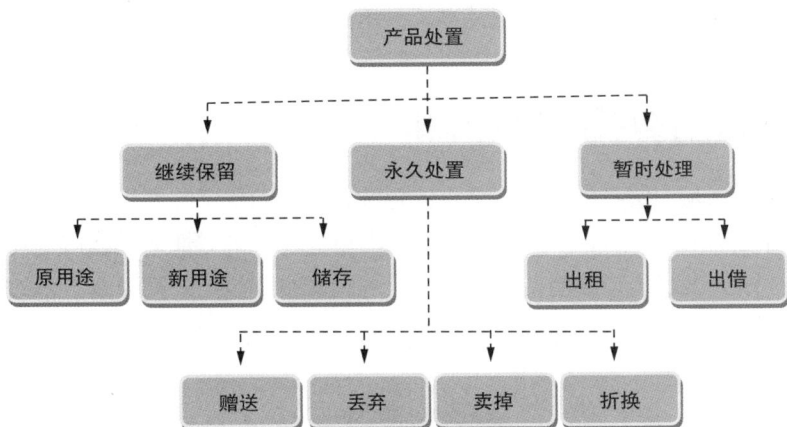

图10-2 消费者处置产品的方式

一般来说，产品的价值越大，消费者越有可能通过获取一定收入的方式来进行处置，如汽车、空调、冰箱等往往会被再次出售；产品的价值越低，消费者就越有可能随意丢弃。

2. 购后消费者感觉及行为特征

购后行为包括消费者购买产品后可能会产生的感觉及行为，其特征如图10-3所示。

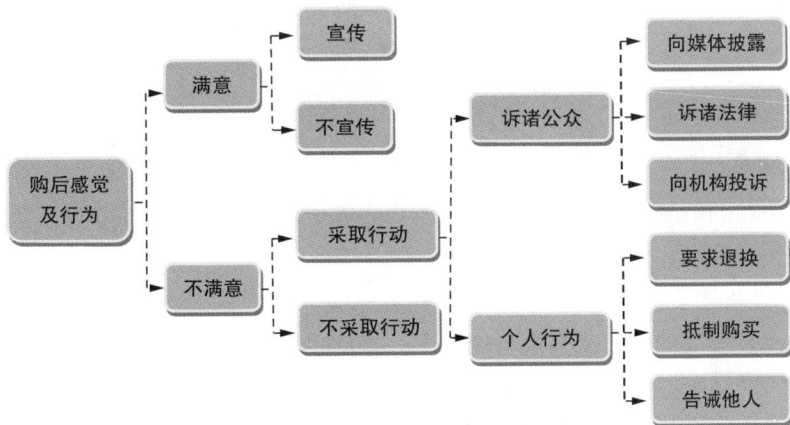

图10-3 消费者购后感觉及行为的特征

消费者购买产品之后主要的感觉就是满意与否，其购买后所有的行为都是基于这两种不同的感觉。满意与否一方面取决于所购买的产品是否同预期相符，若相符或接近，则消费者会比较满意，否则就会感到不满意；另一方面取决于他人对所购产品的评价，如果周围的人对其购买的产品持肯定意见的占多数，消费者就会比较满意，如果持否定意见的占多数，那么即使消费者原本比较满意，也可能会转变为不满意。

消费者感到满意后的行为分为两种：一种是向他人进行宣传和推荐，另一种是不进行宣传。企业关注消费者满意度的最终目的是让消费者使用产品后向他人进行积极的宣传，从而赢得良好的口碑。

消费者感到不满意的行为比较复杂，有采取行动和不采取行动之分。采取行动的消费者的一种行为是将其不满意的情况诉诸公众，如向媒体披露、向消费者协会投诉等；另一种行为就是个人行为，如退换商品、告诉亲友不要再购买这种产品等。对于不满意的消费者，企业要尤其重视，要利用各种方法安抚好他们的情绪，避免因此遭受更大的损失。

二、影响消费者购后行为的因素

消费者购后行为是消费者购买决策过程的延续，也是消费者购买行为的组成部分。分析影响消费者购后行为的因素，对企业正确把握消费者行为、有针对性地开展市场营销活动具有极其重要的意义。研究表明，影响消费者购后行为的因素主要包括产品因素、个人因素和环境因素，如图10-4所示。

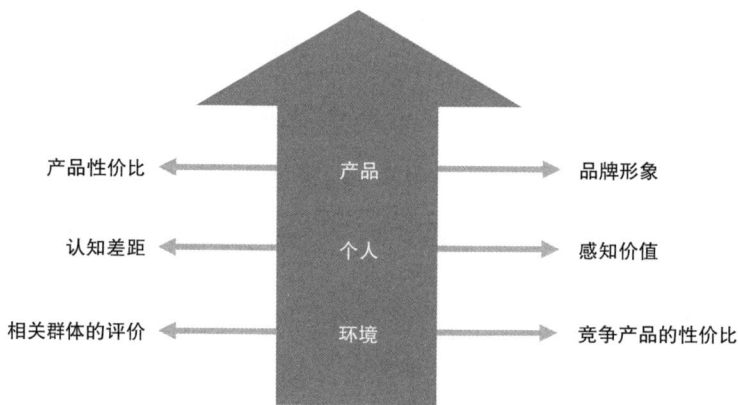

图10-4　影响消费者购后行为的三大因素

1. 产品因素

消费者购买产品的目的是获得产品的具体功能效用和象征性的精神效用。衡量产品功能效果的指标是产品性价比，衡量精神效用的指标是品牌形象。

（1）产品性价比

产品性价比是产品的性能值与价格值之比，是反映物品可买程度的一种量化的计量方式。当消费者购买的产品所得大于或等于付出时，他们会感觉在购买行为中获得了价值，就会对产品产生品质好、价格合理、形象好的积极印象。积极的产品印象往往会使消费者给予满意的评价，并可能重复购买。

（2）品牌形象

品牌形象是指企业或某个品牌在市场上、社会公众心中所表现出的个性特征，体现了公众特别是消费者对品牌的评价与认知。品牌形象与品牌不可分割，形象是品牌表现出来的特征，反映品牌的实力与本质。品牌形象只有符合消费者的价值观，才能在精神层面上满足消费者的深层次需求。如果企业能够塑造出完全符合消费者个性特征的品牌形象，消费者就会对企业品牌产生依赖，不断地重复购买。经研究证明，积极与消费者个性特征相匹配的品牌形象更能促进消费者正向的购后行为。

2. 个人因素

对同一产品，不同的消费者在使用过程中和使用后给出的评价也不尽相同。个人因素也是影响消费者购后行为的重要因素。个人因素主要包括认知差距和感知价值。

（1）认知差距

消费者通过期望和实际获得的效用的对比对产品的质量进行评估。如果消费者购买后发现产品的效用低于期望，这时就会产生认知差距，出现认知不协调。认知不协调的程度越大，消费者减轻或者消除这种不协调的动机就越强烈。一方面，消费者自身的心理平衡机制能够自行消除一部分购后不协调的心理；另一方面，当不协调的心理超过一定程度时，消费者甚至会产生背弃行为，如退货、转换品牌等不忠诚的行为。不协调的程度不同，消费者所表现出来的购后行为也不同。

（2）感知价值

感知价值是指消费者在购买产品或服务过程中获得的价值的总称，是消费者对产品品质、功能、品牌等所有方面的综合评价，是消费者获得产品效用的综合体现。

消费者感知价值的核心是感知利益和感知付出之间的权衡，包含两层含义：首先，价值是个性化的，因人而异，不同的消费者对同一产品或服务所感知的价值并不相同；其次，价值代表着一种效用与成本间的权衡，消费者会根据自己感受到的价值做出购买决策或购后评价。

消费者购买产品后，通过对产品的使用和处置一般都会获得一个价值感知和效用，并通过这个价值感知和效用来对产品进行评价，从而采取下一步行动。另外，消费者购买的产品的重要程度也影响着消费者购后的价值体验和行为倾向。

3. 环境因素

影响消费者购后行为的环境因素主要包括相关群体的评价和竞争产品的性价比。

（1）相关群体的评价

相关群体的评价是指相关群体在消费者购买产品后对消费者本次购买的价值评价，既可能是正向评价，也可能是负向评价，不同的评价对消费者购买后满意感、价值实现感会有一定的影响。

当消费者的购买行为受到来自群体的负向评价时，群体规范性影响促使消费者改变自己的再次购买态度和行为，以符合群体标准和期望。而来自群体的正向评价同样会在规范性影响的作用下不断地引导消费者的购后价值感知和价值取向，最后消费者的购买观念和购后倾向完全趋同于相关群体的总体水平。

（2）竞争产品的性价比

竞争产品对消费者购后行为的影响体现在竞争产品的吸引力上。消费者在购买本产品后的使用过程中，在与竞争产品性价比的比较中，如果发现本产品的各个方面低于竞争产品或者本产品与竞争产品相比不能满足其需求，就说明消费者购买与使用本产品的价值实现程度低于竞争产品，这种情况很容易导致消费者购后发生品牌转换行为。

消费者在购买产品后，通过使用获得效用，并对这个效用进行评价，或者将这个效用与购买前的期望进行对比，这个效用主要包括产品性价比、感知价值、产品功能、品牌形象等。在评价过程中，消费者会受到相关群体的正向和负向的评价影响。消费者再根据购买的产品的重要程度等客观因素综合得出结果，从而决定下一步的行动。消费者购买产品后的行为倾向最终取决于消费者价值的实现程度，所以价值实现程度是连接各个影响因素与消费者满意度的纽带。

产品因素、个人因素、环境因素并不能直接作用而使消费者产生正向或负向的购后行为，而是通过形成不同的价值实现程度，导致消费者购后情感不同，最终激发消费者正向或负向的购后行为。

三、改善消费者购后行为的策略

分析消费者购后行为的意义主要是明确消费者的购后感觉与再购行为之间的关系，因为消费者的购后评价具有巨大的"反馈"作用，关系到企业产品在市场上的"命运"。改善消费者的购后行为，减少购后冲突或认知失调，对企业的发展具有正向的促进作用。

动画 10-1

影响消费者价值实现程度的因素包括产品质量、产品性价比、期望、感知价值、期望感知价值比、群体的正向评价、竞争产品性价比等。除了一些企业无法控制的因素（如群体的正向评价、竞争产品性价比）外，其他因素都可以通过企业的经营管理进行改善，以提升消费者的价值实现程度，减少消费者购后冲突，从而有效改善消费者的购后行为。

有效改善消费者购后行为的方法主要有以下几种。

1. 避免消费者对产品期望过高

现在一些企业为了吸引消费者，常常利用广告夸大产品的功能和效用，或者向消费者承诺一些根本无法兑现的附加利益和额外的服务，使消费者的期望过高，导致期望与感知价值存在巨大的落差，造成消费者购后不满意。因此，企业要采取相应的措施，正确引导消费者预期。例如，准确地向消费者解释产品的实际功效及产品质量等级等，尽量避免消费者对产品产生过高的预期。

2. 跟踪指导消费者使用产品的情况

有些企业的产品可能有很好的潜在功效，但操作步骤过于复杂或产品说明书难以读懂，导致消费者不会正确操作或者不能恰当使用而引发不满。

企业可以通过重要产品跟踪和重要消费者跟踪对消费者进行产品使用操作指导。企业要及时了解消费者的产品使用情况，如果是产品说明书的问题，就联系技术部门重新编写说明书，或者在产品包装上详细介绍产品的使用方法及注意事项，优化产品的售后服务。

3. 提高产品质量和服务质量

产品质量是产品竞争力的核心，也是企业的立足根本。现在的消费者特别重视产品品质，只有优质的产品才能赢得其青睐和认可。

要提高消费者购后的满意度，不仅需要提高消费者购后服务质量，还需要在消费者购买前、购买过程中提高服务质量，避免消费者出现抱怨、退货、品牌转换等行为；提高企业危机处理能力与危机公关能力，在产品发生问题或遇到消费者投诉、抱怨等事件时，能够及时、正

确地进行处理，这样不仅能够获得消费者的信赖，还能提高品牌的知名度和美誉度。

4. 完善售后服务，积极处理消费者投诉

企业要不断完善售后服务，经常与消费者保持沟通，帮助消费者坚定购买信心，减轻或消除其购后冲突感，同时鼓励消费者积极参与到企业的生产经营中，收集消费者的意见和建议，维系企业与消费者长期、稳定的联系，与其共同规划和设计未来。

企业需要建立专门处理消费者投诉的通道，以真诚、负责的态度给消费者极大的安全感和信任感。当消费者在产品使用中遇到任何问题时，企业能够及时解决、积极处理，成功地将投诉消费者转化为忠诚消费者。

案例链接

恒洁卫浴，用无忧服务赢得消费者信赖

恒洁卫浴是一家专业从事陶瓷卫生洁具及其相关配套产品的研发、生产、销售、服务等综合性的大型企业。在企业经营中，恒洁卫浴洞察市场、了解消费者，运用标准化的服务体系为消费者提供全方位的无忧购物体验，让产品和服务更加符合消费者需求并超出消费者期待，从而赢得了众多消费者的信赖。

（1）细节服务到位

好产品是拓展市场的保障，而好服务是维系消费者的润滑剂。恒洁卫浴坚持创新，不断研发新技术，奠定了在中国卫浴市场的标杆地位。在消费者服务上，恒洁卫浴坚持以人为本、以消费者为中心的服务理念，建立了完善的消费者关怀系统，为消费者提供7×24小时全方位服务。

恒洁卫浴为消费者提供大件产品免费送货上门和免费安装服务，更是在业内首次推出为智能坐便器提供整机六年质保服务。同时，恒洁卫浴打造了"1350服务热线"，在全国设立了3 000多个服务网点，为消费者提供超越期待的便捷服务。2020年年初，恒洁卫浴将原来的为恒洁卫浴消费者提供服务扩展至为全国家庭提供不限品牌的24小时卫浴产品故障免费咨询及远程排忧服务；2021年春节，恒洁卫浴启动全国范围的春节"不打烊"服务，除了继续为全国家庭提供"不限时间、不限地点、不限品牌"的远程排忧服务，还为城市综合体、城市重点功能区等在内的百个公共区域提供主动检修服务。

（2）线上服务超乎想象

在京东商城平台上，恒洁卫浴全方位做好售前、售中、售后服务工作。在售前和售中环节，恒洁卫浴的线上客服人员会及时提醒消费者选购和安装卫浴产品时容易忽视的细节问题；针对缺乏装修经验的消费者，恒洁卫浴客服人员会以专业的职业素养为消费者提供购买前坐便器坑距测量、水压大小测量等测量指导，帮助消费者选购尺寸合适的产品；在发货前，客服人员会通过打电话或发短信的方式向消费者再次确认消费者所选购的产品是否适合安装环境，以减少售后退换货的麻烦。

在售后环节，恒洁卫浴在为消费者提供多年质保服务的基础上，打通了线下安装团队服务系统，让专业的线下安装团队为消费者提供售后安装、维修服务，让在线上购物的消费者全程无忧。

【案例解析】恒洁卫浴能获得消费者的信赖，除了凭借高质量的产品，也离不开不断升级的客户服务。这些全面、细致的服务让消费者享受到了可靠、安心的品质关怀，恒洁卫浴做到了"以消费者为中心"，想消费者所想，急消费者所急，解消费者所难。

任务二　消费者满意度：购后行为的情感表现

消费者购后行为可以作为消费者满意度的外在信号，而消费者满意度则是消费者购后行为的情感表现，因为消费者购后行为都是基于购买产品后对产品的感受。消费者满意度既是消费者对购买产品或服务全过程满足状况的综合评价指标，也是对消费者满意指标的数量化，对企业的经营和发展有很大的影响。

消费者满意是消费者对所购产品或服务期望的功效与实际功效进行比较之后所形成的一种感受。消费者在使用或消费某种产品或服务之前会对这种产品或服务的表现或效果形成一定的期望，而在使用过程中或使用后还会对产品的表现或效果形成感知。消费者是否满意取决于最初的期望水平和实际的感知水平之间的比较。

一、消费者满意的基本内容

一般来说，消费者满意主要是指消费者对企业、产品、服务和员工等的满意和认可。消费者根据他们的价值判断来评价产品或服务。

对企业而言，消费者满意是成功地理解某一消费者或某部分消费者的偏好，并着手为满足消费者需求而做出相应努力的结果。一个企业能否赢得更多的消费者，在于其所提供产品或服务的质量能否让消费者满意。因此，消费者满意是企业提升产品质量的最终目的，同时也是企业生存和发展的先决条件。

消费者满意的基本内容主要包括6个方面，如图10-5所示。

动画 10-2

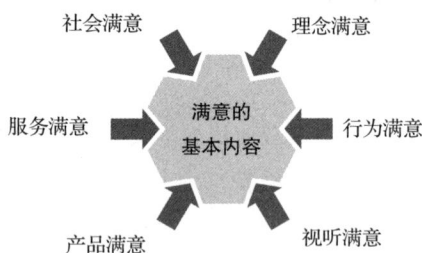

图10-5　消费者满意的基本内容

1. 理念满意

理念满意是指企业经营理念带给消费者的满意状态，包括消费者对企业的宗旨、价值观的满意状态，如企业的绿色理念等。企业理念必须体现以消费者为中心的思想，理念设置必须体现消费者至上的精神。

2. 行为满意

行为满意是指企业的经营行为带给消费者的满意状态，包括企业的行为机制、行为规则和行为模式的满意状态等。例如，企业在消费者利益受到损害时的处理结果带给消费者的满意程度等。

3. 视听满意

视听满意是指企业具有的可视性和可听性的外在形象带给消费者的满意状态，包括对企业的建筑物、办公设施和环境、外在形象设计等的满意程度。

4. 产品满意

产品满意是指企业产品的质量、功能价值带给消费者的满意程度。这是消费者最为注重的满意层次。

5. 服务满意

服务满意是指企业提供的服务带给消费者的满足程度，包括优良的服务状态、简便的服务程序、快捷的服务行为、完整的服务内容等。

6. 社会满意

社会满意是指消费者在对企业的产品或服务的消费过程中所体验到的对社会利益维护的满意状态。

头脑风暴

> 在网上购物时你是否给卖家留过评价？回想自己某次网购经历，说一说你为什么给卖家留下好评或差评。

二、影响消费者满意度的因素

消费者满意度源于对所购产品或服务的期望功效与实际功效之间的对比，同时还受对交易公平性的认知和归因的影响。影响消费者满意的因素主要包括4个方面，如图10-6所示。

图10-6 影响消费者满意度的因素

1. 消费者的期望

关于消费者的期望对消费者满意度的影响，最重要的一个理论是期望失验理论。根据这一理论，消费者会基于以前使用产品的经验、与他人的交流，以及企业所进行的产品信息传播而形成对产品功效的信念和期望。如果产品的实际功效低于消费者期望，就会产生负面失验，从而增加消费者不满意的可能性；如果产品的实际功效超过消费者的期望，就会产生正面失验，从而增加消费者满意的可能性；如果产品的实际功效正好等于消费者的期望，就会产生期望验证。研究表明，在期望验证的情况下，消费者可能不会有意识地去考虑对产品的满意程度。

影响消费者期望的因素主要包括以下4个方面。

（1）产品因素

消费者以前使用产品时所获得的体验、产品的价格高低及产品的物理特征都会影响消费者对产品的期望。因此，如果产品以往的性能很好，或者产品的价格高于同类产品的一般价格水平，那么消费者通常会对该产品形成较高的期望。

（2）促销因素

企业利用广告和人员推销的方式宣传产品也会影响消费者的预期。一般来说，营销人员往往会重点强调本企业产品质量或服务好，但这种强调会导致消费者形成较高的预期，而产品或服务本身很有可能并不能满足消费者的这种预期，很容易让消费者产生不满。因此，营销人员必须把握好对产品的正面宣传与实际的产品功效的现实评价之间的平衡。

（3）竞争产品

消费者对产品功效的预期同样受到他们在使用同类其他品牌的产品或服务的经验的影响。

（4）消费者特征

对于同一产品，不同的消费者期望也不同，那些期望较高的消费者在使用之后进行评价时更容易产生不满的情绪。例如，当出现航班延误时，那些对航班正点到达期望较高的乘客可能会情绪激动，表现出强烈的不满，甚至会采取投诉、索赔等手段来进行抗议；而那些期望较低的乘客可能会觉得这是一种正常现象，不足为奇。

2.　消费者的实际认知

消费者的实际认知是指消费者在使用产品的过程中对产品实际品质的主观评价。研究发现，无论消费者期望的高低，产品的实际性能都会影响其满意度。即使消费者对某一产品的品质期望很低，在实际使用过程中切身体验到该产品的低品质给其带来的诸多不便时，也会感到不满意。

下面从物质产品和服务产品的角度分析消费者的实际认知。

（1）消费者对物质产品的实际认知

消费者对物质产品的实际认知如表10-1所示。

表10-1　消费者对物质产品的实际认知

属性	解释	举例说明
性能	关于产品基本操作的属性	汽车的动力系统、操作系统、安全性等
特色	补充基本特征的属性	汽车发动机的静音效果、座椅的舒适程度等
可靠性	产品性能保持前后一致的程度	汽车无故障行驶的里程数
耐久性	产品有效使用的寿命	汽车在报废之前持续使用的时间
可服务性	企业解决与产品有关问题的能力	汽车维修是否方便，员工服务是否礼貌、周到等
美感	产品给人在感官上的印象，也就是看起来、摸起来、听起来如何等	汽车造型、喷漆效果等
兼容性	产品与规格、文献或产业标准相符合的程度	汽车是否合乎行业的安全标准、汽车的实际操作是否与说明书完全相符等
声誉	人们对产品过去的表现和性能的一种评价	消费者对该品牌汽车耗油情况、安全情况的一贯评价

（2）消费者对服务产品的实际认知

服务产品具有无形性、不可分割性、易变性和易消逝性等特点，因此其品质具有高度的不确定性。消费者对服务产品的实际认知如表10-2所示。

表10-2 消费者对服务产品的实际认知

评价标准	解释	举例说明
有形因素	设备、设施及服务人员的表现。服务借助于有形因素，可以使消费者对要接受的服务的品质形成大致的认识	一家餐厅，室内干净明亮，环境温馨，服务人员穿着统一、整洁，态度友好、亲切，往往就会给消费者留下很好的印象
可靠性	服务人员令人信赖的工作能力	餐厅服务人员按照消费者的实际消费情况和菜单上标明的价格准确地结清账单
响应性	服务人员及时为消费者提供服务的意愿和表现	餐厅服务人员主动为消费者更换餐碟，或及时响应消费者临时或特殊的需求
承诺性	员工所具有的知识与能力及由此使消费者产生信任与信心	餐厅服务人员在回答消费者有关食品或饮料方面的询问时表现出来的专业水准
移情	员工对消费者所表现出来的在意、关怀与注意	餐厅服务人员认真倾听消费者对食品口味的要求，或者主动提醒消费者一些注意事项

3. 消费者对公平性的认知

公平是指消费者所感知到的产出与投入之比与他人的产出与投入之比处于一种平衡状态。消费者对产品或服务是否感到满意，不仅取决于其对产品期望功效与实际功效的比较，还取决于其对公平性的感知。公平的公式表示如下。

$$\frac{甲的产出}{甲的投入} = \frac{乙的产出}{乙的投入}$$

当消费者感觉自己的产出与投入之比与企业的产出与投入之比相等时，就会认为交易是公平的，进而产生满意的感觉。如果消费者感觉自己的产出与投入之比小于企业的产出与投入之比，就会认为交易是不公平的，进而产生不满意的感觉。消费者的产出即所获得的产品性能、售后服务及从交易中获得的感受等，而其投入则包括为此付出的时间、金钱和精力等。企业的产出即所获得的主要利润，而其投入则包括提供产品与服务的成本，以及营销成本等。

4. 消费者的归因

消费者使用产品或者接受服务后，会对消费的结果和事先的预期进行比较。比较的结果会使消费者有一个满意或不满意的感受，而这种感受来源于其使用产品或接受服务后经历的一个归因过程。

归因过程是消费者根据一种行为或事件的结果而寻求造成该结果的原因的认知活动。如果某一产品功效不佳，消费者就会试图确定原因。如果消费者将原因归结为产品或服务本身，就可能会感到不满意；相反，如果消费者将原因归结为偶然因素或自身行为，不满意的概率就会降低。例如，消费者由于没有仔细阅读说明书而导致产品出现故障，这时就不会对产品或企业感到愤怒。

调查发现，对于航空公司航班的延误，消费者满意度的高低在一定程度上取决于消费者对航班推迟原因的归属类型。如果消费者认为航班延误是恶劣天气这类不可抗因素造成的，往往能够理解。但是，如果消费者认为航班延误是航空公司自身原因造成的，他们就会感到非常不满。

三、提升消费者满意度的策略

当企业进行市场营销时，必须以消费者为中心，秉承"消费者至上，一切为消费者着想，一切对消费者负责，一切让消费者满意"的服务理念，一切为了消费者的需求，不断完善产品服务体系，最大限度地使消费者感到满意。要想有效地提升消费者的满意度，企业必须制订相应的营销策略，并采取切实可行的方法。

1. 传统企业提升消费者满意度的方法

（1）树立"消费者至上"的服务经营理念

"消费者至上"的企业服务经营理念是服务消费者最基本的动力，同时又可以引导决策，引领企业所有员工共同为消费者满意的目标而奋斗。传统企业要把消费者放在经营管理的第一位，站在消费者的立场研发产品，通过与时俱进的方式洞察消费者需求，从产品设计、制造和销售过程使消费者在心理上对企业产生认同感和归属感，为其带来真正的价值。例如，麦当劳成功的要素之一就是始终重视消费者，千方百计地做到让消费者满意。

（2）提高企业内部服务质量，培养员工忠诚感

传统企业为消费者提供的产品或服务一般是由内部员工完成的，他们的行为及行为结果是消费者评价服务质量的直接来源。一个忠诚的员工会主动关心消费者，真诚、热心地服务消费者，以解决消费者的问题为己任，并为消费者的问题得到圆满解决而感到高兴。因此，企业除了做好市场营销以外，还要重视内部员工的管理，努力提高员工的满意度和忠诚度。例如，海底捞既注重对消费者的服务，也非常重视对内部员工的管理，旨在提高企业内部的服务质量和员工忠诚度。

（3）注重消费者差异化服务

消费者个性、兴趣爱好、职业、收入、地域、年龄等方面存在差异，可以形成多种类型的消费者群体。每种消费者群体对产品性能特征期望值与消费数量的支付意愿不同。企业要结合实际进行市场细分，界定目标消费者，通过采取个性化营销服务提升其满意度。

在现代营销模式中，把产品销售出去并不是企业的最终目的，深化消费者对产品及服务的依赖性与忠诚感，为消费者提供个性化服务是企业管理中一项特别重要的内容，也是企业在新的市场形势下获得竞争优势的重要因素。

（4）努力满足消费者需求

满足消费者的需求是提高消费者满意度最基本、最重要的方法，也是企业经营的基础。只有在这一基础上，企业才能做到产品品种齐全、价格合理、真诚服务、包退包换等。

企业应当足够重视消费者的意见，平时要多方了解终端消费者对服务、品牌的评价，收集他们对企业、对产品的要求与意见，多了解产品消费动态，最大限度地满足消费者需求，尽最大能力解决终端消费者遇到的实际困难，及时反馈市场信息，为企业的发展创造有利条件。

（5）提供令消费者满意的服务

热情、真诚的服务能够提升消费者的满意度。企业要不断完善自身服务系统，以便利消费者为原则，一切从消费者的角度考虑，"想消费者之所想，急消费者之所急"。消费者的需要就是企业的需要，因此企业要重视消费者的意见，让其参与决策，不断完善服务体系，最大限度地达到消费者满意。

（6）关注细节，用贴心服务感动消费者

关注细节能够体现出企业对消费者真正的关怀。服务做得越好，就越要注意细节，避免在细节上出错。所有企业都必须明白，消费者对企业的评价是最直接的，他们往往会在最细微的地方发现企业的好，并给予较高的评价；也可能在企业最不注意的地方找出问题，并发出抱怨，表示不满。因此，消费者很可能会因为细微的不足而否定企业所有的服务诚意，使企业所有的努力功亏一篑，正所谓"牵一发而动全身"。

（7）做好与消费者的沟通，提高售后服务水平

只有与消费者进行有效的沟通，企业才能达到相互融洽、信息互通、资源共享的目的。世界著名营销大师菲利普·科特勒曾经说过："在信息唾手可得的今天，营销传播的新趋势是精准营销。精准营销就是需要更精准、可衡量和高投资回报的营销沟通。"可见沟通在日常营销工作中的重要性。客户经理作为营销一线的"排头兵"，与终端消费者保持日常有效沟通是市场走访的一项重要工作内容。通过与终端消费者的接触，客户经理可以从沟通中发现需求信息、市场信息，并且可以及时解决终端消费者遇到的所有问题，从而达到消费者满意、市场和谐的目的。

（8）建立消费者数据库

企业要建立消费者数据库，可从以下3个方面分析消费者数据，以提供相应的个性化服务，如图10-7所示。

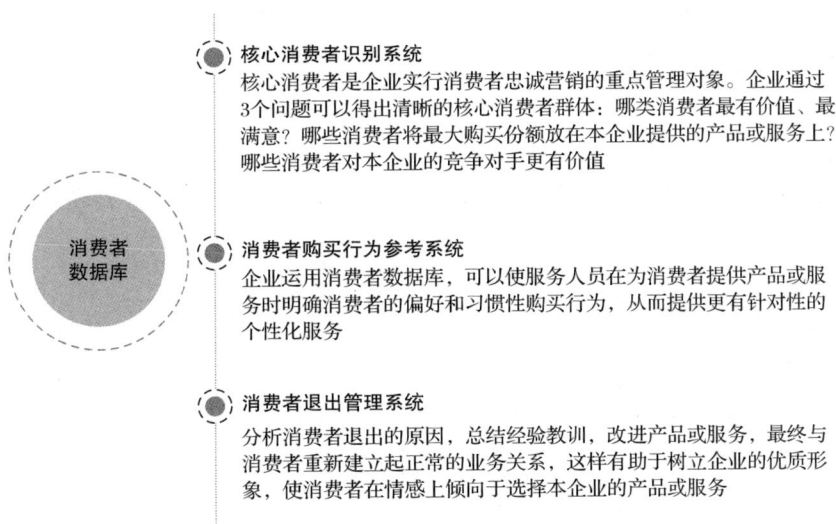

核心消费者识别系统
核心消费者是企业实行消费者忠诚营销的重点管理对象。企业通过3个问题可以得出清晰的核心消费者群体：哪类消费者最有价值、最满意？哪些消费者将最大购买份额放在本企业提供的产品或服务上？哪些消费者对本企业的竞争对手更有价值

消费者数据库

消费者购买行为参考系统
企业运用消费者数据库，可以使服务人员在为消费者提供产品或服务时明确消费者的偏好和习惯性购买行为，从而提供更有针对性的个性化服务

消费者退出管理系统
分析消费者退出的原因，总结经验教训，改进产品或服务，最终与消费者重新建立起正常的业务关系，这样有助于树立企业的优质形象，使消费者在情感上倾向于选择本企业的产品或服务

图10-7　消费者数据库

总之，为了有效提高消费者的满意度，企业不仅要考虑营销策略，还要在服务人员、服务过程、有形展示等方面进行完善，增强消费者的认知，以及提前让消费者体验。在服务消费者时，企业要注意判断消费者的心情和消费偏好，衡量自己与竞争对手之间的价值差异，创造差异化服务，提供全方位的消费者解决方案和增值服务，关注细节，把握消费者需求信息和需求动向，及时提供个性化产品或服务。

2. **有效提高网络消费者满意度的方法**

在电子商务环境下，企业要想获得持续的竞争优势，就必须站在网络消费者的立场上，掌

握其主观需求，提高服务质量，实施全方位的消费者满意经营措施，可以从以下几个方面来提高网络消费者的满意度。

（1）确保发布信息的品质

网络商家应重视自身发布信息的完整性和可靠性，确保信息的准确性。这些信息既包括产品信息，又包括与之有关的宣传促销信息、售后服务信息等，做出的承诺必须予以兑现，以达到消费者对产品或服务的期望。

（2）保证产品质量

网络消费者特别重视产品质量，商家提供的产品质量信息是决定消费者满意度的主要因素。商家在保证产品信息真实、可靠的同时，必须对产品细节进行充分描述，使网络消费者对产品有足够的了解，从而促使其产生购买行为，买到符合自己预期、令自己满意的产品，提高其满意度。

（3）提升交易流程的简捷、便利性

电商平台要不断完善网络购物交易流程，在操作设计和响应速度上尽量做到满足消费者的需求，对于商品信息的合理分类、便利检索也有利于消费者快速找到自己所需的产品。消费者在浏览过程中获得良好的购物体验，有助于其满意度的提升。

（4）优化电商平台页面

电商平台是买卖双方交易的主要场所，其交易的结果受到平台亲和力的影响，所以要做到页面友好，便于消费者收集信息。电商平台的首页设计要给消费者以时尚、易于发现、服务周到、便于操作的心理感受。另外，图片展示信息要真实、详细，确保与实物相符，以提高消费者的信任度。

（5）合理地选择支付方式

网络商家提供的可接受的支付方式越多，越能方便消费者购买产品。消费者比较重视交易的安全性和个人信息的隐私性，所以商家应选择安全性较高的支付方式，并对消费者信息保密。

（6）完善的物流配送

通常情况下，网络商家都是利用快递等物流方式将产品送达消费者。不同的物流方式和物流公司，其工作效率和送递时间有所差异。消费者所在的地域不同，对配送方式的选择也有所不同，对配送时间的要求也不一样。优质的物流配送能够确保物品的完整性，并且在时限内送达，这会大大增强消费者网上购物的信心，所以完善的物流配送可以提高消费者网上购物的满意度。

（7）建立完善的售前、售中、售后服务体系

准确、高效的售前服务能够帮助网络消费者迅速做出购买决策。售前，消费者会向商家询问有关产品的情况，商家向消费者介绍产品信息；售中，商家按照消费者的需求介绍适合他们的产品规格、型号等，帮助其选择合适的产品；售后，消费者通常希望商家可以提供令人满意的跟踪服务。

随着消费者维权意识的增强和消费观念的变化，消费者在选购产品时不仅关注产品本身，还重视产品的售后服务。因此，电商平台需要拥有完善的客户服务系统，只有创建服务优势，建立良好的客户关系，才能保证消费者满意。

（8）建立平台信誉

电商平台一方面应该做好自身的发展，为消费者提供全面、优质的服务，累积消费者对电商平台和商家网店的好评；另一方面，也可以做一些认证，如ISO（国际标准化组织）质量认证，获得一些证书和荣誉，这对电商平台和商家网店信誉的提高会有很大的帮助。在网上交易过程中做好营销推广，处理好消费者退货、投诉等问题，对提升消费者满意度也有着重要的作用。

（9）提供个性化服务

在电子商务环境下，商家可以借助互联网与消费者进行实时对话，建立配套的咨询系统，甚至让消费者参与产品设计与制作。现在是个性化时代，每个人都希望与众不同，彰显个人优势，消费者可以通过网络向商家提出自己的要求，而商家整合资源，为消费者提供个性化定制服务，满足其个性化需求，使其体验一对一的优质服务。

任务三 消费者忠诚：重复购买行为的影响因素

消费者完全满意是形成消费者忠诚的基础，消费者重复购买行为取决于消费者的忠诚。随着市场竞争的日趋激烈，提供让消费者满意的产品或服务已经成为企业生存的必要条件。但是，仅达到消费者满意还不够，还必须培育和维护忠诚的消费者群体，才更有利于企业的发展。

消费者忠诚度是指消费者对某一特定产品或服务产生好感，形成"依附性"偏好，进而重复购买的一种趋向。消费者忠诚度的形成不完全依赖于产品的品质、知名度、品牌联想与传播，还与消费者本身的特性及消费者的产品使用经历密切相关。提高消费者的忠诚度，对一个企业的生存与发展、扩大市场份额极其重要。

一、消费者忠诚的内容

消费者忠诚是消费者在较长时间内对企业产品或服务保持选择性偏好与重复性购买的总和，主要包括以下两个方面。

动画 10-3

1. 态度取向

态度取向代表消费者对企业产品或服务保持强烈的选择偏好，反映消费者将产品推荐给其他人的意愿。这种偏好的形成主要是因为企业的营销行为或品牌个性与消费者的生活方式或价值观念相吻合，消费者因此对企业或品牌产生情感，甚至将其作为精神上的寄托，进而表现出持续购买的欲望。

2. 行为重复

行为重复表现为消费者持续、重复性地购买某企业的产品。这种持续的购买行为可能出于对企业产品的好感，也可能出于购买冲动、企业的促销活动，或者是消费者的购买习惯，或转移成本过高，企业在市场中占有垄断地位，消费者买不到其他替代产品或不方便购买其他产品等与感情无关的因素促成的。当然，消费者忠诚并不意味着消费者不会尝试购买其他企业的产品，但从总体上看，消费者购买所忠诚的企业产品的概率远远高于购买其他企业产品的概率。

消费者忠诚与消费者满意是有区别的。从企业经营来看，很多人认为，假如消费者满意，就会频繁地购买本企业的产品或服务，从而形成消费者忠诚，其实消费者满意不一定意味着其

下次仍会购买该企业的产品。可以这样说，消费者满意是消费者忠诚的必要条件，只有感到满意并重复购买的消费者，才属于忠诚消费者，如图10-8所示。

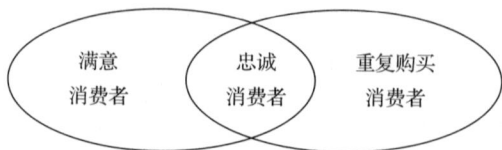

图10-8 忠诚消费者是满意消费者与重复购买消费者的交集

消费者的忠诚度并不是固定不变的，忠诚消费者可能会由于年龄、地位、经济条件等因素的改变或者某次产品使用经历的不满意等问题而转变为不忠诚消费者，而不忠诚消费者也可能因为某些原因转变为忠诚消费者。对企业而言，最佳策略是在尽可能保持原有忠诚消费者数量的基础上，通过营销手段和产品、服务质量的提升使更多的消费者转变为忠诚消费者。

二、消费者忠诚的类型

消费者忠诚的类型主要包括3种，如图10-9所示。

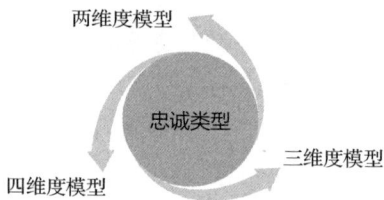

图10-9 消费者忠诚的类型

1. 两维度模型

两维度模型是一个基于消费者重复购买意向和重复购买行为的消费者忠诚形态矩阵，试图综合分析消费者忠诚。该矩阵通过行为忠诚的高低和态度忠诚的高低，将消费者忠诚细分为4种不同的类型，分别为不忠诚、虚假忠诚、潜在忠诚和持续忠诚，其中对企业产生真正意义的消费者忠诚是持续忠诚。因此，企业的一切活动都是为了将不忠诚、虚假忠诚和潜在忠诚的消费者转变为持续忠诚的消费者，以实现企业的预期发展目标。

消费者忠诚还可以划分为行为忠诚和情感忠诚。根据消费者的重复购买行为和品牌转换行为等统计指标，可以对行为忠诚加以量化；而对消费者的情感忠诚则通过品牌认知、品牌联想、品牌个性与生活方式的契合程度等予以综合分析，并加以量化。对于消费者忠诚而言，无论是行为忠诚，还是情感忠诚，根据忠诚的程度可以将其分为3种类型，如表10-3所示。

表10-3 消费者忠诚度类型及说明

类型	说明
高度忠诚	有超过50%的概率重复购买同一品牌产品
中度忠诚	有10%～50%的概率重复购买同一品牌产品
低度忠诚	有低于10%的概率重复购买同一品牌产品

2. 三维度模型

三维度模型将消费者忠诚划分为行为忠诚、意向忠诚和情感忠诚3类，如表10-4所示。

表10-4　三维度模型划分的消费者忠诚类型及说明

类型	说明
行为忠诚	消费者实际表现出来的重复购买行为
意向忠诚	消费者在未来可能购买的意向
情感忠诚	消费者对企业及其产品的态度

与以往开展的消费者满意管理工作相比，消费者忠诚管理的进步之处在于：将企业的工作重心从试图改变消费者态度转移到促进消费者的购买行为，努力使消费者主动进行重复购买。营销工作重心的转移使企业更倾向于维护现有消费者，使消费者忠诚与企业利润率之间紧密关联，从而促使更多的企业员工认同消费者忠诚管理。

3. 四维度模型

四维度模型将消费者忠诚按形成过程划分为认知性忠诚、情感性忠诚、意向性忠诚和行为性忠诚，如表10-5所示。

表10-5　四维度模型划分的消费者忠诚类型及说明

类型	说明
认知性忠诚	消费者通过产品或服务的品质信息直接形成的，认为产品或服务优于其他产品或服务而形成的忠诚，是最浅层次的忠诚
情感性忠诚	消费者在使用产品或服务而持续获得满意之后形成的对产品或服务的偏爱
意向性忠诚	消费者十分向往再次购买产品，不时有重复购买的冲动，但这种冲动还没有转化为实际行动
行为性忠诚	消费者忠诚意向转化为实际行动，消费者甚至愿意克服阻碍实现购买

消费者的认知性忠诚影响情感性忠诚，情感性忠诚影响意向性忠诚，意向性忠诚影响行为性忠诚，前者对后者存在一定的推动关系。

🎓 头脑风暴

你有自己忠诚的品牌吗？说一说你忠诚于它的原因。或者是你曾经忠诚于某品牌，但后来转为忠诚于其他品牌，并说一说自己的态度为什么会发生转变。

▍三、提高消费者忠诚度的策略

随着市场竞争的日益加剧，消费者忠诚度已成为影响企业长期利润高低的关键因素。以消费者忠诚为衡量标准的市场份额，比以消费者数量为衡量标准的市场份额更有意义。企业的管理者也逐渐将营销管理的重点转移到提高消费者忠诚度上，使企业在激烈的竞争中获得关键性的竞争优势。企业可以把握好以下10个方面的工作，以此来提高消费者的忠诚度。

1. 保证产品质量，提供质优价廉的产品

消费者更喜欢质优价廉的产品，因此企业要根据消费者的需求，在提高产品质量的同时合理地制定产品价格。企业要以获得正常的利润为定价目标，坚决摒弃追求暴利的短期行为，尽可能考虑到消费者心中对该产品的预期价格。

2. 提升服务质量

除了高质量的产品外，消费者忠诚度的高低还取决于企业的服务水平和服务质量。优质的服务可以提高消费者的满意程度，从而拉近企业与消费者之间的距离。企业营销人员要让消费者真切体会到企业产品和服务的优势，为消费者提供各种便利条件，做好售后服务工作，为其提供安全感和信任感。

3. 提高消费者满意度

消费者满意度在一定意义上是企业经营质量的衡量标准。企业要重视调查分析消费者的需求，了解消费者最需要什么，什么对他们最有价值，再思考如何通过服务满足其需要，让消费者从企业的产品服务、销售过程、售后服务、企业文化等各方面满足需求，提高消费者的满意度，从而提高消费者的忠诚度。

4. 超越消费者期望

超越消费者期望是指企业不仅可以达到消费者期望，还可以提供更好的产品和服务，超出消费者预期，使其意想不到、感到惊喜，从而获得更高层次的满足，进而对企业产生情感上的满意与信赖，最后发展为忠诚消费者。

5. 留住有价值的消费者

转换成本是指消费者改变原消费选择时要付出的成本，既包括货币成本，也包括时间、精力和心理等非货币成本。留住有价值的消费者就是要研究消费者的转换成本，并采取有效措施，适当设置转换成本，以减少消费者流失，保证消费者对本企业产品或服务的重复购买。

企业通过提高消费者转换成本的方式留住消费者，是提升消费者忠诚度的有效途径。一般来说，企业构建转换壁垒，使消费者在更换品牌时感到转换成本太高，或者消费者原来获得的利益会因转换品牌而遭受损失，这样就可以提高消费者的忠诚度。

6. 提升品牌形象

品牌犹如企业的灵魂，决定着企业的命运。良好的品牌形象有助于降低消费者的购买风险，增强其购买信心，同时还能满足消费者在获得产品功能需求之外的社会和心理需求，从而影响其选择和偏好。一个出色的品牌既能展示企业服务质量和价值，使消费者获得利益，又能体现出企业文化和个性，并深入消费者内心，得到其认同，最终获得消费者忠诚。

7. 满足消费者的个性化需求

在现代营销模式中，针对消费者的需求，提供个性化服务，满足消费者的个性化需求，才能不断深化消费者对产品及服务的依赖和忠诚度。因此，为消费者提供个性化服务是企业营销管理中的重要内容，也是企业在新的市场形势下建立竞争优势的有利条件。

8. 化解消费者抱怨，及时处理消费者问题

企业要想与消费者建立长期的信任关系，就要善于处理消费者的抱怨或异议，除了认真听取和收集消费者的意见和建议，还要善于及时解决消费者的投诉。企业要真正关心消费者的诉

求，因为消费者的抱怨是企业改善管理的路标。尊重消费者，重视消费者的感受，及时为其解决问题，往往可以提高消费者对企业的忠诚度。

9. 使购买程序简单快捷

无论是实体店还是网络店铺，商品目录越清晰，产品购买程序越简单越好。尽量省去一切不必要的步骤，让消费者在最短的时间内找到他们需要的产品，并解释产品的用法，提醒注意事项。简化交易流程，制订标准化的服务流程，有助于消费者顺利操作，买到自己所需要的产品，还有利于消费者重复购买。

10. 加强内部营销，培养员工忠诚

内部营销是指企业必须有效地培训和激励直接与消费者接触的员工及所有辅助服务人员，使其通力合作，为消费者提供令其满意的服务。很多时候，与消费者直接面对面接触的是企业员工，在长期的沟通和交流过程中，企业员工容易与消费者建立一种基于信任和情感的密切关系。因此，对于企业来说，稳定员工队伍、提高员工素质是留住消费者的重要保障。培养和维系忠诚消费者，很大程度上是由忠诚的员工来实现的，要留住消费者，首先要留住员工，员工的忠诚是赢得消费者忠诚的前提。

在激烈的市场竞争中，消费者是市场的主体。对于企业来说，开发并维护好消费者是最关键的，只有留住消费者的心，不断增强消费者对企业的信任、忠诚，才能使企业在市场上占有一席之地，实现可持续发展。

案例链接

百草味坚持消费者至上，提升消费者体验

在消费升级的背景下，人们购买休闲零食的动机更加复杂，对产品质量、服务和购物体验也都有了更高的要求。作为国内知名零食品牌，百草味深度洞察消费者需求，始终坚持消费者至上的原则，通过对商品、服务、渠道等多方面进行升级优化，最大化地满足消费者需求，不断提升消费者消费体验。

（1）不断对商品进行迭代升级

百草味通过深度分析消费者需求，对产品不断进行迭代升级。以夏威夷果为例，在市场上普遍只有原味口味时，百草味推出了炼乳口味的夏威夷果，为消费者提供了更多选择。同时，了解到夏威夷果剥壳难的痛点，百草味又推出300度"大开口"夏威夷果，让客户在食用夏威夷果时能够轻松"破壳"。

（2）以人群和场景维度打造新品

在深度了解消费者需求，解决消费痛点，提升消费者消费体验外，百草味还凭借强大的创新能力，基于不同人群的消费特征为消费者创造需求，通过挖掘多产品多元化的消费场景，从人群和场景维度来打造新品。

例如，百草味的"百味千寻"系列，以时令场景需求为依据，用不同时令、不同组合的吃法为消费者提供了"四季分明"的美食体验方式，从情感上满足了消费者对饮食文化的需求。此外，百草味还推出了针对健身人群的"今日能量"系列产品，满足人们日常社交场景的"一个礼由"系列商品。

（3）优化物流体验

百草味在分析消费者需求的基础上，依据消费数据在全国各个地区陆续建成了17个仓储物流中心，通过就近仓储配送体系，保证全国70%～80%的地方能够实现"次日达"，为消费者创造更优的物流体验。

（4）布局线下门店，构建即时消费体验

在销售渠道上，百草味坚持线上线下协同发展，通过"直营+联盟"的方式布局线下门店，满足消费者线下购物的需求。在布局线下门店时，百草味从场景维度出发，针对商圈、地铁、写字楼、社区等不同场景推出不同形式的线下门店，不同形式的线下门店会有不同的门店设计、商品、定价等，满足了不同场景下消费者的不同需求。例如，在地铁圈内的门店内，百草味推出了一款叫作"坚果嘭嘭"的饮料，很好地满足了乘坐地铁上班人群追求健康早餐的需求。

【案例解析】百草味不断对商品进行迭代升级，以人群和场景维度打造新品不仅能为消费者持续带来质优价廉的产品，还有利于不断满足消费者个性化的需求。优化物流体验、布局线下门店，有利于为消费者带来更便利的购物体验。此外，百草味善于挖掘不同消费群体的消费需求，能够针对不同场景推出不同形式的线下门店，这些都能很好地满足消费者差异化的需求。

📖 应用实战 ●●●●

分析消费者的购后行为

一、实训目标

通过分析消费者购买某款产品后的行为表现，探索影响消费者购后行为的因素，并能够将分析过程和结果应用到营销实践中去。

二、实训背景

忠诚的消费者是企业宝贵的资源。对于企业来说，分析消费者在购买、使用产品后的行为表现，是了解消费者对企业产品的满意度和忠诚度的有效手段。

三、实训步骤

1. 3～5人一组，确定一个目标品牌或目标品牌旗下的某款产品，如李宁或李宁的运动鞋等，并确定要分析的目标消费群体。

2. 设计调查问卷，调查问卷要包括消费者购买此品牌或此款产品后的行为表现、消费者对此品牌或此款产品的满意度等内容。

3. 向目标消费群体发放调查问卷，并回收调查问卷。

4. 整理调查问卷，统计分析调查问卷的结果，并根据结果撰写一份关于某品牌或某品牌旗下某款产品消费者购后行为分析的报告。学生可以在分析报告中提出相应的提升消费者满意度和忠诚度的建议。

四、实训总结

学生自我总结	
教师总结	

📖 课后练习 ●●●●●●

一、简答题

1. 如何有效改善消费者的购后行为？
2. 简述消费者满意的基本内容。
3. 如何有效提升消费者满意度？
4. 如何提高消费者的忠诚度？

二、案例分析题

乐友孕婴童是母婴用品全渠道零售商，在新媒体时代，它充分利用微信公众号、小程序、社群和抖音等媒体多维度与消费者建立联系，用专业的内容和多维度的互动，有效地抓住了新一代妈妈们的需求，用价值感提高消费者对品牌的认可度，提升消费者对品牌的忠诚度。

（1）公众号互动

乐友孕婴童通过公众号为消费者推送各类有实用价值的育儿资讯，帮助消费者建立正确的育儿观，消费者在这里获得解决问题的方法，从而对企业品牌和商品形成认知，并逐渐产生信任感。

在推送育儿资讯的同时，乐友孕婴童还会在公众号中制造各类消费者关心的互动话题、互动活动。在互动中，乐友孕婴童可以了解消费者的需求，从而调整商品和营销策略，进而提高消费者对品牌的忠诚度。

（2）小程序一站式购物

乐友孕婴童开发了"乐友商城"小程序，为消费者提供便利的购物服务。"乐友商城"小程序可以为消费者提供线上线下无缝衔接的一站式购物服务，可以为消费者提供送货上门服务，让消费者实现高效购物。

（3）社群互动

乐友孕婴童的一切经营活动都是从会员开始，且围绕会员需求来进行的，品牌始终与会员保持着密切联系，满足会员的需求。

乐友孕婴童以线下门店为中心建立了"妈妈群"，一家门店可以建立多个群，妈妈们可以在群内阅读育儿资讯，了解品牌新品和会员活动等信息，并进行互动交流。

除了线上交流外，乐友孕婴童还会在线下举办各类互动活动。例如，乐友孕婴童自有服装品牌"歌瑞家"会在购物中心举办童装走秀活动，走秀的模特都是从品牌会员家庭中选择的，虽然孩子们的走秀并不专业，但孩子们非常开心，观看走秀的会员家长们也非常开心，他们会主动将走秀的照片和视频分享出去，这样就形成了消费者自传播。

（4）抖音互动

乐友孕婴童品牌方在抖音上注册了官方账号，很多线下门店也注册了抖音账号，这些账号会发布一些育儿知识类短视频。乐友孕婴童品牌方还会组织各类互动活动吸引消费者参与，例如，在抖音上发起的"513手指舞"拍同款大赛，吸引了大量消费者参与，视频播放量超过了100万次。互动活动的开展有效加深了消费者与品牌的情感联系，提升了消费者对品牌的黏性。

阅读以上材料，结合本项目所学的知识，评价乐友孕婴童提高消费者忠诚度的策略。